厦门大学国际经济法文库 编辑委员会

主　编：陈　安

委　员：（按姓名笔画为序）
李国安　徐崇利　董世忠　曾华群　廖益新

厦门大学国际经济法文库　总主编／陈　安

双边投资条约对多边贸易体制的影响研究

A Study on the WTO-plus Effect of Bilateral Investment Treaties

◎ 季　烨／著

厦门大学出版社　国家一级出版社
XIAMEN UNIVERSITY PRESS　全国百佳图书出版单位

总 序

　　国际经济法是发展中的边缘性法学学科。在世界范围,国际经济法作为独立的法学学科,已有近60年的发展史。在中国,经过20多年的发展,国际经济法已成为法学各学科中理论研究最活跃、实践性最强的学科之一。当前,在经济全球化和中国加入世界贸易组织的新形势下,国际经济法更呈现其鲜明的时代性和蓬勃的生命力。

　　得改革开放风气之先,厦门大学在我国较早开展国际经济法的教学和研究。经原国家教委批准,厦门大学于1981年和1985年在全国率先招收国际经济法专业硕士生和本科生,1986年开始招收国际经济法专业(1997年后调整扩大为国际法专业)博士生。1987年成立厦门大学国际经济法研究所。1995年,厦门大学"国际经济法及台港澳法研究"学科点被列为全国高校"211"工程重点建设项目。2002年,厦门大学国际法专业由教育部批准为国家重点学科。长期以来,厦门大学国际法专业学术群体秉承"自强不息,止于至善"的校训,囊萤映雪,开展了一系列国家急需的国际经济法理论和实务研究工作,为我国的法治建设和学科发展作出了应有的贡献。同时,经过不断探索,本专业逐渐形成"出人才"和"创成果"相互促进、相辅相成的研究生培养模式,培养了大批"懂法律、懂经济、懂外语"的国际经济法专门人才。

　　把本专业建成我国国际法领域的重要研究基地和人才培养基地是我们的奋斗目标。"厦门大学国际经济法文库"的编辑出版,是本专业学科建设和发展的长期性工作。"文库"的宗旨是以系列学术专著的形式,集中展现国际经济法领域的专题研究成果,促进学术和社会发展。"文库"立足出版厦门大学学者、校友在国际经济法领域的研究成果,更欢迎海内外国际经济法学者惠赐佳作。"文库"坚持作品的原创性标准,崇尚严谨治学,鼓励学术创新和争鸣。在出版国际经济法专家学者力作的同时,尤其关注国际经济法学界的新人新作,包括在优秀博士学位论文基础上发展的学术专著。我们期望"文库"成为国际经济法专家学者辛勤耕耘的园地,源源不断地产出智慧之果,启迪思想,弘扬学术。同时,更希望"文库"发挥国际经济法"智库"的功能,为我国的国际经济条约实践、涉外经贸立法以及涉外经贸实务提供有益的理论指导或参考。

"厦门大学国际经济法文库"编辑委员会

2003 年 6 月 2 日

缩略语

BIT	Bilateral Investment Treaty 双边投资条约
DSB	Disputes Settlement Body 争端解决机构
DSU	Understanding on Rules and Procedures Governing the Settlement of Disputes 《关于争端解决规则与程序的谅解》
EC	European Community 欧共体
EU	European Union 欧盟
FTA	Free Trade Agreement 自由贸易协定
GATS	General Agreement on Trade in Services《服务贸易总协定》
GATT	General Agreement on Tariffs and Trade《关税与贸易总协定》
ICC	International Criminal Court 国际刑事法院
ICJ	International Court of Justice 国际法院
ICSID	International Centre for Settlement of Investment Disputes 解决投资争端国际中心
ILC	International Law Commission(联合国)国际法委员会
IMF	International Monetary Fund 国际货币基金组织

IISD	International Institute for Sustainable Development（加拿大）可持续发展国际研究所
MAI	Multilateral Agreement on Investment《多边投资协定》
NAFTA	North American Free Trade Agreement《北美自由贸易协定》
OECD	Organization for Economic Co-operation and Development 经济合作与发展组织
RTA	Regional Trade Agreement 区域贸易协议
《SCM 协定》	Agreement On Subsidies And Countervailing Measures《反补贴协定》
《TRIMs 协定》	Agreement on Trade-Related Investment Measures《与贸易有关的投资措施协定》
《TRIPS 协定》	Agreement on Trade-Related Aspects of Intellectual Property Rights《与贸易有关的知识产权协定》
UNCITRAL	United Nations Commission on International Trade Law 联合国国际贸易法委员会
WTO	World Trade Organization 世界贸易组织
《巴黎公约》	Paris Convention for the Protection of Industrial Property《关于保护工业产权的巴黎公约》
《伯尔尼公约》	Berne Convention for the Protection of Literary and Artistic Works《关于保护保护文学和艺术作品的伯尔尼公约》
《华盛顿公约》	Convention on the Settlement of Investment Disputes between States and Nationals of Other States《解决国家与他国国民间投资争端公约》
《罗马公约》	Rome Convention for the Protection of Performers, Producers of Phonograms and Broadcasting Organizations《关于保护表演者、音像制品制作者和广播组织的罗马公约》

目 录

导 论 ·· 1
  一、研究缘起 ·· 1
  二、命题界定 ·· 3
  三、文献综述 ·· 5
  四、基本框架 ··· 13
  五、研究方法 ··· 14
  六、研究意义 ··· 16
  七、创新点与不足 ·· 18

第一章　国际贸易与投资法制的一体化趋势 ·························· 20
  第一节　国际贸易与投资一体化的经济动因 ························· 20
    一、贸易与投资一体化：微观层面 ·· 21
    二、贸易与投资一体化：宏观层面 ·· 23
    三、贸易与投资一体化：政策影响 ·· 26
  第二节　国际贸易与投资一体化的法律反映 ························· 28
    一、形式一体化：源与流 ··· 28
    二、实质一体化：识别冲突 ·· 37
  第三节　国际贸易与投资法制一体化的不平衡性 ·················· 44
    一、发展路径：多边与双边的对垒 ·· 45
    二、形式理性：标准与规则的反差 ·· 52
  本章小结 ··· 57

第二章　双边投资条约对 WTO 实体规范的影响 ························ 59
  第一节　双边投资条约对 GATS 的影响 ······························· 59
    一、双边投资条约与 GATS 的关系：总体观察 ······················· 60
    二、双边投资条约对 GATS 的影响：调整范围 ······················· 64

  三、双边投资条约对 GATS 的影响：承诺方式 …………… 71
  四、双边投资条约对 GATS 的影响：准入前国民待遇 …… 73
 第二节 双边投资条约对《TRIPS 协定》的影响 …………………… 78
  一、双边投资条约引入知识产权议题的动力 ………………… 80
  二、双边投资条约引入知识产权议题的路径 ………………… 81
  三、强制许可构成间接征收的可能性与合法性……………… 85
 本章小结 …………………………………………………………… 99

第三章 双边投资条约对 WTO 体制程序机制的影响 ……… 100
 第一节 ICSID 与 WTO 争端解决机制的有效性 ………………… 101
  一、对 ICSID 与 WTO 争端解决机制既有评价 …………… 101
  二、ICSID 与 WTO 争端解决机制的晚近发展 …………… 105
  三、ICSID 与 WTO 争端解决机制的有效性再探 ………… 109
 第二节 ICSID 与 WTO 争端解决机制的审查标准 …………… 130
  一、审查标准与例外条款的关联 …………………………… 130
  二、GATT/WTO 对一般例外条款的审查标准 …………… 131
  三、ICSID 仲裁庭对根本例外条款的审查标准 ………… 136
  四、分析与评论 ……………………………………………… 141
 第三节 ICSID 与 WTO 争端解决机制的管辖权冲突 ………… 144
  一、关于国际裁判机构管辖权冲突的一般问题 …………… 144
  二、ICSID 与 WTO 争端解决管辖权冲突的理论分析 …… 149
  三、ICSID 与 WTO 争端解决管辖权冲突的实践检视 …… 153
 本章小结 ………………………………………………………… 157

第四章 双边投资条约与 WTO 体制的制度协调 …………… 159
 第一节 双边投资条约与 WTO 体制实体规范的协调 ………… 160
  一、关于国际法律规范协调的一般问题 …………………… 160
  二、双边投资条约与 WTO 体制实体规范的目的解释 …… 162
  三、双边投资条约与 WTO 体制实体规范的文本解释 …… 171
 第二节 双边投资条约与 WTO 体制程序机制的协调 ………… 184
  一、协调 ICSID 与 WTO 争端解决机制管辖权的方法 …… 184
  二、协调 ICSID 与 WTO 争端解决机制管辖权的其他原则 … 186
  三、分析与评论 ……………………………………………… 189

本章小结 ································· 190
结　论 ··································· 192
参考文献 ································· 195
后记 ··································· 220

International Economic Law

导 论

一、研究缘起

本书的研究缘起于对《北美自由贸易协定》(the North American Free Trade Agreement, NAFTA)项下 Pope & Talbot v. Canada 一案偶然性关注。① 2008 年底,在进行一项关于投资定义的研究时,笔者发现了 NAFTA 仲裁庭早在 2000 年就该案作出的初步裁决,其中,"市场准入"(market access)被认定为是受 NAFTA 保护的合格投资。② 与公正与公平待遇的认定等实体问题所引发的热议相比,③该案仲裁庭关于投资范围的认定可谓

---

① 该案缘于美国和加拿大两国之间肇始于 1982 年并延续至今的软木贸易争端。为缓解摩擦,两国政府于 1996 年签订了《软木贸易协定》(Agreement on Trade in Softwood Lumber)以限制加拿大对美国的软木出口。为实施该协定,加拿大政府于当年 6 月决定对出口美国的软木实行配额管理。然而,美国投资者 Pope & Talbot 公司却认为,该制度使自己在加拿大的附属企业获得的出口配额减少,对其在加投资造成损失。为此,Pope & Talbot 公司以加拿大的出口配额制度违反 NAFTA 第 11 章为由提起投资仲裁。参见 Pope & Talbot, Inc. v. Canada. Interim Award, 26 June 2000, paras. 96~99.

② 参见 Pope & Talbot, Inc. v. Canada. Interim Award, 26 June 2000, paras. 96~99.

③ 论者的焦点之一,便是该案仲裁庭是否过分扩大了公正与公平待遇的内涵并不适当地解释了其与习惯国际法的要求。参见 Ian A. Laird, NAFTA Chapter 11: Bedrail, Shock and Outrage—Recent Developments in NAFTA Article 1105, Asper Review of International Business and Trade Law, 2003, Vol. 3, pp. 201~204. 余劲松:《外资的公平与公正待遇问题研究——由 NAFTA 的实践产生的几点思考》,载《法商研究》2005 年第 6 期。

波澜不惊,却引发了笔者对于贸易与投资关系的思考。

在此之前,"市场准入"的概念在此前更多地出现在关于贸易议题的讨论之中。据莫世健教授考证,"市场准入"作为一个法律概念,最早见于20世纪70年代末的贸易协议,而正是乌拉圭回合谈判才将市场准入作为一项原则被纳入多边贸易法纪。① 车丕照教授也认为,"市场准入"以及与其相关的"市场准出"都属于"贸易权"(right to trade)的范畴。② 相较而言,尽管国际投资法领域也会涉及准入前后的外资待遇问题,但至少在准入后国民待遇的语境中,"市场准入"本身并未被确立为一项受投资条约保护的权利。

与上述传统观念相悖,Pope & Talbot v. Canada 案仲裁庭却以跨国母子公司的关联活动为背景,将子公司对相对国的贸易出口利益界定为投资并受投资条约的保护。这表明,在跨国公司全球一体化经营日益普遍的背景下,贸易与投资的传统界限可能会愈发模糊甚至交叉。鉴于经济学界早在20世纪70年代便已提出"贸易与投资一体化"的命题,③上述裁决促使笔者开始从类似角度重新考虑国际贸易与投资法制的内在关联。

由于经济与历史等原因,当前的国际投资与贸易法制总体上仍然是"两个分立的体制"④:前者主要以分散化的双边投资条约(bilateral investment treaty)为主体,后者的集大成者则是世界贸易组织(the World Trade Organization,WTO)的一揽子多边贸易协定。但值得注意的是,这种体制性分野并非泾渭分明。事实上,无论是宏观层面上的1948年《建立国际贸易组织的哈瓦那宪章》(the Havana Charter for an International Trade Organization,简称《哈瓦那宪章》)以来的"贸投合一"式区域贸易协议(regional trade agreement,RTA)的日益勃兴,还是微观层面上的《关税与贸易总协定》(the General Agreement on Tariffs and Trade,GATT)时代

---

① 参见莫世健:《市场准入原则与中国入世的法律对策》,载陈安主编:《国际经济法论丛》,法律出版社2001年版。

② 参见车丕照:《"市场准入"、"市场准出"与贸易权》,载《清华大学学报》(哲学社会科学版)2004年第4期。

③ 详见张二震、马野青、方勇等:《贸易投资一体化与中国的战略》,人民出版社2004年版,第42~44、55~57页。

④ 曾华群:《论WTO体制与国际投资法的关系》,载《厦门大学学报》(哲学社会科学版)2007年第6期。

发生的"美国诉加拿大《外国投资审议法》(Foreign Investment Review Act)"案①，都意味着可能有必要重新审视国际贸易与投资法制的关系，并慎重考虑经济一体化对当前处于相对分立状态的国际贸易与投资法制的潜在影响。

与此同时，Pope & Talbot v. Canada 一案关于投资范围的裁决似乎还暗含着另一个值得警惕的趋势，即在贸易与投资措施的界限日益模糊的背景下，传统上关于市场准入的贸易纠纷可能另辟蹊径，从 WTO 体制中的国家间解决模式转向双边投资条约所规定的私人与国家间的解决模式。这种争端解决的"场所转移"是否意味着后者比前者在实体保护方面更为全面，在程序实施方面更为有效，亦即双边投资条约在某种程度上已经具备了 WTO 的递增效应？

一个可以初步肯定性回复上述疑问的根据在于，在关于贸易自由化的多哈回合谈判一再延宕、止步不前的同时，以投资自由化为重心的双边投资条约却大踏步地向纵深方向挺进，并成为"外国直接投资全球治理体制中最重要的法律制度"。② 尽管学者们出于对国际法碎片化的担忧，一再力陈制定统一的多边投资法典的必要性，但不可否认的事实是，以双边模式缔结的双边投资条约已然成为国际法中最具活力的因素，而 WTO 的多边演进路径反而未能满足国际社会的期待。尽管这些期待因国家利益的不同而各异，但多哈回合的停滞既未满足全球贸易自由化的整体利益期待，也与个别国家积极开拓其他成员国内市场的个体利益不符，而这种伤害对不发达成员尤甚。因此，开展双边投资条约与 WTO 体制的比较研究，不但有助于从法律角度考察国际投资与贸易一体化的深度和广度，还可以凸显当前国际投资与贸易法制发展的不平衡性以及潜在问题与解决路径。

二、命题界定

本书选题的关键词为"双边投资条约"和"WTO 递增"。具体界定

---

① 美国政府指控加拿大《外国投资审议法》中规定的当地成分、当地制造和出口实绩要求违反了 GATT1947 关于国民待遇、禁止数量限制以及禁止出口补贴等规定。关于本案的简介，参见赵维田：《世贸组织(WTO)的法律制度》，吉林人民出版社 2000 年版，第 414～415 页。

② [德]阿克塞尔·伯杰：《中国的双边投资协定新纲领：实体内容，合理性及其对国际投资法创制的影响》，杨小强译，载《国际经济法学刊》2010 年第 4 期。

如下：

(一) 双边投资条约

双边投资条约内涵是明确的，但其范围却又是难以确定的。从历史发展的纵向角度看，调整跨国投资流动的双边法制曾主要呈现出三种模式，即友好通商航海条约、投资保证协定以及促进和保护投资协定。总体而言，前两种模式专注于"投资保护"，而第三种模式兼具实体性和程序性规范，并且将关注重点从"投资保护"转向"投资促进"。一般国际法文献中所称的"双边投资条约"（Bilateral Investment Treaty）或"双边投资保护条约"即属此类。[①]

与双边投资条约相关的概念还包括国际投资协定（International Investment Agreement），这是一种对投资条约进行更宽泛的理解，也反映了跨国投资在全球经济发展中具有越来越高的显示度和影响力。例如，联合国贸易与发展会议（the United Nations Conference on Trade and Development，UNCTAD）每年一度的《世界投资报告》（World Investment Report）就认为，国际投资协定不仅包括双边投资条约，还包括经济合作协议、自由贸易协议、区域经济一体化协议和经济合作框架协议等文件中与投资相关的条款。[②] 相应地，上述双边协议中与投资相关的条款亦可理解为双边投资条约的重要范畴。

就行文目的而言，本书所指的双边投资条约系采广义概念，主要包括以投资保护为重点的欧式协定和以投资自由化为重点的美式协定两种类型。同时，鉴于各国越来越热衷于通过区域贸易协定这种涵盖内容更加广泛的条约来寻求更密切的经贸合作，双边自由贸易协定中的投资规则亦是本书的重要研究对象。

(二) "WTO 递增"

"WTO 递增"的英文为 WTO-plus，[③] 是指相关法律框架设置了比

[①] 参见陈安主编：《国际经济法学》，北京大学出版社 2007 年第 4 版，第 363~365 页；曾华群主编：《国际投资法学》，北京大学出版社 1999 年版，第 353、387、407 页。

[②] UNCTAD, *World Investment Report* 2014: *Investing in the SDGs: An Action Plan*, United Nations: New York and Geneva, 2014, p.133.

[③] 李辉也将其译为"超 WTO"效应。参见秦娅：《"超 WTO"义务及其对 WTO 法律制度的影响》，李辉译，载沈娟主编：《国际法研究》第一卷，中国人民公安大学出版社 2006 年版，第 265 页。

《WTO协定》的标准更高、范围更广、效力更强的保护承诺。这一概念既包括旨在提高保护水平的、高于或者超出《WTO协定》最低保护标准的任何要求和条件,也涵盖旨在缩减权利限制和例外的范围或者削弱《WTO协定》变通规定的一切措施。

三、文献综述

(一)关于国际经济法的内部一体化

尽管国际经济立法中的"挂钩"(linkage)现象早已有之,①但直到20世纪80年代,尤其是90年代以后,在全球经济一体化迅猛扩张的背景下,以市场和公司为载体的商业活动的内部关联和外部影响越来越大,才使得这一议题成为学界关注的热点,并成为晚近"国际经济法革命"的一个重要方面。② 与此同时,《WTO协定》所囊括的庞大条约群也实现了向环境保护、公共健康等非贸易议题的扩张。自此,国际经济法中的挂钩现象被列为一项"值得持续关注"的议题,③甚至成为当代国际关系理论主流学派的争议焦点之一。④

---

① 大卫·P. 菲德勒(David p. Fidler)教授认为,鉴于国际商业活动中伴随的疾病传播现象,贸易与公共健康的关系早在1951年前后就引起了人们的关注。参见 David P. Fidler, The Globalization of Public Health: Emerging Infectious Diseases and International Relations, *Indiana Journal of Global Legal Studies*, 1997, Vol. 5, p. 24.

② 详见 J. P. Trachtman, The International Economic Law Revolution, *University of Pennsylvania Journal of International Economic Law*, 1996, Vol. 17, No. 1, pp. 33~36.

③ 美国国际法学会(the American Society of International Law)国际经济法兴趣小组曾于1997年12月5日至7日主办了一场题为"作为一种现象的挂钩:学科交叉的视角"(Linkage as Phenomenon: An Interdisciplinary Approach),关于本次会议的综述,参见 Frank J. Garcia, The Trade Linkage Phenomenon: Pointing the Way to the Trade Law and Global Social Policy of the 21st Century, *University of Pennsylvania Journal of International Economic Law*, 1998, Vol. 19, No. 2, pp. 201~208.

④ 参见[美]罗伯特·阿克塞尔罗德、罗伯特·基欧汉:《无政府状态下的战略和制度合作》,载大卫·A. 鲍德温主编:《新现实主义与新自由主义》,肖容欢译,浙江人民出版社2001年版,第100~101页;[美]约瑟夫·M. 格里科:《无政府状态和合作的限度:对最近自由制度主义的现实主义评论》,载大卫·A. 鲍德温主编:《新现实主义与新自由主义》,肖容欢译,浙江人民出版社2001年版,第133~134页。

正如徐崇利教授所指出的,晚近方兴未艾的国际经济法律一体化包括国际经济立法的内部整合与外部联结两个方面——前者是指在国际经济法律体系内部贸易、投资、金融、竞争及知识产权保护等领域的法律规则相互交融,后者则是国际经济立法与劳工、人权、环保等"社会立法"的融合。① 然而,无论是 20 世纪 90 年代拉美改革失败后以"华盛顿共识"为代表的新自由主义理论面临的窘境,还是 1999 年 WTO 西雅图部长级会议遭遇的声势浩大的示威浪潮,都表明劳工、环境等非经济议题正逐步"从贸易议程的外围走向中心",②国际经济法律的外部一体化赢得了更多的学术关注。③沿着这一学术路径展开,西方学者的国际经济法研究甚至出现了所谓的"宪政转向(the turn to constitutionalism)。④

---

① 徐崇利:《经济一体化与国际经济法的发展》,载《法律科学》2002 年第 5 期。

② Jeffrey L. Dunoff, The Death of the Trade Regime, *European Journal of International Law*, 1999, Vol. 10, No. 4, pp. 733~762.

③ 2002 年初,在约瑟·E. 阿尔瓦雷斯(José E. Alvarez)教授的主持下,美国国际法学会主办的《美国国际法杂志》再次刊发了一组以"WTO 的外在边界"(The Boundaries of the WTO)为主题的文章,集中探讨 WTO 与环境等非贸易议题的关系。参见 José E. Alvarez, Foreword: Symposium: The Boundaries of the WTO, *American Journal of International Law*, 2002, Vol. 96, No. 1, pp. 1~4.

④ 在 WTO 宪政这一研究领域最具代表性的无疑是杰克逊(John H. Jackson)教授和彼得斯曼(Ernst-Ulrich Petersmann)教授所倡导的两种宪政观:前者注重从组织法角度进行 WTO 的制度建构,而后者则强调以个人权利为起点,将 WTO 视为一套具有优先性的规范性承诺。参见蔡从燕:《国际法语境中的宪政问题研究:WTO 宪政之意蕴》,载《法商研究》2006 年第 2 期。此外,杜诺夫教授还归纳出了以黛博拉·凯斯(Deborah Cass)教授为代表的第三种研究路径,即以 WTO 争端解决机构"利用其职权在争端解决过程中创设宪法规范和结构,并成为支持构建宪政的动力"。参见 Jeffrey L. Dunoff, Constitutional Conceits: The WTO's "Constitution" and the Discipline of International Law, *European Journal of International Law*, 2006, Vol. 17, p. 647.

在此方面,中国学者普遍较为谨慎。例如,王铁崖教授并不反对使用"国际宪法"的措辞,但只将其理解为"有关国际组织的带有根本性的法律原则和规章制度的总称",反对将其视为"超越国家之上的法律"。陈安教授更是直陈 WTO 体制缺乏"坚实的、真正的民主基础",其"立法"过程的"权力导向",以及司法过程从"规则导向"向"权力导向"的异化,一针见血地指出了 WTO 体制民主性、公平性缺失的积弊。分别参见王铁崖:《国际法当今的动向》,载邓正来主编:《王铁崖文选》,中国政法大学出版社 2003 年版,第 9~10 页;陈安:《论中国在建立国际经济新秩序中的战略定位——兼评"新自由主义经济秩序"论、"WTO 宪政秩序"论、"经济民族主义扰乱全球化秩序"论》,载《现代法学》2009 年第 2 期。

与国际经济法律制度外部一体化的研究方兴未艾相比,国际贸易、投资、金融等领域的内部一体化问题除了少数学者偶有提及之外,①在很大程度上被忽略了。

就国际贸易与投资而言,长久以来,贸易与投资的互动关系似乎是不言而喻的共识。鉴于此,作为密切关注国际贸易与投资流向的权威国际机构,UNCTAD(1993)表现出其独特的敏锐度,很早便呼吁各国政府考虑跨国公司日益广泛的国际生产一体化实践,建议政府通盘审视其出台的每项政策决议对投资、贸易、技术转让和人员流动等各个领域的潜在影响,并将其视为大发展战略的组成部分。② 此后,UNCTAD(1996)在其发布的《世界投资报告》中进一步呼吁国际贸易与投资法制的协调发展。③ 然而,上述研究似乎都仅仅止步于对经济学中贸易与投资一体化这一命题的体认,至于如何从制度层面去协调贸易与投资法制的关系,以及是否有必要寻求对二者共同规范的一致性解释乃至制定,仍然是疏于细致讨论的问题。

随着乌拉圭回合多边贸易谈判有限地纳入了包括服务贸易等在内的投资议题,④国内外学者开始关注投资措施对贸易的影响,但相关研究多集中于宏观分析,如 WTO 对国际投资法制的影响、WTO 体制内达成多边投资

---

① Annamaria Viterbo, Dispute Settlement over Exchange Measures Affecting Trade and Investments: The Overlapping Jurisdictions of the IMF, WTO, and the ICSID, The Society of International Economic Law Inaugural Conference, 2008, pp. 7～22.

② 参见 UNCTAD, *World Investment Report* 1993: *Transnational Corporations and Integrated International Production*, United Nations, 1993, p. 224.

③ 参见 UNCTAD, *World Investment Report* 1996: *Investment, Trade and International Policy Arrangements*, United Nations, 1996, pp. xi～xii.

④ 最终达成的与投资有关的协定主要有三项,包括《与贸易相关的投资措施协定》(Agreement on Trade-Related Investment Measures,简称《TRIMs 协定》)、《服务贸易总协定》(General Agreement on Trade in Service, GATS)以及《与贸易有关的知识产权协定》(Agreement on Trade-Related Aspects of Intellectual Property Rights,简称《TRIPS 协定》)。

协定的可能性等。① 而且,随着 2004 年 8 月 WTO 各成员方明确拒绝在 WTO 内发动投资议题的谈判,相关研究也陷入了低潮。

在这方面,曾华群教授(2007)进行了颇有意义的跟踪研究。他不但从法律的视角较为明确地指出了 WTO 规范与双边投资条约挂钩的新动向,还进一步从投资与贸易的基本特征之分野和 WTO 的法定权限出发,主张 WTO 体制与双边投资条约体制的相对独立。② 这一研究无疑具有启发性和反思意义。诚然,1996 年 WTO《新加坡部长理事会宣言》授权成立的"贸易与投资关系工作组"曾被委以这方面的研究重任,但时隔不久便随着 WTO 框架内投资议题的搁浅而中止。③

尽管如此,这并不意味着研究国际贸易与投资法制的关系没有必要或缺乏现实意义。相反,鉴于晚近各国在双边投资条约实践方面的活跃表现,双边投资条约与 WTO 体制的关系再次引发了关注。2010 年 4 月,颇具影响力的新兴英文电子期刊《跨国争端管理》(Transnational Dispute Management)发布了一则征稿启事,呼吁各国学者和实务人士围绕"投资法与 WTO 的交互影响"这一主题撰文研讨。④

在制度层面,少数学者开始关注 WTO 与双边投资条约中的共同规范并进行了比较分析。牛光军博士(2001)较早地关注了贸易与投资待遇标准的差异性,并作出了看似矛盾的结论:由于国际贸易与投资的本质差异,二

---

① 参见单文华:《世界贸易组织中的投资规范评析》,载《法学研究》1996 年第 2 期;刘笋:《论 WTO 协定对国际投资法的影响》,载《法商研究》2000 年第 1 期;Jürgen Kurtz, A General Investment Agreement in the WTO?: Lessons from Chapter 11 of NAFTA and the OECD Multilateral Agreement On Investment, *University of Pennsylvania Journal of International Economic Law*, 2002, Vol. 23, No. 4, pp. 713~789; Kevin C. Kennedy, A WTO Agreement on Investment: A Solution in Search of a Problem?, *University of Pennsylvania Journal of International Economic Law*, 2003, Vol. 24, No. 1, pp. 77~188.

② 参见曾华群:《论 WTO 体制与国际投资法的关系》,载《厦门大学学报》(哲学社会科学版)2007 年第 6 期。

③ 关于"贸易与投资关系工作组"相关工作成果的介绍,参见刘笋:《贸易与投资——WTO 法和国际投资法的共同挑战》,载《法学评论》2004 年第 1 期。

④ 参见 TDM Editorial Board, Call for papers: TDM Special Issue covering intersections between investment treaty law and the WTO world, http://www.transnational-dispute-management.com/news.asp?key=345,下载日期:2013 年 9 月 10 日。

者的待遇标准体系相对独立且存在重大差异,但在根源和本质上是统一的。① 这一理论分析颇具针对性,因为恰好在 2000 年关于 *S. D. Myers v. Canada* 案的部分裁决中,仲裁庭就开始引用 WTO 关于国民待遇的法理与实践来解释双边投资条约中的国民待遇条款。② 但这一做法并未成为后续实践的样本,并引发了学术争议。例如,尼古拉斯·迪马西奥(Nicholas DiMascio,2008)等两位学者认为双边投资条约与 WTO 分别立足于国家和投资者的利益,加之二者的实施机制不同,因此,不应对两个体制下的国民待遇条款进行一致解释。③ 于尔根·科兹(Jürgen Kurtz,2009)则基于双边投资条约形式理性的缺失,赞成 ICSID 仲裁庭对 WTO 关于国民待遇实践的借鉴。④ 鲁道夫·多尔泽(Rudolf Dolzer,2005)则立足于现实,指出当前双边投资条约与 WTO 相分离的体制决定了二者要取得一致性解释殊为不易,只能留待各国政府去澄清。⑤

对于法律人而言,国际贸易与投资法制的一体化不仅意味着宏观层面的政策协调,更应关注相关制度和规则的制定和适用。这也敦促笔者沿着上述进路继续思考当前 WTO 和双边投资条约所代表的国际贸易和投资法制在条约宗旨、调整对象和实体规范方面的理论共通之处。

(二)关于国际投资法对国际贸易法的反向影响

在《TRIMs 协定》的影响下,国内外学者开始关注投资措施对贸易的影响,但这种对热点的过度聚焦也造成了思维惯性,使学者更多地从贸易法的

---

① 参见周忠海主编:《国际法学述评》,法律出版社 2001 年版,第 770 页。

② S. D. Myers, Inc. v. Canada, First Partial Award, 13 November 2000, paras. 244~248.

③ Nicholas Dimascio & Joost Pauwelyn, Nondiscrimination in Trade and Investment Treaties: Worlds Apart or Two Sides of the Same Coin?, *American Journal of International Law*, 2008, Vol. 102, No. 1, pp. 54~56.

④ Jürgen Kurtz, The Use and Abuse of WTO Law in Investor—State Arbitration: Competition and Its Discontents, *European Journal of International Law*, 2009, Vol. 20, No. 3, pp. 769~771.

⑤ Rudolf Dolzer, Main Substantive Issues Arising from Investment Disputes, National Treatment: New Developments, in ICSID, OECD & UNCTAD, *Making the Most of International Investment Agreements: A Common Agenda*, OECD, 2005. p. 5.

角度去审视 WTO 中的投资规则,①从而在研究视角上呈现出单向性。

1999 年,UNCTAD 发布的一则题为《与投资有关的贸易措施》研究报告不失时机地提醒人们,各国在市场准入限制、市场准入发展优惠、出口鼓励和出口限制等四个方面的贸易措施同样会对投资流动产生影响甚至扭曲,因此,应注意对贸易措施对投资的反向影响。② 余劲松(2001)率先捕捉到这一学术信息,对区域贸易协定、原产地规则、国家技术标准和受限产业部门的贸易影响等贸易措施对投资的影响展开了研究。他认为,当时的双边或地区性的投资条约均未涉及与投资有关的贸易措施问题,对于与投资有关的贸易措施,主要由现存的国际贸易多边体制(GATT/WTO)来进行调整。③ 并在考察区域贸易安排中的投资自由化问题时,他进一步对当前双边投资条约以及自由贸易协定投资章节中的履行要求、国民待遇、透明度等条款与 WTO 相关制度进行了比较。④

就具体领域的制度而言,鉴于当前《WTO 协定》中业已涵盖的服务贸易、知识产权等议题与双边投资条约的调整对象存在一定的交叉或重合,因此,双边投资条约在此类问题上的角色引发了学者的关注。例如,鲁道夫·阿德隆(Rudolf Adlung,2008)等学者分析了双边投资条约对于各国在 GATS 中承诺水平的影响,并将其形象地比喻为"后院起火"。⑤ 此外,双边投资条约的 TRIPS-plus 效应也成为学者关心的话题。⑥

---

① 参见刘笋:《WTO 法律规则体系对国际投资法的影响》,中国法制出版社 2001 年版。

② UNCTAD,*Investment-Related Trade Measures*,United Nations,1999,pp.1~39.

③ 参见余劲松:《论"与投资有关的贸易措施"》,载《中国法学》2001 年第 6 期。

④ 参见余劲松:《区域性安排中的投资自由化问题研究》,载王贵国主编:《区域安排法律问题研究》,北京大学出版社 2004 年版,第 48~65 页。

⑤ Rudolf Adlun G & Martín Molinuevo,Bilateralism In Services Trade:Is There Fire Behind The (BIT-) Smoke?,*Journal of International Economic Law*,2008,Vol.11,No.3,p.365.

⑥ 例见 Mohamed R Hassanien *,Bilateral WTO-Plus Free Trade Agreements in the Middle East:A Case Study of FTA in the Post-TRIPS Era,*Wake Forest Intellectual Property Law Journal*,2008,Vol.8,pp.161~197;Carlos M. Correa,Investment Protection in Bilateral and Free Trade Agreements:Implications for the Granting of Compulsory Licenses,*Michigan Journal of International Law*,2004,Vol.26,pp.331~379.

这些研究均不同程度上肯定了投资与贸易、双边投资条约与WTO体制之间的密切关系,尤其是有助于克服从贸易视角去审视投资规则的单向性,但在价值取向方面,绝大多数西方学者都对这种双边投资条约的WTO递增效应不以为意,而是对这种旨在进一步提升自由化水平的实践持肯定态度。笔者认为,如果考虑到当前广大发展中国家在多哈回合谈判中对进一步开放市场准入的普遍抗拒,那么便有充分的理由去反思这种递增效应的正当性,也有必要警惕当前的双边投资条约实践过分追求自由化并忽视与WTO承诺水平相匹配所可能引发的发展危机。

(三)关于国际贸易法与国际投资法的实施机制

与国际贸易与投资法制的实体规范相对分野的现状相比,WTO与双边投资条约在程序法方面的差异更为显著。

一直以来,国际贸易法与国际投资法具有截然不同的实施机制——前者是一种国家间的争端解决机制,而后者则允许私人的直接参与国际投资仲裁。在评价双边投资条约中普遍规定的ICSID仲裁机制与WTO争端解决机制时,较多学者将溢美之词授予后者,肯定其"司法化"的争端解决模式对于国家间争端解决的便捷性。[①] 相较而言,ICSID仲裁机制被认为具有耗时较长、费用较高、缺乏终局性,[②]甚至存在竭力扩大仲裁管辖权、过多受到发达国家法学家的影响、片面维护私人投资者的利益倾向等弊端。[③] 然而,上述研究或者仅止步于文本分析,或者作为实证分析样本的时间跨度较窄,因此,有必要结合ICSID与WTO争端解决机制的最新发展予以重新审视其有效性。

与此同时,自2000年联合国国际法委员会决定将"国际法不成体系问

---

① Peter Sutherland, et al, *The Future of the WTO: Addressing Institutional Challenges in the New Millennium*, World Trade Organization, 2004, p. 50; William J. Davey, The WTO Dispute Settlement System: The First Ten Years, *Journal of International Economic Law*, 2005, Vol. 8, No. 1, p. 47.

② 曾华群主编:《国际投资法学》,北京大学出版社1999年版,第572~573页。

③ 刘笋:《WTO法律规则体系对国际投资法的影响》,中国法制出版社2001年版,第277~278,290~294页。

题"列入其长期工作方案以来,国际贸易争端的管辖权竞合问题已经引起学者的重视。① 然而被忽略的一点是,在经济一体化背景下,因投资与贸易措施的高度交叉并造成识别冲突,很可能引发如何选择适用 ICSID 与 WTO 这两种非同质性争端解决机制的难题。前述 *Pope & Talbot v. Canada* 一案的裁决似乎否认这一难题的存在,加埃唐·弗胡塞尔(Gaetan Verhoosel,2003)则进一步提出利用 ICSID 仲裁机制来对违反 WTO 法的行为提供救济。② 这些理论主张与实践固然有助于维护私人利益,却忽略了 ICSID 与 WTO 这两种非同质性争端解决机制的管辖权冲突及多重救济问题,因而有必要从分析两种争端解决机制的比较优势入手重新审视相应的解决方案。

对此,龚宇(2003)较早分析了两种争端解决机制的差异,并指出二者在解决投资争端方面的互补性。③ 沈慧骅(2003)和梁开银(2009)两位学者则就管辖权冲突提出了近乎一致的解决方案,即在立法层面赋予争端当事方择一且排他性的选择权。④ 但不无遗憾的是,这一方案未能从法理层面分析 ICSID 与 WTO 管辖权冲突的根源,对政府贸易与投资措施的识别困境

---

① Jagdish. Bhagwati, U. S. Trade Policy: The Infatuation with Free Trade Areas, in Jagdish Bhagwati & Krueger Anne O. , *The Dangerous Drift to Preferential Trade Agreements*, The AEI Press, 1995, pp. 1~18. Joost Pauwelyn, Adding Sweeteners to Softwood Lumber: The WTO-NAFTA "Spaghetti Bowl" is Cooking, *Journal of International Economic Law*, 2006, Vol. 9, No. 1, pp. 1~10. 上述作者不约而同地用"意大利面碗"来隐喻当前《WTO 协定》与区域贸易协定管辖权冲突的现象及负面影响。特拉奇曼(Joel P. Trachtman)教授指出,WTO 与区域贸易协定管辖权冲突实质是管辖权在国家间、国际组织间以及国家和国际组织间的权力分配。参见 Joel P. Trachtman, Institutional Linkage: Transcending "Trade and …", *American Journal of International Law*, 2002, Vol. 96, No. 1, pp. 77~93.

② Gaetan Verhoosel, The Use of Investor-State Arbitration under Bilateral Investment Treaties to Seek Relief for Breaches of WTO Law, *Journal of International Economic Law*, 2003, Vol. 6, pp. 493~506.

③ 龚宇:《从 ICSID 到 WTO——多边投资争端解决机制之演进与比较》,载《商业经济与管理》2003 年第 3 期。

④ 沈慧骅:《国家和私人间投资争端解决机制的冲突和协调——兼比较 WTO 与 ICSID 争端解决机制的冲突和协调》,载《当代法学》2003 年第 11 期;梁开银:《论 ICSID 与 WTO 争端解决机制的冲突及选择——以国家和私人投资争议解决为视角》,载《法学杂志》2009 年第 8 期。

估计不足。相对而言,侯幼萍(2007)从司法层面提出的建议对本书更具借鉴意义。①

四、基本框架

就整体而言,双边投资条约对 WTO 体制的影响这一命题逻辑上包含四个层次的问题。其一,双边投资条约和 WTO 这两个传统上相互分立的法律体制是否具有共同的作用空间?其二,双边投资条约的相关法律制度是否以及在多大程度上超越了 WTO 的纪律?其三,双边投资条约的 WTO 递增效应的后果,即是否可能引发这两个法律体制在制度实施方面的困境?如果对上述可能性的确存在,随之而来的第四个问题便是,如何从制度层面行之有效地解决双边投资条约和 WTO 体制的结构性失衡?

本书即围绕上述四个问题依次展开,试图借鉴贸易与投资一体化的原理,讨论国际贸易与投资法制一体化的语境下双边投资条约的 WTO 递增效应问题。全书包括前言、正文和结语三大部分,其中,正文部分分为四章:

第一章旨在回答第一个问题,即双边投资条约和 WTO 这两个传统上彼此分立的法律体制是否具有共同的作用空间?对此问题的讨论不可避免地涉及对二者调整对象的比较。在这方面,固守学术研究中关于贸易与投资这一人为设置的学科藩篱和概念之别,可能并无太大裨益。相反,经济学研究中的贸易与投资一体化的理论有助于提醒国际法学者:应跳出追求法律概念纯粹性的单一框架,从经济活动的性质入手,发掘双边投资条约和 WTO 这两个体制在调整对象方面的重合之处,进而从制度设计的初衷出发探讨二者在条约宗旨方面的相似性,从规范的起源和演进角度求得对文本差异的一致性解释。

因此,在第一章中,笔者回顾了国际贸易与投资一体化理论的缘起与表现,并以此经济动力为基础,分别描述了国际贸易和投资法制的形式一体化和实质一体化趋势。笔者认为,作为国际贸易和投资法制的典型代表,WTO 和双边投资条约应当以"实质一体化"为应然目标,实现贸易与投资政策的互动与协调。就实然发展而言,尽管二者在调整对象方面的交叉和重合已得到普遍承认,但对条约目的和宗旨的一致认识仍有待澄清,对共同实体规范的一致性解释也有待加强。此外,主要依赖双边路径发展的双边

---

① 侯幼萍:《WTO 和 ICSID 管辖权冲突研究》,《国际经济法学刊》2007 年第 2 期。

投资条约在形式理性和组织法层面居于劣势,从而造成一国在双边投资条约项下的承诺超越 WTO 的水平,并引发双边投资条约与 WTO 体制的结构性失衡。

第二章和第三章旨在回答随后的两个问题,即双边投资条约的相关法律制度在多大程度上超越了 WTO 纪律及其引发的制度困境。对此,本书从程序和实体两个维度来分析双边投资条约的 WTO 递增效应。就实体层面而言,本书无意于涵盖《WTO 协定》的全部法律制度,而只是选取了若干具有代表性的研究对象,如 GATS 的调整范围和国民待遇、《TRIPS 协定》中的强制许可制度、GATT 的例外条款等。以此为参照物,本书主要分析以下法律问题,包括双边投资条约"自上而下"的承诺方式对于一国市场开放程度和实施准入前国民待遇的影响;双边投资条约关于征收的限制和补偿要求在多大程度上克减了相关成员在《TRIPS 协定》强制许可制度下的应有权利。

就程序层面而言,本书回顾了当前学术界对于双边投资条约中普遍的 ICSID 仲裁机制与 WTO 争端解决机制有效性的既有评价,并结合 ICSID 与 WTO 争端解决机制体制的最新发展,从文本和实践两个角度比较了二者对于私人投资者保护的有效性,以及与 WTO 争端解决机制相比,双边投资条约中投资争端仲裁庭的审查标准在多大程度上压缩了一国政府对相关事实进行自我认定的权力空间。此外,笔者还结合管辖权冲突的基本理论,从国际贸易与投资一体化背景下政府措施的识别困境入手,论述了因双边投资条约的 WTO 递增效应引发的 WTO 与 ICSID 这两个争端解决机制发生管辖权冲突的可能性。

在第四章则试图就双边投资条约与 WTO 体制的制度失衡问题提出协调方法。对于实体法的法律适用冲突问题,笔者以国民待遇条款为例,论述了二者共同规范的和谐解释问题。在程序法方面的管辖权冲突问题,笔者分析了协调管辖权冲突的传统方法在此问题上的局限性,主张在个案的基础上通过各个争端解决机制的自由裁量这一柔性方法予以协调,并指出了双边投资条约与 WTO 实体规则的统一在此问题上的决定性作用。

五、研究方法

基于论题研究的需要,本书主要采用了规范分析、案例研究和比较研究等方法。

(一)规范分析方法

从法律文本出发进行规范分析是法学研究的起点。尽管长久以来,分别以 GATT/WTO 和双边投资条约为代表的国际贸易与投资法制在形式上处于相对分离的状态,但这并不意味着二者没有任何实质性关联;相反,这两个体制在调整对象、条约宗旨和实体规范等方面存在相似或重叠之处。因此,要把握二者的实质性关联,一个重要的起点便是对二者共同规范的解读。鉴此,在构建国际贸易与投资法制一体化的语境时,以及在分析双边投资条约的 WTO 递增效应过程中,笔者始终将规范分析方法置于首位,着重对比两个体制下相关文本的异同点,以此展开并探求这种差异性背后的制度性渊源和应然走向。

(二)案例研究方法

由于国家间政治的固有影响,条约文本的不精确、条约实施机制的不健全等特点,决定了在国际法的研究中,应当比国内法研究更加重视考察法律文本的实施效果。事实上,在 WTO 和双边投资条约体制的运行过程中,其实践的重要性并不亚于甚至要高于其文本的规定——"案例法"不但被认为是 WTO 法律制度的明显特征,[①] 甚至被认为是当代以双边投资条约为中心的国际投资法发展的主要动力和渊源。[②] 尤其是,当前的绝大多数双边投资条约文本仍尚未摆脱上个世纪 50 年代以来形成的基本范式,在很大程度上带有简单而粗略的色彩,使得脱胎于普通商事仲裁理论与实践的投资者诉国家型争端解决机制在事实上承担着解释甚至发展双边投资条约约文含义的职能。因此,本书在分析 WTO 和双边投资条约体制一体化的现状与趋势时,着力考察 GATT/WTO 以及 ICSID 争端解决机制中的成案。对于这些裁决书中相关法律解释方法和结论的合理借鉴,不仅有助于深化对 WTO 和双边投资条约体制及其共同规范的认识,也验证着这两个体制在形式理性和实践理性方面的差距。

(三)比较研究方法

比较法不但是同一国家法律秩序之内不同规则之间的比较,更重要的,

---

① 房东:《WTO〈服务贸易总协定〉法律拘束力研究》,北京大学出版社 2006 年版,第 3 页。

② Philippe Kahn & Thomas W. Wälde(eds), *New Aspects of International Investment Law*, Martinus Nijhoff Publishers, 2007, p. 66.

是世界上不同法律秩序之间的相互比较。① 这一论述对于本书的研究同样适用。这是因为，自 20 世纪 40 年代以来，分别以 GATT/WTO 和双边投资条约为代表的国际贸易与投资法制就遵循不同的演进路径发展，以至于形成了两个相互分立、并行不悖的法律体制。在国际贸易与投资一体化的背景下，WTO 和双边投资条约体制是否已经处于一体化发展的过程之中？是否应当以一体化为应然的发展方向？以双边投资条约为代表的国际投资法制是否以及在多大程度上超越了以 WTO 为代表的国际贸易多边法制？对于这些问题的回答，不但需要从宏观角度就二者处理法律问题的一般方法进行比较，还有赖于从微观角度对其规范的制定和适用进行比较。本书也沿着这两个方向，结合实体和程序两个层面展开比较分析。

六、研究意义

就理论层面而言，本书有利于厘清贸易投资一体化的经济学理论对国际经济法发展的影响与挑战。必须承认，经济一体化已是人们对于晚近全球经济发展现状和趋势的普遍性共识，贸易与投资一体化理论也早已在经济学界得到广泛认可。那么，是否可以顺势推导出"国际贸易与投资法制一体化"的命题？就笔者有限的阅读范围来看，国际法学界似乎尚未对此作出明确回答。本书试图以双边投资条约与 WTO 文本的交叉对比研究为基础，有条件地肯定这一命题的合理之处。

笔者认为，这一理论命题具有一定的实践指导意义。首先，乌拉圭回合一揽子最终谈判成果已经有限介入了投资议题，这种议题扩张势必拓展"贸易权"、"市场准入"等传统概念的涵盖范畴。如果可以肯定贸易与投资措施在微观层面的实质性交融，那么，这种日益强化的趋势对当前仍呈分立状态的国际贸易与投资法制的挑战不可忽视。换言之，一国有必要审慎对待这些传统上被认为属于贸易领域的议题。

其次，该命题也警醒我们认真对待晚近蓬勃发展的双边投资条约。据 UNCTAD 统计，截至 2014 年底，全球双边投资条约的缔结总量已达 2923 个，占国际投资协定总数的 89.4%。全球至少有 45 个国家和 4 个地区组织正在或已经对各自的国际投资协定范本进行了修订，将协定作为国际投

---

① ［德］K. 茨威格特，H. 克茨：《比较法总论》，潘汉典等译，法律出版社 2003 年版，第 3 页。

资政策制定的主要工具并顺应国际投资法的发展。① 针对多边投资协定谈判的裹足不前与双边投资条约的繁盛之间的鲜明对比,有学者敏锐地指出,发达国家正采取"转移阵地,各个击破"的策略,通过谈判场所的转换实现其高标准的投资制度。② 然而,如果考虑到国际贸易与投资法制一体化这一命题,就不难发现,高度自由化、趋同化、网络化的双边投资条约不仅通过最惠国条款的传导效应在推动着事实层面的多边投资协定的生成,而且也在事实上改写着 WTO 相关协定的文本——只不过,在多哈回合裹足不前的表象背后,这一切正在静悄悄地发生着。

此外,本研究还表明,国际社会尤其是发展中国家应对未来多边投资协议的制定持审慎态度。尽管囿于政治纷争,国际社会关于多边投资协定的谈判止步不前,但相关学术研究和政治推动却从未止步。如果真的像某些学者所声称的那样,双边投资条约中的 WTO 递增条款已经通过最惠国待遇条款形成了一个"事实上"的多边投资协定,③那么,通过法律上的正式文本来纠正其中的失当之处,反而显得更加紧迫和必要。

最后,对于积极参与全球经济治理的中国而言,结合贸易投资一体化的语境,把握双边投资条约与 WTO 的制度失衡,尤具现实意义。目前,中国已经对外商签了 128 个双边投资条约,成为仅次于德国的第二大双边投资条约缔约国。④ 然而,作为双边投资条约领域的后来者,我国的双边投资条约实践缺乏足够的缔约经验和应有的范本意识,在结构和内容上沿袭或顺应发达国家的样本,在立场上也在发达国家和发展中国家之间摇摆不定,⑤当前更是面临着从资本输入国向资本输出国转型而引发的双边投资条约战

---

① UNCTAD, *Recent Trends in IIAs and ISDS*, UNCTAD IIA Issues Note, No. 1, 2005, p. 2.

② 参见陈安主编:《国际投资条约的新发展和中国双边投资条约的新实践》,复旦大学出版社 2007 年版,第 15~16 页。

③ 参见 Efraim Chalamish, The Future of Bilateral Investment Treaties: A De Facto Multilateral Agreement?, *Brooklyn Journal of International Law*, 2009, Vol. 34, pp. 323~325.

④ UNCTAD, *World Investment Report* 2010: *Investing in a Low-Carbon Economy*, United Nations, 2010, p. 81.

⑤ 笔者曾以征收和投资者与国家间争端解决条款为例证明这一结论。参见季烨:《中国双边投资条约政策与定位的实证分析》,载《国际经济法学刊》2009 年第 3 期。

略抉择。然而,国际贸易与投资法制一体化的现实也从侧面提醒我们,双边投资条约双边谈判中的立场有必要与我国在 WTO 体制中既有的多边承诺和未来的政策选择相协调,实现 WTO 和双边投资条约的制度匹配。因此,本研究对于中国政府均衡参与 WTO 和双边投资条约缔约与争端解决实践,构建国际贸易与投资协调发展的法律与政策框架具有重要的实践意义。

七、创新点与不足

就法学研究而言,贸易与投资的关系早在 20 世纪 80 年代初学界就偶有涉及。以涉及投资的多项协定为标志,这一问题在乌拉圭回合谈判中取得突破性进展。遗憾的是,沿着上述方向的努力随着多哈回合谈判中"新加坡议题"的搁浅而戛然而止。因此,在一定程度上看,本书属于"旧题新作",并试图从命题和角度两个方面实现学术研究的知识创新。

具体而言,一方面,本书试图跳脱国际经济法内部关于贸易和投资法制的传统学科藩篱,转而从经济学界关于贸易投资一体化的讨论出发,寻求国际贸易与投资法制一体化的经济动力,明确提出并初步论证了"国际贸易与投资法制一体化"的命题,试图从学理层面打通二者长久以来的学科隔阂,并在制度、规则及其实施层面提出应以一体化为应然发展方向;另一方面,在研究范式方面,此前法学界关于国际贸易与投资法制内在关联的著述总体上以贸易法为视角展开,这种"从 WTO 看投资规则"的研究范式客观地反映了 20 世纪末以前国际贸易与投资法制的结构性失衡。但本书明确从"从投资规则看贸易规则"这一反向研究范式展开,揭示当前双边投资条约对 WTO 体制的递增效应,讨论贸易与投资一体化背景下双边投资条约对多边贸易体制的影响及其因应对策。

与此同时,由于本论题横跨 WTO 和双边投资条约两大领域,出于研究视野和写作时间等主客观因素的综合考虑,本书并未将研究对象拓展到《WTO 协定》中所有与投资相关的条约、制度和规范,而只是选取了若干具有代表性的研究对象,如 GATS 的国民待遇、《TRIPS 协定》的强制许可制度、GATT 的例外条款等,并在此基础上将其与双边投资条约的相关制度进行比较研究。这就在一定程度上影响了本项研究的全面性和说服力。此外,尽管笔者赞成将一体化作为 WTO 和双边投资条约体制的应然发展方向,但鉴于二者由来已久的体制性分立,要提出一个较为全面消除这种体制性分野的实体规范框架,殊为不易。因此,本书只是从 WTO 和双边投资条约体制共同的实体规范出发,强调将一致性解释作为缓解二者紧张关系的一个突破口。至于在其他实体规则方面的协调,将是笔者在后续研究中需要不断完善的方向。

第一章　国际贸易与投资法制的一体化趋势

> 天下大势，分久必合，合久必分。
>
> ——罗贯中

国际经济法律一体化是晚近"国际经济法革命"的重要内容。20 世纪 90 年代以来，学界关于国际经济法与环保等非经济议题的外部一体化研究的方兴未艾，但对起步更早的国际贸易与投资法制内部一体化问题却关注不足。事实上，UNCTAD 早在 1993 年就呼吁国际贸易与投资法制相协调的"发展大战略"。实践中，美加两国围绕软木案长达二十年的樽俎折冲，以及国际烟草巨头与澳大利亚关于香烟商标案的风波乍起，既表明跨国私人行为体在利益驱动下，越来越精明却不失合法地协同利用国际投资条约和 WTO 的争端解决机制来维护自身的商业权益，也表明了重新审视国际贸易与投资法制互动关系的必要性和紧迫性。

第一节　国际贸易与投资一体化的经济动因

20 世纪 90 年代，全球跨国投资活动频繁，发展速度甚至一度超过了国际贸易，并与国际贸易一起成为推动世界经济发展的两大引擎。在此背景下，国内外经济学界对此进行了持续讨论，相关实证研究不但进一步升华了 70 年代提出的关于国际贸易与投资一体化的经典论断，还开始对方兴未艾的全球贸易和投资规则产生政策影响。本节旨在从分工理论出发，从微观角度介绍跨国公司在国际贸易与投资一体化中的重要角色，从宏观角度阐述国际贸易与投资的相互关联。在此基础上，本节力图展示国际贸易与投资一体化在国际层面的政策影响及其当代法律意义。

一、贸易与投资一体化：微观层面

分工和专业化的发展是近代经济史的主要特征。亚当·斯密（Adam Smith）在其代表作《国民财富的性质和原因的研究》中开宗明义："劳动生产力上最大的增进，以及运用劳动所表现的更大的熟练、技巧和判断力，似乎都是分工的结果。"① 在技术层面上，分工和专业化表现为"分解"过程，即生产活动被分解为越来越多的操作和职能，生产过程的基本单位也越来越小，从而带来了劳动效率的提升和社会生产的壮大。这一点，几乎得到了西方经典经济学和马克思主义经济学的公认。②

"迂回生产"概念的提出，使得人们对分工与效率的关系有了更深的认识。所谓迂回生产，是指人类的生产活动不是将资源直接投入到对消费资料的生产上，而是将其继续用于生产资料的生产，然后再用生产出来的生产资料去生产消费品。③ 迂回生产的出现，拉伸了间接生产链的长度，而过度的分工和专业化水平影响了"最适市场规模"的形成——随着分工的细化，交换的频繁，交易费用不断上升；此外，中间产品交易过程中出现的信息不对称问题也加大了违约成本。在这种情况下，作为一种减少交易成本的制度安排，将中间产品交易纳入企业内部的"一体化"（integration）策略应运而生。④

"一体化"这一概念最早由瑞典经济学家艾力·F. 赫克歇尔（Eli F. Heckscher）在其著作《重商主义》（Mercantilism, 1935）一书中提出，但他本人及其此后的众多研究者都没有对其进行界定。⑤ 20 世纪 50 年代开始，发

---

① ［英］亚当·斯密：《国民财富的性质和原因的研究》（上卷），郭大力、王亚南译，商务印书馆 1972 年版，第 5 页。

② ［英］亚当·斯密：《国民财富的性质和原因的研究》（上卷），郭大力、王亚南译，商务印书馆 1972 年版，第 5～12 页；［德］马克思：《资本论》（第 1 卷），郭大力、王亚南译，人民出版社 1958 年版，第 10 页。

③ 参见张二震、马野青、方勇等：《贸易投资一体化与中国的战略》，人民出版社 2004 年版，第 42～44、69 页。

④ 参见［美］道格拉斯·C. 诺思：《经济史中的结构与变迁》，陈郁等译，上海三联书店、上海人民出版社 1997 年版，第 35～45 页。

⑤ 参见蔡洪波：《双边自由贸易协定的理论重构与实证研究》，厦门大学 2009 年博士学位论文，第 3 页。

端于欧洲的第一次区域主义浪潮风起云涌,区域一体化成为学界热门的话题。在此背景下,查尔斯·P.金德尔伯格(Charles P. Kindleberger)提出,区域经济一体化是宏观经济政策的一体化和生产要素的移动,以及成员国间的自由贸易。① 此后,生产要素的移动成为一体化概念的核心。②

从空间上看,与要素分工的发展相伴相随的是市场的拓展,而随着交通的发达和技术的进步,跨国公司当仁不让地成为参与和推动分工从国内走向国际的一支主导力量。UNCTAD 发布的 1993 年《世界投资报告》敏锐地捕捉到了跨国公司从"简单一体化"(simple integration strategy)到"复合一体化"(complex integration strategy)的战略转移,并指出,在浅层次的简单一体化中,不同国家独立生产厂商之间的国际分工导致了国际贸易的产生;而以国际直接投资和非股权安排方式进行的国际生产在跨国公司的母公司与子公司、子公司与子公司之间建立了一种密集的生产关系网络,进一步推动了公司内部的资源流动以及商品、服务的公司内贸易。③ 以国际贸易为基础的浅层次一体化,正在转向跨国公司统一控制下的、实现贸易和投资相融合的深层次国际生产一体化。④

总体而言,尽管跨国公司在国际生产的过程中可能会根据自身战略,实施"垂直一体化"和"水平一体化"等不同的形式,⑤但围绕价值链发生的国

---

① 参见 C. P. Kindleberger, *America in the World Economy*, Foreign Policy Association, 1977.

② 例如,罗布森(Peter Robson)进一步提出,区域一体化是以区域为基础,更大限度地实现区内资源的利用率:一体化后的区域内部,消除货物和生产要素自由流动的一切障碍,以及集团成员间的一切歧视。普格尔(T. Pugel)和林德特(P. Lindert)认为,区域经济一体化是通过共同的商品市场、共同的要素市场,或两者的结合,达到生产要素价格的均等。参见蔡洪波:《双边自由贸易协定的理论重构与实证研究》,厦门大学 2009 年博士学位论文,第 3~4 页。

③ 参见 UNCTAD, *World Investment Report* 1993: *Transnational Corporations and Integrated International Production*, United Nations, 1993, pp. 118~125, 160~164.

④ 参见 UNCTAD, *World Investment Report* 1993: *Transnational Corporations and Integrated International Production*, United Nations, 1993, pp. 118~125, 161.

⑤ 参见 David Hummels, Rapoport Dana & Yi Kei-Mu, Vertical Specialization and the Changing Nature of World Trade, *Federal Reserve Bank of New York Economy Policy Review*, 2001, Vol. 4, pp. 79~99.

际贸易和国际投资都处于跨国公司的安排之下,公司内部资源流动的效益目标决定了其投资与贸易决策具有联动效应,这就是微观层面的贸易与投资一体化。

二、贸易与投资一体化:宏观层面

从国际经济交往的发展进程来看,由于贸易与投资活动面临的不同风险,以及二者对通信条件的不同需要,[1]国际投资相对于国际贸易具有后发性。因此,在相当长一段时期内,国际贸易与投资的关系在国际经济学研究中并未引起充分重视。一个重要的表现是,无论是亚当·斯密和大卫·李嘉图(David Ricardo)的古典理论,还是赫克歇尔—俄林(Heckscher - Ohlin)的新古典理论,都以国内和国际市场的完全自由竞争为基础,从而在根本上排除了国际投资的必要性。[2]

第二次世界大战后迅猛发展的国际投资引发了学者对二者关系的关注。1957 年,美国经济学家罗伯特·A. 蒙代尔(Robert A. Mundell)在传统赫克歇尔—俄林生产要素禀赋理论上,放松了商品在国际上自由流动的假定,从而提出了贸易与投资替代学说。简言之,国家之间客观存在的关税等贸易障碍使得国家之间相同资本要素的回报率不同,并最终导致了资本的国际流动。在贸易壁垒存在的情况下,如果直接投资的厂商始终沿着特定的轨迹实施跨国直接投资,那么,在相对最佳的效率或最低的生产要素转换成本的基础上,这种跨国直接投资就能够实现对商品贸易的完全替代。[3] 此后,安德鲁·施米茨(Andrew Schmitz)和彼德·汉姆伯格(Peter Helmberger)两位学者放松了蒙代尔模型中假设条件,提出并论证了国际

---

[1] 参见 UNCTAD, *World Investment Report* 1996: *Investment, Trade and International Policy Arrangements*, United Nations, 1996, pp. 75～76.

[2] 参见张二震、马野青、方勇等:《贸易投资一体化与中国的战略》,人民出版社 2004 年版,第 35～37 页。

[3] 参见 Robert A. Mundell, International Trade and Factor Mobility, *American Economic Review*, 1957, Vol. 47, pp. 321～335;梁志成:《论国际贸易与国际投资的新型关系——对芒德尔贸易与投资替代模型的重新思考》,载《经济评论》2001 年第 2 期。

贸易与投资的互补学说。① 虽然此后经济学界围绕贸易与投资关系的争论仍然存在,但大体上都是沿着上述两个模型之间展开。②

以诸多假设为前提的经济学理论虽然带有局限性,却都在一定程度上揭示了贸易与投资的相互关系,并得到了事实的部分确证。例如,世界银行2002年的统计数据表明,一国货物进出口总额占国内生产总值(Gross Domestic Product,GDP)的比例,与其国际直接投资存量占GDP的比例之间存在正相关关系(图1-1)。

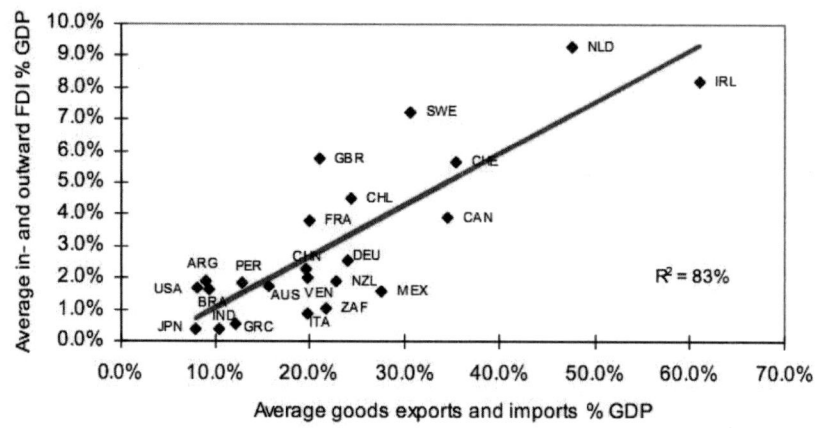

图1-1 代表性国家外资流动与货物进出口的关系

资料来源:World Bank, World Development Indicators, 2002.

此外,鉴于改革开放之后在外国直接投资(foreign direct investment,FDI)和贸易出口方面的突出表现,③中国也被普遍认为是衡量投资与贸易关系的一个典型样本,而上述一体化理论也在诸多定性和定量分析中得到

---

① 参见 Andrew Schmitz & Peter Helmberger, Factor Mobility and International Trade: the Caw of Complementarity, *American Economic Review*, 1970, Vol. 60, pp. 762~767.

② 详见张鹏:《外商直接投资与中国对外贸易关系研究》,经济科学出版社2008年版,第18~44页。

③ 尽管中国大规模的国际贸易和吸引外资获得直到20世纪70年代才起步,但其1993年便一跃成为发展中国家最大、全球第二的FDI输入国,并在2002年成为世界第五大贸易大国。参见张二震、马野青、方勇等:《贸易投资一体化与中国的战略》,人民出版社2004年版,第241、252页。

确证。例如,江小涓(2002)以定性为主、实证为辅的方法对 1991—2000 年的数据进行分析,结果表明,FDI 对我国资本形成、技术进步、竞争力提高和产业升级方面具有积极影响,外商投资促进了中国出口贸易。① 冼国民等(2003)三位学者进一步将数据的时间跨度提前至 1983 年,并通过计量模型研究论证了我国出口与 FDI 之间的长期均衡关系;出口每增长 1%,就导致我国引进的外国直接投资增加 1.2439%。② 张鹏(2008)则以 1985 年至 2006 年中国外商投资企业进出口总额的数据进行了模型分析,同样得出了外商投资企业对中国外贸增长的推动日趋增强的结论。③

上述现象客观地展示了本书所称的宏观层面的贸易与投资一体化,即国际贸易和国际直接投资之间的高度融合和相互依赖,它不仅表现为贸易流向和投资流向的高度一致性、时间上的同步性,也表现为二者互补共存、互动发展的格局。④ 在这方面,作为密切关注国际贸易与投资流向的权威国际机构,UNCTAD 再次在这个问题上表现出其独特的敏锐度。继在 1993 年《世界投资报告》中率先详细分析了跨国公司对国际生产一体化的影响之后,UNCTAD 发布的 1996 年《世界投资报告》不但继续揭示了跨国公司对国际贸易投资的关联促进作用日益深化的趋势,⑤还进一步从宏观

---

① 参见江小涓:《中国的外资经济:对增长、结构升级和竞争力的贡献》,中国人民大学出版社 2002 年版,第 49～86 页;江小涓:《中国出口增长与结构变化:外商投资企业的贡献》,载《南开经济研究》2002 年第 2 期。

② 参见冼国明、严兵、张岸元:《中国出口与外商在华直接投资——1983—2000 年数据的计量研究》,载《南开经济研究》2003 年第 1 期。

③ 参见张鹏:《外商直接投资与中国对外贸易关系研究》,经济科学出版社 2008 年版,第 157～165 页。类似结论,参见奚君阳、刘卫江:《外商直接投资的贸易效应实证分析》,载《上海财经大学学报》2002 年第 6 期;王俭、李雪松:《外商直接投资与中国出口关系的面板数据分析》,载《北京交通大学学报》(社会科学版)2005 年第 1 期。

④ 参见张二震、马野青、方勇等:《贸易投资一体化与中国的战略》,人民出版社 2004 年版,第 81 页。

⑤ UNCTAD 指出,截至 1996 年,跨国公司国外子公司替代和补充贸易的能力已高于世界出口值,跨国公司体系内部贸易在世界贸易中所占的比重已达三分之一,跨国公司在世界直接贸易中所占的比例也达到三分之一。其中,美国和欧洲的跨国公司的内部贸易均达到其国际贸易比重的 60%。详见 UNCTAD, *World Investment Report 1996: Investment, Trade and International Policy Arrangements*, United Nations, 1996, pp.99～112.

层面就当今世界的贸易与投资一体化现象进行了具有说服力的实证分析。UNCTAD 指出,贸易与投资一体化不但意味着国际直接投资和贸易之间存在线性影响,还意味着因行业而异的贸易扩大和投资扩大效应。UNCTAD 的结论是:"第一,贸易最终将会导致国际直接投资;第二,从总体上看,国际直接投资将会带来更多的贸易;结果是国际经济一体化趋势增强。"①之后,这一观点得到了相关国际组织研究成果不同程度的确认,并被作为 WTO"贸易与投资工作组"开展工作的前提性基础。②

三、贸易与投资一体化:政策影响

作为国际生产体系的生命线,贸易和投资的一体化对国家政策的制定带来了挑战。尽管出于切身利益的理性选择,跨国公司已经在自己企业的内部,通过区位选择、组织架构、利润分配等方法,将贸易与投资的功能一体化,甚至由此引发了包括跨国公司国籍的确定、责任承担机制以及税收政策等在内的"公共政策问题",③但就国家和国际社会层面而言,这方面的意识仍不明显。正如 UNCTAD 所言:

> 通常情况下,国家贸易和投资政策互不协调,并受到不同目标的影响,由不同的、互不通气的机构予以实施。这一传统的、组织机构上的分离已经不能适应今天的需要了。在当今世界,贸易和投资紧密地联系在一起,政策的不一致可能会带来一定的风险,造成一种贸易与投资政策相互抵消的政策环境,甚至会出现相互起反作用的现象。④

与此同时,UNCTAD 还颇具深意地指出,贸易与投资政策的一致性

---

① UNCTAD, *World Investment Report* 1996: *Investment, Trade and International Policy Arrangements*, United Nations, 1996, pp. xi~xii.

② 参见 Working Group on the Relationship between Trade and Investment, The Relationship between Trade and Foreign Direct Investment: Note by the Secretariat (WT/WGTI/W/7), WTO, 1999, para. 27.

③ 详见 UNCTAD, *World Investment Report* 1993: *Transnational Corporations and Integrated International Production*, United Nations, 1993, pp. 118~125, 183~210. 中国学者在这方面较为全面的讨论,参见余劲松:《跨国公司法律问题专论》,法律出版社 2008 年版,第 17~29、90~119、168~216 页。

④ UNCTAD, *World Investment Report* 1996: *Investment, Trade and International Policy Arrangements*, United Nations, 1996, pp. xxv~xxvi.

"并不必然要求某种特定的总体政策背景(如自由化)","利益均衡……对发展中国家,对不同发展水平国家间的协定尤为重要。在涉及发达国家和发展中国家的协定中,应特别注意发展政策和目标问题"。①

时隔十五年之后重温上述警示,仍有振聋发聩之感。这是因为,尽管随着经济全球化的深入,国际贸易与投资一体化的程度大为增强,相应地,国际贸易与投资法制在一体化方面也取得了一定进展,但不无遗憾的是,作为全球贸易与投资总体安排的重要一环,协商建立一个综合性的多边国际直接投资框架以有效协调贸易与投资政策的预期设想并未实现——尽管此前国际社会在这方面的努力始终无果而终,但有感于乌拉圭回合顺利完成一揽子协议,尤其是受到 1996 年新加坡部长级会议授权的鼓舞,UNCTAD 在 1996 年南非米德兰会议上决定专门研究投资问题,准备制订一个多边投资法律框架,以帮助发展中国家以最佳地位参与国际上有关外国直接投资的讨论和谈判。但时过境迁,这一目标如今被明确放弃——2010 年 9 月 8 日,UNCTAD 投资与企业司詹晓宁司长在 2010 年"世界投资论坛"(World Investment Forum 2010)上表示,UNCTAD 未来只会专注于政策分析,本身并无意推动多边投资协定的签订,而留待各国政府决定。② 非但如此,如下文所述,分别以 WTO 和双边投资条约为代表的国际贸易和投资法制之间的失衡日益加剧;③作为国际层面投资政策的代表,形式理性严重缺失的高标准双边投资条约正不断侵蚀以 WTO 为中心的多边贸易体制,相关国家在两个体制中的承诺水平无法匹配一致。④

从战略层面看,在这股暗流涌动的背后,无疑是由于在双边和多边条约的谈判中,高度自由化都被奉为不同制度设计的圭臬,而当初被视为首要目标的"发展"反而被束之高阁。在国际贸易领域,2001 年 11 月,WTO 第四届部长级会议决定正式启动被誉为"多哈发展回合"的新一轮多边谈判,但历经 10 年谈判却仍无具体成果,甚至被含蓄地批评为有"偏离发展回合的

---

① UNCTAD, *World Investment Report* 1996: *Investment, Trade and International Policy Arrangements*, United Nations, 1996, pp. xxvi, xxix.
② 曾华群:《多边投资协定谈判前瞻》,载《国际经济法学刊》2010 年第 3 期。
③ 详见本书第一章第三节。
④ 详见本书第二章。

轨道"的危险。① 为此,韩国学者李永植(Yong-Shik Lee)指出,有必要在 WTO 体制内制定一个全面的《发展促进协定》,并成立"贸易与发展理事会"作为监督实施机构。② 与此同时,双边投资条约也被认为亟须确立以"发展"为导向的新思维。③ 因此,各国似乎也有必要回顾当初 UNCTAD 的言之切切,在国际法层面注重贸易与投资一体化所要求的制度协调,这也是本书研究的目的和价值之所在。

第二节 国际贸易与投资一体化的法律反映

经济层面的国际贸易与投资一体化,必然要求法律和政策方面予以回应,以避免出现所谓的政策抵消问题。本节旨在从形式和实质两个维度,检视现有法律文本和实践在多大程度上体现了上述要求。鉴于《WTO 协定》是当今世界多边贸易体制的集大成者,而双边投资条约也被誉为"外国直接投资全球治理体制中最重要的法律制度",④下文的分析将围绕《WTO 协定》和双边投资条约展开。

一、形式一体化:源与流

从直观的角度看,国际贸易与投资法制一体化应首先表现为贸易与投资问题能够被同一部法律文本所涵盖,或者成为同一部法律文本的共同调整对象,或者在条约文本方面体现为类似的结构和层次,这就是本书所称的

---

① 参见段秀杰:《易小准强调多哈回合不应偏离发展回合的轨道》,http://gb.cri.cn/27824/2011/04/30/3245s3234495.htm,下载日期:2014 年 2 月 21 日。

② 参见 Yong-Shik Lee, Facilitating Development in the World Trade Organization: A Proposal for the Council for Trade and Development and the Agreement on Development Facilitation (ADF), *Asper Review of International Business and Trade Law*, 2006, Vol. 6, pp. 177～208.

③ 参见 Cai Congyan, Change of the Structure of International Investment and the Development of Developing Countries' BIT Practice: Towards A Third Way of BIT Practice, *The Journal of World Investment & Trade*, 2007, Vol. 8, No. 6, p. 829.

④ [德]阿克塞尔·伯杰:《中国的双边投资协定新纲领:实体内容,合理性及其对国际投资法创制的影响》,杨小强译,《国际经济法学刊》2010 年第 4 期。

"形式一体化"。

(一)贸投合一的缔约模式

从历史上看,早在19世纪末、20世纪初出现的友好通商航海条约(Treaty of Friendship, Commerce and Navigation)中,投资就与贸易以及运输、海关通关、外汇汇兑等内容相提并论,但鉴于当时投资活动尚不普遍,投资规则只是偶有提及。① 早期的友好通商航海条约并未对贸易和外国直接投资区别管制,而是为外国人的财产提供一体保护。② 事实上,那时的国际货物贸易通常是由富有冒险精神的私人完成的,他们有的甚至常年居住在国外并在当地设立商埠,专门从事跨国贸易。③ 那些保护贸易、投资和人权的现代国际法律原则在很大程度上都源于对外国人的保护,而所谓的习惯国际法——尽管其具体内涵颇受质疑——正是对这一保护标准的表达。④ 此外,早期的友好航海通商条约的相关规定也体现了不区分保护对象的做法。例如,1962年《美国—卢森堡友好航海通商条约》第1条规定:"每一缔约方均应始终为缔约另一方的国民和公司的人身、财产、企业、权利和利益提供公平的待遇和有效地保护。"

然而,贸易的互惠性质、在当时国际经济交往中的经常性质和更重的分量,使得国家间管理贸易的规则较早地摆脱了习惯国际法的羁绊,其内容不断得到澄清、确认并逐渐演变成众多的双边专题贸易协定。经历了20世纪20年代的保护主义浪潮、30年代的经济大萧条以及40年代第二次世界大战的摧残,自由贸易带动世界和平的思潮日益盛行,⑤ 并最终催生了GATT1947这一全球第一个多边贸易体制的诞生。就国际投资规则而言,

---

① Kenneth J. Vandevelde, The Bilateral Investment Treaty Program of the United States, *Cornell International Law Journal*, 1988, Vol. 21, No. 1, p. 203.

② 参见 UNCTAD, *Scope and Definition*, United Nations, 1999, p. 9.

③ 参见 M. SORNARAJAH, *The International Law on Foreign Investment*, 2nd ed., Cambridge University Press, 2004, p. 209.

④ 参见 Ian Brownlie, Principles of Public International Law, 5th ed., Oxford University Press, 1998, pp. 527~528.

⑤ Bernard Hoekman & Michael Kostecki, *The Political Economy of the World Trading System: The WTO and Beyond*, Oxford University Press, 1995, pp. 2~3.

虽也曾被一并纳入《哈瓦那宪章》,但终因《哈瓦那宪章》的流产而无果。① 此后,面对战后跨国投资浪潮的兴起,双边模式的投资规则也日益流行,并逐渐走上了从投资保证协定到现代双边投资条约的发展道路。②

需要说明的是,国际贸易和投资规则的疏离并非始于 GATT1947,更主要地应归因于当时国际贸易与国际投资发展状况的不平衡。尽管国际投资流动肇始于 19 世纪末 20 世纪初资本主义从自由竞争阶段向垄断阶段进化的时期,但在二战以前,仍以间接投资为主。直到二战结束后,国际直接投资才成为主要的生产方式,并在 20 世纪 80 年代迎来新一波浪潮。③ 换言之,传统友好通商航海条约中投资与贸易规则的并列并非经济一体化所致,只是由于经济活动的形式和过程仍相对简单,所涉及的法律关系尚不够复杂而无区分贸易与投资之必要,可容纳在单个双边条约之中。④ 因此,友好通商航海条约并非本书所指称的国际贸易与投资法制一体化的表现形式。然而,它在很大程度上说明了当代 WTO 和双边投资条约中的待遇标准等条款的共同缘起,并为这些条款的解释提供了一致的起点和框架背景。

20 世纪 70 年代以后,随着经济学界对国际贸易与投资一体化的命题取得日益广泛的共识,相关国家和国际组织开始关注"与贸易有关的投资措施"及其可能引发的贸易扭曲问题。⑤ 以美国为例,1982 年,一向高举贸易自由化大旗的美国率先发难,以加拿大《外国投资审议法》(Foreign Investment Review Act)中的当地含量、当地制造和少量出口要求违反国民待遇和补贴规则为由,将加拿大政府诉至 GATT 专家组并获得胜诉。此后,在单边层面,美国于 1984 年先后对《1974 年贸易法》进行修改,其中规

---

① 关于《哈瓦那宪章》未能成功付诸实践的原因,参见谈谭:《国际贸易组织(ITO)的失败——国家与市场》,上海社会科学院出版社 2010 年版,第 236~238 页。
② 详见曾华群主编:《国际投资法学》,北京大学出版社 1999 年版,第 387~408 页。
③ UNCTAD, *Scope and Definition*, United Nations, 1999. pp. 7~8.
④ 徐崇利:《经济一体化与国际经济法律体制的构建》,载《国际经济法学刊》2008 年第 8 卷。
⑤ 在 GATT 时代,18 国磋商集团、世界银行和国际货币基金组织曾联合对与贸易有关的投资措施的影响进行调查,并一致认为,与贸易有关的投资措施具有扭曲贸易的效果。这一结论引发了 1981 年 GATT 体制内关于结构性调整和贸易政策的讨论。参见刘笋:《WTO 法律规则体系对国际投资法的影响》,中国法制出版社 2001 年版,第 80 页。

定,对于别国政府寻求出口的措施且对美国造成不利影响的,美国贸易代表应采取行动;①在双边场合,努力避免和禁止施加业绩要求的条款开始出现在其缔结的双边投资条约中;②在多边场合,美国竭力推动将"与贸易有关的投资措施"纳入乌拉圭回合谈判议程,并取得了部分胜利。

鉴于对贸易与投资一体化的体认,同时包含贸易与投资规则的区域一体化法律安排逐渐涌现。仍以美国为例,自20世纪80年代中期开始,美国政府的对外经济政策出现了从以往的多边主义和单边主义向区域主义的转向,③但其早期签订的自由贸易协议并无详尽的投资规则。在20世纪90年代以前美国仅有的两份自由贸易协议中,1985年美国—以色列自由贸易协议根本没有包含投资的规定,而1988年美国—加拿大自由贸易协议第16章关于投资的规定也相当有限,甚至不包括公平与公正待遇条款和私人投资者诉东道国政府的国际仲裁机制。然而,1994年美国、加拿大和墨西哥三国政府签订的 NAFTA 纳入了专门的投资章节,并成为此后美国自由贸易协议实践的蓝本。④

此外,就全球而言,作为乌拉圭回合一揽子交易的一部分,包括GATS、《TRIMs协定》和《TRIPS协定》等在内的协定标志着GATT体制向"与贸易有关"的投资领域的扩展。鉴于其有限的适用范围和实体规范,这些协议只被视为朝向有关投资的多边管制框架迈出的一小步,⑤但1996年WTO《新加坡部长理事会宣言》关于成立"贸易与投资关系工作组"及其任务的授

---

① 详见赵维田:《世贸组织(WTO)的法律制度》,吉林人民出版社2000年版,第413~415页。

② 例见1983年美国—海地双边投资条约第2条第7款,1985年美国—土耳其双边投资条约第2条第7款,1982年美国—巴拿马双边投资条约第2条第4款,1994年美国—牙买加双边投资条约第2条第5款等。

③ 参见 C. O'Neal Taylor, The U. S. Approach to Regionalism: Recent Past and Future, *ILSA Journal of International and Comparative Law*, 2009, Vol. 15, No. 1, p. 413.

④ 参见 C. O'Neal Taylor, The U. S. Approach to Regionalism: Recent Past and Future, *ILSA Journal of International and Comparative Law*, 2009, Vol. 15, No. 1, p. 421.

⑤ 参见 Yong-Shik Lee, *Reclaiming Development in the World Trading System*, Cambridge University Press, 2006, pp. 116~117.

权,反映了WTO力图将投资议题纳入其制度性安排的趋向。①

与此同时,在第二波和第三波区域主义浪潮的带动下,全球自由贸易协议的数量呈爆炸性增长。截至 2007 年底,各种互惠贸易与投资协定达 254 项,涉及 63 个国家,②在过去的 5 年中几乎增长了 1 倍。截至 2015 年 1 月,WTO 成员根据 GATT 第 24 条、授权条款和 GATS 第 5 条向 WTO 通报的区域贸易协定达 604 个,其中生效协定达 398 个。③

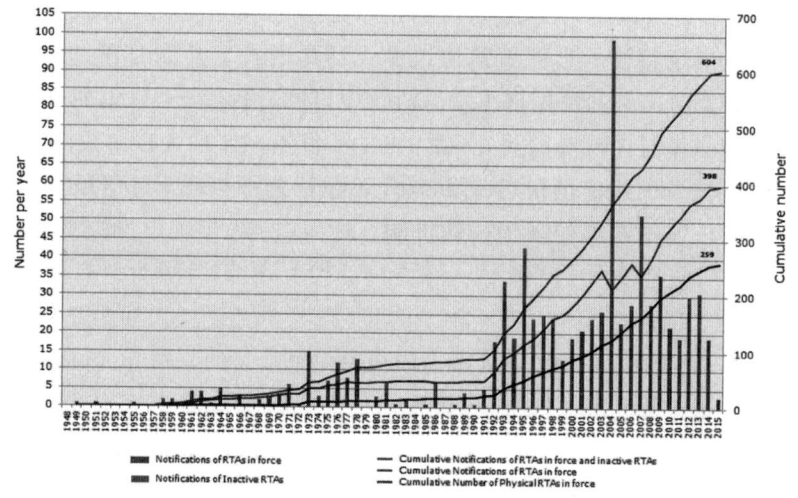

图 1-2　1948—2014 年全球区域贸易协议的发展

资料来源:WTO.

2009 年 12 月,欧盟共同商业政策内涵的扩大,再次见证了贸易与投资一体化的力量。根据《里斯本条约》的规定,原本属于欧盟成员国职权范围的外国直接投资方面的职能将转移给欧盟行使。自此,包含国际贸易和国际直接投资在内的共同商业政策应"建立在统一的原则之上",并"在欧盟对

---

① 参见曾华群:《论 WTO 体制与国际投资法的关系》,载《厦门大学学报》(哲学社会科学版)2007 年第 6 期。

② 参见 UNCTAD, *International Investment Rule-making: Stocktaking, Challenges and the Way Forward*, United Nations, 2008, p. 22.

③ 参见 WTO, Regional Trade Agreements Notified to the GATT/WTO and in Force, https://www.wto.org/english/tratop_e/region_e/region_e.htm,访问日期:2015 年 3 月 1 日。

外行动的原则和目标的背景下进行"。① 这也将有力提高欧盟及其成员国在对外贸易与投资法律框架方面的协调性。也正是在此基础上,欧盟开始朝着"共同商业政策"的目标迈进,并积极与加拿大、新加坡、印度、俄罗斯和中国等第一批国家洽签欧盟投资协定。这无疑也是对当今贸易与投资一体化这一经济现实的最好政策回应。

法律的生长植根于社会发展。笔者认为,与前述友好航海通商条约不同,20世纪80年代以来"贸投合一"缔约方式的卷土重来,真实地反映了当前国际经济发展中贸易与投资的一体化现象。正是由于贸易利益和投资利益的有机联系、纵横交错,使得各国有必要在这些领域达成一个整体协议而不是各自单独进行。这样,从效率角度看,有助于缔约方节约立法成本;从政策层面看,也有助于缔约方综合权衡利益得失,形成缔约的规模效益,便于贸易与投资政策的协调。② 此外,"贸投合一"的自由贸易协议在调整内容方面的综合涵盖性更能体现国家间贸易与投资关系的紧密互动,易于产生更轰动的社会影响力和公众知晓度,有助于展示缔约国之间全方位的特殊友好政治经济关系和推行自由化的政策倾向,从而能够产生更大的"非传统收益"。③

(二)日趋类似的文本结构

从规范设计的角度看,双边投资条约与GATT/WTO体制都包括程序规则和实体规则两个部分。总体而言,因贸易和投资两种经济活动存在固有差异,反倾销、反补贴和保障措施等贸易救济措施在双边投资条约中较为罕见。除此之外,双边投资条约与GATT/WTO体制实体规范的相似性较为明显。

---

① 《里斯本条约》对《建立欧共体条约》进行了修改,并将后者更名为《欧盟工作模式条约》(Treaty on the Functioning of the European Union)。《欧盟工作模式条约》第206条规定,欧盟将致力于"逐渐废除国际贸易和国际直接投资方面的限制,降低关税和其他壁垒"。根据第207条规定,包含国际贸易和国际直接投资在内的共同商业政策应"建立在统一的原则之上。……应在欧盟对外行动的原则和目标来运作"。

② 参见 Maurice Schiff & L. Alan Winters, *Regional Integration and Development*, World Bank and Oxford University Press,2003,pp.239~240.

③ 参见 Raquel Fernandez & Jonathan Portes, Return to Regionalism: An Evaluation of Non-Traditional Gains from Regional Trade Agreements, *World Bank Economic Review*,1998,Vol.8,No.2,pp.197~220。

表 1-1　典型双边投资条约与 GATT1994 实体规范对照表

内容	GATT 1947	美国 2004 双边投资条约范本	挪威 2007 双边投资条约范本草案	中国 2010 双边投资条约范本草案	1998 MAI 草案
国民待遇	√	√	√	√	√
最惠国待遇	√	√	√	√	√
公平与公正待遇	X	√	√	√	√
征收和补偿	X	√	√	√	√
一般例外	√	√	√	X	√
透明度	√	√	√	X	√
发展中国家特别待遇	√	X	X	X	X
区域一体化例外	√	X	√	√	X
保障措施	√	X	X	X	X
反倾销税和反补贴税	√	X	X	X	X
国际收支平衡限制	√	X	X	√	√
政府采购	√	√	X	X	√
安全例外	√	√	√	√	√
拒绝受惠	√	√	X	√	√

说明：本表系作者根据相关范本内容自行制作。其中，图标"√"表示相关约文中包含该条款，反之，则标为"X"。

首先，在私人投资者与贸易商的待遇方面，双边投资条约和 GATT/WTO 体制都纳入了国民待遇和最惠国待遇等核心相对待遇标准。这两个待遇被认为是非歧视原则的具体表现，即本国人和外国人之间以及外国人相互之间，均应享受平等待遇。

其次，双边投资条约中的某些特殊条款包含的核心要素与 GATT/WTO 体制出现重合。以征收为例，该条款则是源于早期友好航海通商条约中有关充公、扣押、禁运等规定,保证投资者在遭遇上述行为时获得补偿。自 20 世纪 80 年代以来,征收问题并未随着国际投资自由化进程的"高歌猛进"而退出历史舞台,传统上较少被关注的间接征收问题日益成为东道国、外国投资者乃至资本输出国共同面临的重要风险。为了判断间接征收的合法性,国际投资法理论中出现了所谓纯粹效果标准(sole effect test)、目的标准(purpose test)和效果与目的兼顾标准(effect and purpose test)等学说。① 在认定相关情势是否符合上述标准时,诸如公共目的、投资者的正当期待等要素成为重要考量因素。② 类似的,作为一项绝对待遇标准,公平与公正待遇条款是为了防止出现东道国对本国人待遇过低进而"殃及"外国投资者的现象,确保外国投资者享有习惯国际法上外国人有权享受的一定程度的待遇和保护。③ 而在国际投资仲裁实践中,仲裁庭往往以违反正当程序、实行专断的和歧视性措施、损害外国投资者合法期待、缺乏透明度等为由,认定东道国政府违反公平与公正待遇。④ 而诸如透明度、正当程序、符合当事人的正当合法期待等法律要素,在 GATT/WTO 体制专家组或上诉机构在处理多边贸易争端时,尤其是在涉及贸易自由化和其他非经济价值冲突的案件中,上述因素同样是不可忽视的重要内容。

最后,从纵向发展的角度看,双边投资条约体制与多边贸易体制相互影响的趋势愈发明显。一方面,晚近双边投资条约的内容日趋丰富,加入了透明度、区域一体化、国际收支平衡限制、一般例外和根本例外、政府采购等条款,从而与 GATT/WTO 体制越来越接近。以例外条款为例,最近研究发

---

① 参见 L. Yves Fortier & Stephen L. Drymer, Indirect Expropriation in the Law of International Investment: I Know It When I See It, or Caveat Investor, ICSID Review—Foreign Investment Law Journal, 2004, Vol. 19, pp. 293, 300.

② 例如,在 *Thunderbird v. Mexico* 案中,仲裁庭提出了认定正当期待的四要素:(1)东道国的行为为投资者或投资创设了合理且有理由之期待;(2)投资者基于对东道国的行为之信赖行事;(3)东道国未能信守此种合理、有理由的期待;(4)投资者或投资据此受有损失。

③ 参见 S. N. Guha Roy, Is the Law of Responsibility of States for Injuries to Aliens a Part of Universal International Law?, *American Journal of International Law*, 1961, Vol. 44, p. 863.

④ 参见徐崇利:《公平与公正待遇标准:何去何从》,载曾华群主编:《国际经济新秩序与国际经济法新发展》,法律出版社 2009 年版,第 328~343 页。

现,至少 200 项国际投资条约中订入了例外条款,这些例外条款大多与具体义务有关,如国民待遇例外、国家根本安全例外、公共秩序、审慎措施或税收等。① 2012 年新签订的 30 项国际投资条约中,就有 17 项体现了对可持续发展目标的关注,其中 10 项条约甚至明确规定了一般例外条款。② 在实践中,2004 年约旦—新加坡双边投资条约第 83 条、2008 年中国—新西兰自由贸易协定第 200 条,2009 年东盟全面投资条约第 17 条等,均以与 GATT1994 第 20 条相似的措辞,规定了一般例外条款。

另一方面,多边贸易体制中的一些新颖规定也日益受到国际投资法理论和实务界的关注。以发展中国家的特别待遇为例,在建立国际经济新秩序的斗争中,广大发展中国家对传统而刻板的"互惠原则"提出尖锐挑战,要求正视南北国家发展水平的悬殊,持续呼吁并在 GATT/WTO 体制建立起一种"承担义务的非互惠模式",亦即发展中国家的特殊与差别待遇。③ 但这种彰显实质正义的规定在双边投资条约中却付诸阙如。事实上,发展中国家的特殊与差别待遇与双边投资条约绝非不可兼容,只不过是传统上被认为与保护私人投资者的取向相悖而被有意舍弃了。反对者认为,特殊与差别待遇条款有利于在发达国家投资的发展中国家投资者,并且会抵消发展中国家给予潜在投资者的投资政策环境安全而稳定的积极信号。这不仅会挫败发达国家投资者对发展中国家投资的积极性,而且也将导致发展中国家本国投资的外流。④ 但新世纪以来,特殊与差别待遇条款在双边投资条约中的重要性日益得到相关国际组织和学者的认可。例如,UNCTAD 于 2000 年发布的一份专题报告便注意到了投资条约实践中的"镜像效应"(mirror images),并指出,这种过度统一化的规则只是做到了形式上的互

---

① Marie-Claire Cordonier Segger, Markus W. Gehring Andrew Newcombe, *Sustainable Development in World Investment Law*, Wolters Kluwer Law & Business, 2010, p. 358.

② UNCTAD, *World Investment Report* 2013: *Global Value Chains*: *Investment and Trade for Development*, United Nations, 2013, p. 102.

③ 参见曾华群:《论"特殊与差别待遇"条款的发展及其法理基础》,载《厦门大学学报》(哲学社会科学版)2003 年第 6 期。

④ 参见 Bill Dymond and Michael Hart, The Doha Investment Negotiations: Whither or Wither, *The Journal of World Investment & Trade*, 2004, Vol. 5 No. 2, p. 282.

惠与对等,怠于考虑缔约者之间发展程度的阶段性差异,因而无助于解决相关国家的发展关切。为此,该报告呼吁,应积极在投资条约实践中引入多边贸易体制中的特殊与差别待遇条款。① 十二年后,UNCTAD 在题为"迈向新一代投资政策"的《2012 年世界投资报告》中"旧事重提"。该组织制订了"可持续发展的投资政策框架"(Investment Policy Framework for Sustainable Development),再次将特殊与差别待遇条款作为发展水平悬殊的投资条约缔约方,特别是缔约一方是最不发达国家的选项,并使其效力及于既有和未来的所有规定,使较不发达缔约方的责任水平适合其发展水平。②

在考察双边投资条约和多边贸易体制日趋类似的文本结构时,一个尤其值得注意的样本是,OECD 在 1998 年完成的 MAI 草案囊括了除发展中国家特殊与差别(special and differential)待遇以外几乎所有可能的 GATT 实体规范,实现了与 GATT 的结构性趋同,也充分展示了该草案试图"毕其功于一役"的超前性,不失为其当初难以成功的重要因由之一。

二、实质一体化:识别冲突

对应于前述微观层面的贸易与投资一体化,本书所指的国际贸易与投资法制的"实质一体化"是就跨国公司及其生产的国际化而言的。换言之,跨国公司国际生产的一体化,导致管制贸易与投资的国际法制在保护对象上产生融合,从而在实体规则和程序事项的适用方面产生竞合乃至识别冲突。

WTO 及其成员一个重要而共同的任务是"通过达成互惠互利的安排,实质性削减关税和其他贸易壁垒,消除国际贸易关系中的歧视待遇"。③ 因

---

① 参见 UNCTAD, *International Investment Agreements: Flexibility for Development*, United Nations, 2000, pp.29~36. 此外,蔡从燕教授也敏锐地捕捉到了当今投资条约中有关特殊与差别待遇的实践,并主张将其作为中美双边投资条约谈判的一般原则之一。参见 CONGYAN CAI, China—US BIT Negotiations and the Future of Investment Treaty Regime: A Grand Bilateral Bargain with Multilateral Implications, *Journal of International Economic Law*, 2009, Vol. 12, No. 2, pp.500~502.

② 参见 UNCTAD, *World Investment Report* 2012: *Towards a New Generation of Investment Policies*, United Nations, 2012, p.63.

③ 参见《WTO 协定》序言。

此,贸易权(right to trade)是 WTO 的核心保护对象,即所有 WTO 成员的个人和企业有权在任何一成员关税领土内从事货物和服务的"国内销售、许诺销售、购买、运输、分销或使用",依法享有市场准入和市场准出权利。①就国际投资体制而言,"投资"是双边投资条约的保护对象,也是国际仲裁庭获得投资争端"对物管辖权"(ratione materiae)的基础。

(一)文本分析

传统上,贸易和投资的界限是较为分明的:从经营或交易时间看,国际投资一般是长期的经营项目;而国际贸易则一般是短期或一次性的交易行为;从东道国的管制方式看,国际投资经历准入和经营两个阶段,涉及外资审批和投资措施等管制方式,而国际贸易通常只涉及关税和非关税措施。②此外,二者的区别还在于,贸易系因当事人处分财产并引发其所有权的转移,而投资则是将财产转化为资本。③

然而,随着国际经济活动的复杂化,诸多因素加剧了 WTO 和双边投资条约保护对象的重叠。

首先,无论是 WTO 还是双边投资条约,其所保护的对象不仅是静态的利益,还扩大至对"与贸易有关的活动"、"与投资有关的活动"动态流程。其中,"与贸易有关的活动"包括在一单独关税领土内从事货物和服务的"国内销售、许诺销售、购买、运输、分销或使用",④而"与投资有关的活动"包括了

---

① 《中国加入议定书》第 5 条的规定:

1.在不损害中国以与符合《WTO 协定》的方式管理贸易的权利的情况下,中国应逐步放宽贸易权的获得及其范围,以便在加入后 3 年内,使所有在中国的企业均有权在中国的全部关税领土内从事所有货物的贸易,……此种贸易权应为进口或出口货物的权利。对于所有此类货物,均应根据 GATT1994 第 3 条,特别是其中第 4 款的规定,在国内销售、许诺销售、购买、运输、分销或使用方面,包括直接接触最终用户方面,给予国民待遇。……

2.除本议定书另有规定外,对于所有外国个人和企业,包括未在中国投资或注册的外国个人和企业,在贸易权方面应给予其不低于给予在中国的企业的待遇。

② 参见曾华群主编:《WTO 规则与中国经贸法制的新发展》,厦门大学出版社 2006 年版,第 363 页。

③ 季烨:《国际投资条约中投资定义的扩张及其限度》,载《北大法律评论》2011 年第 1 期。

④ 例见《中国加入议定书》第 5 条。

一项投资的管理、维持、使用、享有、收益和处分。① "与……有关"这一措辞大大拓展了WTO和双边投资条约的保护范围,因为任何一项活动的收益都可能被理解为与另一项活动有关。

其次,就作为双边投资条约保护对象的投资而言,绝大多数条约文本对投资的定义似乎表明,投资与资产、财产乃至利益是等同的。② 一方面,目前对于投资的主流定义仍着眼于资产并采取开放性的方式,即先作一个概括性的说明,通常提及"投资系指一切种类的财产",再作一个非穷尽性的列举,③并无任何限制性规定。早期的一些BIT甚至规定"投资"一词"应包括各类财产,包括各类权利和利益"。④ 另一方面,英美法中被视为权威并在相当情况下可作为法律渊源使用的《财产法重述》指出,"财产"这一术语在最广的含义上是指"任何利益(interest)或利益集合"。⑤ 而英美法系中的财产权和财产这两个中文概念都用"property"这个单词来表述,其含义不仅包括作为客体的财产,还包括存在于任何客体之中或之上的完全的权利。⑥ 这种宽泛理解也在一定程度上造成了WTO和双边投资条约保护对象的重合。

最后,在贸易与投资一体化的背景下,跨国公司日益普遍的国际生产使得贸易和投资已融合为有机整体,利益的识别难度加大。例如,跨国公司在

---

① 例见1988年中国—澳大利亚双边投资条约第1条第6款,1992年中国—韩国双边投资条约、1998年中国—巴巴多斯双边投资条约、2003年中国—德国双边投资条约议定书第4条、2004年美国双边投资条约范本第3条第1款。其中,1988年中国—澳大利亚双边投资条约的规定最为详尽,包括"依照接受投资缔约一方的法律组织、控制、经营、维护和处置公司、分支机构、代理、办事处、工厂或进行业务的其他设施;制定、履行和执行合同;取得、使用、保护和处置所有各类财产,包括工业产权和知识产权,借入资金,购买和发行股票,购买和出售外汇"。

② 季烨:《国际投资条约中投资定义的扩张及其限度》,载《北大法律评论》2011年第1期。

③ 参见[英]艾伦·雷德芬等:《国际商事仲裁法律与实践》(第4版),林一飞、宋连斌译,北京大学出版社2005年版,第514~515页。

④ 1963年德国—斯里兰卡BIT第8条第1款。

⑤ 参见冉昊:《财产含义辨析:从英美私法的角度》,载《金陵法律评论》2005年第1期。

⑥ 参见[英]戴维·M. 沃克编:《牛津法律大辞典》,邓正来等译,光明日报出版社1988年版,第729页;Bryan A. Garner ed., *Black's Law Dictionary*, 8th edition, Thomson West, 2004, p.3841.

东道国直接投资,将生产出的产品从事国际贸易,其所得的收益便很难界定。① 刘笋更是从一般的意义上指出:"由于国际经济一体化不断向纵深方向发展,各种国际经济交往形式之间的联系越来越密切,贸易、投资、金融、技术转让和知识产权保护等问题往往交织在一起,难以明确划分不同经济交往形式之间的确切界限,也没有可能或没有必要去将一种经济交往形式与另一种经济交往形式决然分开单独处理。"②

(二)实践分析

事实上,此类因贸易与投资一体化而引发的识别冲突已经在实践中频繁发生。下文将主要以"软木案"为例予以说明。

1996 年,为解决两国之间肇始于 1982 年并持续了长达 25 年之久的软木贸易系列争端,美国和加拿大政府签署了《软木贸易协定》(Agreement on Trade in Softwood Lumber),以加拿大自愿对美软木出口实施数量限制的方式缓解了两国间紧张的贸易关系。1996 年 6 月 21 日,为实施《软木贸易协定》,加拿大政府签署"软木出口特许费法令",对国内特定地区出口美国的软木实施配额管理。然而,美国投资者 *Pope & Talbot* 公司却认为,该制度使自己在加拿大的子公司获得的出口配额减少,从而对其在加拿大的投资造成损失。为此,*Pope & Talbot* 公司于 1999 年以加拿大的出口配额制度违反 NAFTA 第 11 章为由提起投资仲裁。③

对于上述指控,加拿大政府坚称仲裁庭不应行使管辖权,其理由是本案并非"投资争端",出口配额机制与投资并无关联。加拿大政府还主张,鉴于 NAFTA 对投资和货物贸易纪律采取了分章节规定的办法,因此,诸如市场准入、原产地规则和关税程序之类的任何涉及货物贸易的事项,都只能在货物贸易章节项下进行处理。简言之,既然软木属于货物,那么因此引发的争端便属于货物贸易争端。④

---

① 参见张二震、马野青、方勇等:《贸易投资一体化与中国的战略》,人民出版社 2004 年版,第 108 页。
② 刘笋:《WTO 法律规则体系对国际投资法的影响》,中国法制出版社 2001 年版,第 275~276 页。
③ 参见 Pope & Talbot, Inc. v. Government of Canada, UNCITRAL Award in Relation to Preliminary Motion by Canada to Dismiss, 26 June 2000, paras. 2, 4~11.
④ 参见 Pope & Talbot, Inc. v. Government of Canada, UNCITRAL Award in Relation to Preliminary Motion by Canada to Dismiss, 26 June 2000, paras. 7~8.

仲裁庭显然没有认可加拿大政府的抗辩理由。在仲裁庭看来,*Pope & Talbot* 公司无疑属于缔约一方(美国)的投资者,因此,其位于加拿大的子公司自然就属于在缔约另一方境内的投资。既然加拿大政府的配额管理措施损害了投资者及其投资,"便很难说投资者和加拿大之间不存在投资争端"。在此基础上,仲裁庭进一步指出:

> 没有任何规定表达了这样一种效果,即应当以一种完全相互隔离的方式来对待投资和货物贸易。第11章A节关于投资管理、计划的实施和经营方面的待遇非常广泛,足以囊括那些针对由一项投资(指本案中的 *Pope & Talbot* 公司的加拿大子公司——笔者注)生产的货物的特定措施。……
>
> 一方面,就本案审查的配额分配机制而言,它必然涉及企业所能得到或失去的配额。这种机制会直接适用于特定的企业,也就是每一个相关的软木生产商。这不只是一种语义循环,因为它会直接影响企业从事货物生产并进行贸易的能力。换言之,这些适用于多个企业的措施会对相关产品的整个贸易产生影响。
>
> 另一方面,尽管一项措施主要与货物贸易有关,但这并不必然意味着它跟投资和投资者完全不相干。例如,缔约一方要求其境内特定货物的所有生产商只能向本国境内的供应商采购一种特定的原材料必需品,这完全可以被称为一项与货物贸易有关的措施。但从第1106条的规定看,由于该措施也可能影响缔约国一方投资者拥有的企业,显然,这也是一项与投资有关的措施。①

仲裁庭的推理颇具技巧:它完全回避了对措施本身属性的分析,而是直接从投资者的身份切入,肯定了"市场准入"属于受NAFTA投资章节保护的合格投资。该案裁决所包含的一个隐喻是,只要跨国公司在不同国家从事一体化生产,那么,其子公司的任何行为或利益都可以被界定为投资或与投资有关,从而与传统上属于贸易领域的市场准入问题高度混同。

在这方面,"软木案"并非孤案。事实上,早在NAFTA项下发生的第一起投资仲裁案件中,加拿大政府就曾主张,一项主要针对货物贸易的措施

---

① Pope & Talbot, Inc. v. Government of Canada, UNCITRAL Award in Relation to Preliminary Motion by Canada to Dismiss, 26 June 2000, paras. 26, 33.

不应属于仲裁庭的审查范围之列,因为这项措施与投资者及其投资无关。但仲裁庭并不以为然,而是指出,他们实在找不到认为 NAFTA 的投资与贸易章节绝对互不相容的理由。① 同时,在 2000 年发布的 S. D. Myers v. Canada 案裁决中,根据 NAFTA 第 11 章成立的仲裁庭认定,S. D. Myers 公司在加拿大的子公司作为一个企业,属于 NAFTA 第 1139 条界定的投资。仲裁庭还进一步指出,S. D. Myers 公司在加拿大的市场份额(market share)也属于合格投资。② 作为最后一击,加拿大政府以及本案的第三方墨西哥政府都主张,③S. D. Myers 公司的要求属于与投资有关的措施,应诉诸国家之间的争端解决程序,但仲裁庭仍然予以拒绝,并指出,NAFTA 投资和贸易章节对缔约方施加了同步义务(cumulative obligations),因此,缔约方的一项措施需要同时承担第 11 章(投资章节)和第 19、20 章(贸易章节)项下的责任。④

上述两个案件具有共同的背景,即私人投资者都在东道国设立了附属企业或子公司并从事跨国一体化经营。基于这样的事实,仲裁庭分别裁定市场准入、市场份额构成受投资条约保护的合格投资。值得注意的是,市场准入和市场份额传统上均属于典型的贸易议题,⑤但在跨国公司一体化经营的模式下,他们与投资出现了重合,成为贸易条约和双边投资条约共同的保护对象。

此外,2011 年以来澳大利亚《烟草平装法》(The Tobacco Plain Packaging Act 2011)引发的跨国争端也再次凸显了国际贸易与投资法制的一体化及其内在冲突问题。鉴于对烟草危害性的普遍共识,世界卫生组织

---

① 参见 Ethyl Corporation v. Government of Canada, Award on Jurisdiction, 24 June 1998, para. 64.

② 参见 S. D. Myers, Inc. v. Government of Canada, First Partial Award, 13 November 2000, para. 224.

③ 参见 S. D. Myers, Inc. v. Government of Canada, Submission of Mexico, 14 January 2000, Made pursuant to NAFTA Art. paras. 1128.

④ 参见 S. D. Myers, Inc. v. Government of Canada, First Partial Award, 13 November 2000, para. 291~292.

⑤ 参见莫世健:《市场准入原则与中国入世的法律对策》,载陈安主编:《国际经济法论丛》第 4 卷,法律出版社 2001 年版,第 242~244 页;车丕照:《"市场准入"、"市场准出"与贸易权利》,载《清华大学学报》(哲学社会科学版)2004 年第 4 期。

于 2003 年 5 月在日内瓦召开的第 56 届世界卫生大会上,192 个成员一致通过全球第一个限制烟草的多边公约——《烟草控制框架公约》(Framework Convention on Tobacco Control)。作为国内履行公约的重要措施,澳大利亚国会于 2011 年 11 月通过了《烟草平装法》,并于 2012 年 12 月 1 日起实施。该法规定,从 2012 年 7 月起,凡在澳大利亚境内销售的烟草产品将采取统一的棕色简易包装,除了《烟草平装法》实施条例允许的情形外,零售包装及产品上禁止印刷商标、标志语或其他产品形象,产品名称采取统一字体,吸烟有害健康的警示标志覆盖包装盒正面的比例从原先的 30% 提高到 75%,背面则继续维持在 90% 以上。

上述规定引发跨国烟草公司的强烈抗议。除了在澳大利亚国内法院提起诉讼以维护商标权之外,四大烟草巨头之一——菲利普莫里斯(Philip Morris)烟草公司总部位于中国香港特区的亚洲集团公司还依据香港特区政府与澳大利亚政府之间的双边投资条约提起投资仲裁,认为《烟草平装法》构成商标征收。菲利普莫里斯提出,《烟草平装法》使得该公司无法在澳大利亚市场上适用商标、版权作品、设计、专有技术、商业秘密、产品包装总体外观等知识产权法保护对象,剥夺了公司对知识产权和商誉的实际剥夺,产生了双边投资条约中的征收效果。① 此外,跨国烟草公司还积极游说 WTO 成员乌克兰、洪都拉斯、多米尼加等向 WTO 争端解决机构提交争端。2012 年 3 月 13 日,乌克兰政府率先发难,正式就某些影响对烟草制品和包装实施商标限制和其他平装要求的澳大利亚法律和条例(简称"措施")向澳大利亚政府请求磋商,随后洪都拉斯、印度尼西亚、多米尼加和古巴也加入,认为澳大利亚政府的相关措施违反了其在《TRIPS 协定》、《技术性贸易壁垒协议》和 GATT1994 关于商标或技术限制措施的义务。② 上述投资仲裁程序和 WTO 争端解决程序的齐头并进,再次表明了全球经济一体化

---

① 参见 Tobacco plain packaging—investor-state arbitration,http://www.ag.gov.au/Internationalrelations/InternationalLaw/Pages/Tobaccoplainpackaging.aspx,访问日期:2015 年 1 月 6 日。

② 参见 Australia — Certain Measures Concerning Trademarks and Other Plain Packaging Requirements Applicable to Tobacco Products and Packaging,DS434,https://www.wto.org/english/tratop_e/dispu_e/cases_e/ds434_e.htm,访问日期:2015 年 1 月 6 日。

背景下国际贸易与投资法制的内在关联,而专注于商业利益维护的跨国私人行为体则展示了更加开放而实用主义的行动逻辑,这一点尤其值得研究人员重视。

总之,在贸易与投资一体化的背景下,双边投资条约和 WTO 这两个体制在制度上的分隔虽不能说荡然无存,但至少应当不再泾渭分明甚至截然对立。因为,在跨国公司从事国际一体化生产的场合,一项政府管制措施可能属于"与贸易有关的投资措施"或"与投资有关的贸易措施",这种管制措施定性上的模糊可能导致该争端会同时涉及国家之间的贸易争端解决机制和投资者—国家之间的投资争端解决机制。① 如果两个争端解决机制无法在类似国民待遇这样的"共同规范"(shared norms)的解释方面取得一致,势必会引发一项措施在投资法上合法、在贸易法上非法(或相反)的困境,进而导致政府管制的无所适从。正是在这个意义上,笔者认为,分别以 WTO 和双边投资条约为代表的国际贸易和投资法制应当以"实质一体化"为应然发展方向。

第三节　国际贸易与投资法制一体化的不平衡性

尽管在跨国公司一体化经营的推动下,国际贸易与投资已经并驾齐驱并成为全球经济发展的"双引擎",但相较于国际贸易而言,国际投资活动毕竟是一种十九世纪以来才日益勃兴的"后来者"。在此过程中,国际贸易和投资法制不可避免地形成了具有自身特色的发展和演进模式,而这种"路径依赖"进一步导致国际贸易和投资法制的结构性失衡。尽管在国际贸易与投资一体化程度与日俱增的背景下,国际贸易和投资法制的一体化已是大

---

① 实践中已经有不少此类案件。除了之前的"软木案",此外,墨西哥对高糖玉米浆征税措施,也导致美国政府在 WTO 项下提出诉讼,一批美国投资者也根据 NAFTA 第 11 章提起投资仲裁。参见 Mexico—Tax Measures on Soft Drinks and Other Beverages, Report of the Panel, WT/DS308/R, 7 October 2005; Mexico—Tax Measures on Soft Drinks and Other Beverages, Report of the Appellate Body, WT/DS308/AB/R, 6 March 2006; Archer Daniels Midland Company and Tate & Lyle Ingredients Americas, Inc. v. Mexico, Award, ICSID Case No. ARB(AF)/04/5, 21 November 2007, paras. 197～203; Corn Products International, Inc. v. Mexico, Decision on Responsibility, ICSID Case No. ARB(AF)/04/1, 15 January 2008.

势所趋,但二者根深蒂固的"路径依赖"和结构性失衡不可小觑。

一、发展路径:多边与双边的对垒

(一)主要进展

虽然早期的友好航海通商条约在调整对象方面并未区分贸易与投资,但这种形式上的融合更多是源于当时经济活动及其法律关系的简单,并非国际贸易与投资法制一体化的真实反映。从这个意义上说,在20世纪80年代之前,"GATT体制与国际投资法各自循其特定的方式发展"。①

就国际贸易法制而言,由于国际贸易的经常性和互惠性质,贸易带动和平的理念广为流传,并最终催生了GATT1947这一全球多边贸易体制的诞生。此后,在GATT体制内通过一轮又一轮的多边谈判致力于削减关税及其他非关税壁垒,成为各国实现贸易自由化的路径选择。通过上述谈判,GATT1947的规则不断得以澄清、修改和补充,并成为乌拉圭回合一揽子谈判成果的一部分。

表1-2 GATT多边贸易谈判回合概览

年份	地点	主题	参加方数量
1946	日内瓦	关税	23
1949	安纳西	关税	13
1951	托奎	关税	38
1960—1961	日内瓦(狄龙回合)	关税	26
1964—1967	日内瓦(肯尼迪回合)	关税、反倾销措施	26
1973—1979	日内瓦(东京回合)	关税、非关税措施、框架协议②	62
1986—1993	日内瓦(乌拉圭回合)	关税、非关税措施、规则、服务、知识产权、争端解决、纺织品和服装、农产品、WTO的成立等	102

资料来源:WTO Secretariat, *World Trade Organization: Trading into Future*, WTO, 2001, p.9.

---

① 曾华群:《论WTO体制与国际投资法的关系》,载《厦门大学学报》(哲学社会科学版)2007年第6期。

② 这些协议通常也被称为"守则"(Code),只对那些签字的GATT缔约方适用,具体包括:(1)补贴和反补贴措施协议:解释GATT1947第6、16和23条;(2)贸易的技术壁垒协议;(3)进口许可程序协议;(4)政府采购协议;(5)海关估价协议:解释GATT1947第7条;(6)反倾销协议:解释GATT1947第6条,取代肯尼迪回合的反倾销守则;(7)牛肉协议;(8)国际奶制品协议;(9)民用航空器协议。

就国际投资规则而言,虽然国际社会也曾设想将其纳入《哈瓦那宪章》,但最终未果。事实上,《哈瓦那宪章》中拟定的投资规则也是极为粗略的:在草案共 9 章 106 个条款中,关于投资的规定仅见于第 12 条,只是笼统地规定东道国应避免歧视和不合理、不公正的行动,缺乏更多的硬性法律义务,更无相应的程序保障机制。① 这也说明,其时在多边层面展开投资规则的谈判,缺乏国际共识。美国政府在《哈瓦那宪章》的前身——《扩大世界贸易和就业的建议》(Proposals for Expansion of World Trade and Employment)中甚至没有包括投资规则,其理由是,多边谈判中可能纳入的最低限度保护标准会低于其对外签订的双边友好航海通商条约中的保护标准。②

此后,虽然联合国跨国公司委员会、世界银行和国际货币基金组织联合设立的"发展委员会"等国际机构都曾推动建立多边投资法制,③但由于南北国家甚至两个国家集团内部的尖锐对立,一个综合性的多边投资协定至今仍付诸阙如。早在 1996 年的新加坡部长级会议上,WTO 成员就决定设立"贸易与投资关系工作组",以便为在 WTO 框架下适时启动 MAI 的谈判作好基础性的准备工作。此后,2001 年多哈部长级会议宣言再次确认,WTO 各成员"同意在第五届部长级会议之后,根据以明确协商一致的方式所达成的决定,在该届会议上就(投资议题的——笔者注)谈判模式开始谈判",并就"贸易与投资关系工作组"的进一步任务以及应当注意的若干原则作出了规定。但在 2003 年 9 月的坎昆部长级会议上,由于主要成员在棉花等农业问题上出现分歧,包括投资在内的四个"新加坡议题"陷入僵局。为集中精力推动农业等传统议题的谈判进程,2004 年 8 月 1 日凌晨,WTO 总

---

① 正是由于《哈瓦那宪章》中投资规则对外国投资的保护不够充分、明确,美国国内主要商业集团对宪章的态度也从支持转为强烈反对,并严重影响了行政部门对国会批准宪章的预期。参见 William Jr. Diebold, From the ITO to GATT — and Back?, in Kirshner Orin & Edward M. Bernstein, *The Bretton Woods-GATT System: Retrospect and Prospect after Fifty Years*, M. E. Sharpe, 1996, pp. 155~156.

② 谈谭:《国际贸易组织(ITO)的失败——国家与市场》,上海社会科学院出版社 2010 年版,第 209 页。

③ 陈安主编:《国际经济法学》,北京大学出版社 2007 年第 4 版,第 388~402 页;Laura J. Loppacher & William A. Kerr, Investment Rules—The U. S. Agenda in Bilateral Trade Agreements, *The Journal of World Investment & Trade*, 2006, Vol. 7, No. 1, p. 40.

理事会的一揽子决定正式将投资议题从多哈议程中拿掉。至此,WTO框架下的投资谈判陷入阶段性停滞。① 就WTO体制而言,WTO体制内包括GATS、《TRIMs协定》和《TRIPS协定》等协定也因其有限的适用范围和实体规范,只被视为朝向多边投资框架的一小步,进一步的谈判举步维艰。

然而,总体而言,国际投资规则的发展并未因为多边投资框架的缺失而停滞不前。相反,自20世纪90年代以来,以双边投资条约为代表的双边法制突飞猛进。在1995～2009年之间,全球平均每年净增双边投资条约约115个,②是历史上双边投资条约发展速度最快的一个时期。此外,缘于发展中国家对外投资能力的增强和国际投资结构的变迁,双边投资条约的谈判和缔结已经不再局限于在发达国家与发展中国家之间(即南北双边投资条约)进行,发展中国家之间签订双边投资条约(即南南双边投资条约)的数量和密度也大大增强。根据UNCTAD统计,20世纪80年代,南北数量为125个,而南南只有31个,后者约为前者的四分之一。但到了20世纪90年代,南北双边投资条约增至477个,比20世纪80年代的同类双边投资条约相比增加约四倍;南南双边投资条约则增至436个,比20世纪80年代的同类双边投资条约增加超过13倍,两类双边投资条约的数量已经旗鼓相当。③ 截至2014年底,全球双边投资条约总数达2923个,占各类国际投资协定总量(3268个)的89.4%。④ 双边投资条约发展之迅猛、进展之顺利,被视为"对无法达成一个普遍性的多边投资条约的回应",⑤并成为外国直接投资的全球治理体系中的重要一环。

---

① 详见傅国兴:《WTO决策机制研究》,上海人民出版社2009年版,第222～224页。

② UNCTAD, *World Investment Report* 2010: *Investing in a Low-Carbon Economy*, United Nations, 2010, p. 17.

③ 参见UNCTAD, *Bilateral Investment Treaties* 1959—1999, United Nations, 2000, p. 5. UNCTAD, *World Investment Report* 2006: *FDI from Developing and Transition Economies*: *Implications for Development*, United Nations, 2006, p. 27.

④ UNCTAD, Recent Trends in IIAs and ISDS, 2015, No. 1.

⑤ Monika C. E. Heymann, International Law and the Settlement of Investment Disputes Relating to China, *Journal of International Economic Law*, 2008, Vol. 11, No. 3, p. 513.

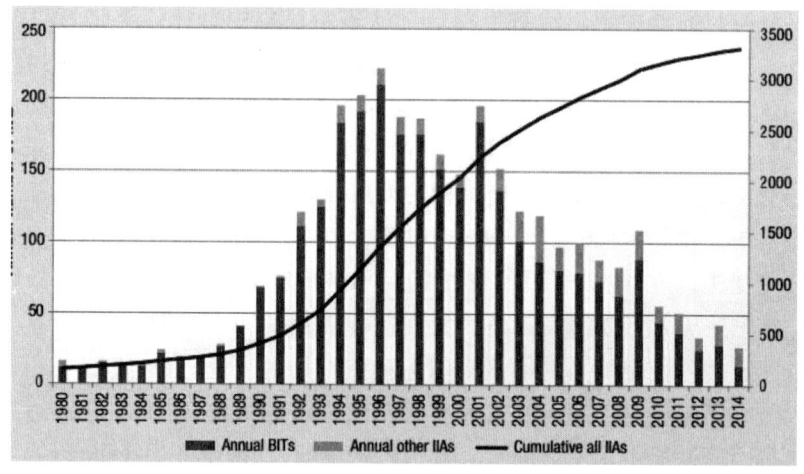

图 1-3　全球双边投资条约发展概况(1995—2014)　　　单位:个
数据来源:UNCTAD

(二)若干反思

尽管通过双边谈判建立起来的国际经济法律在稳定性、统一性和完整性方面存在缺陷,[①]然而,它在谈判效率方面的优势是显而易见的。以 WTO 为例,在此前的《TRIPS 协定》谈判过程中,知识产权谈判小组主席拉斯安内尔(Lars E. R. Annel)就曾于 1990 年 6 月在综合各方提案的基础上提出了未经成员讨论通过的"主席草案",并用方括号标明各成员的意见分歧之处。然而,为加速谈判进程,TRIPS 谈判小组主席于 1991 年直接删节了各成员对许多重大问题的不同意见,并形成新一稿的 TRIPS 草案,并在征求"主要成员"的意见上交付通过。[②] 当前,随着谈判方的增多、谈判内容的深入、议题数量的增加,各方进行利益协调的难度也逐渐加大。其结果是,单一回合谈判所需的时间跨度不断拉长,而正在进行的多哈回合谈判自 2001 年以来已持续十年,创下了历轮回合谈判耗时的最高纪录。面对这种僵局,WTO 总干事不得不采取压缩议题、缩小谈判范围和强化谈判小组主

---

　　① 参见徐崇利:《经济全球化与国际经济条约谈判方式的创新》,载《比较法研究》2001 年第 3 期。

　　② 参见林秀芹:《TRIPS 体制下的专利强制许可制度研究》,法律出版社 2006 年版,第 64～66、95 页。

席的作用等方法,努力缩小各方分歧,推动谈判进程。以此观之,双边投资条约迅猛发展的背后,一个重要的原因便在于双边谈判方式的高效。

谈判方式的简化并非晚近双边投资条约繁盛的唯一原因。安德鲁·T. 古兹曼(Andrew T. Guzman)教授认为,各国之所以踊跃缔结双边投资条约,是为了在极为激烈的全球引资竞争中,与那些没有对外签订双边投资条约的国家相比占据比较优势。这也解释了国际社会无法达成多边投资协定的原因:因为如果缔结多边投资条约,意味着广大发展中国家将在"整体"上接受对外资的"同一"待遇标准,其中的任何一个国家都将无法形成比较优势。这就使得发展中国家对缔结多边投资条约的计划兴趣不高。①

但是,如果考虑到这样一个基本事实,即双边投资条约的实际引资功能并未得到确证,②那么,各国之所以对商签双边投资条约保持高度热情,要么是高估了双边投资条约在引资方面的实际功用,要么并非基于单纯的经济因素来考虑双边投资条约缔约。事实上,自20世纪90年代双边投资条约呈现爆炸式增长以来,双边投资条约就被视为自由主义经济体制的一个信号,③多数发展中国家通过签订此类条约向外国投资者表明其晚近实施

---

① 参见 Andrew T. Guzman, Why LDCs Sign Treaties that Hurt Them: Explaining the Popularity of Bilateral Investment Treaties, *Virginia Journal of International Law*, 1998, Vol. 38, pp.666~680.

② 世界银行在其《2003年全球经济展望》中即指出:"即使是双边投资条约中相对强有力的保护措施,看来也没有增加向签署协定的发展中国家的投资流动。"《2005年世界发展报告》进一步明确:"迄今的实证研究尚未发现,缔结双边投资条约与其后的投资流入之间存在密切联系。"张晓斌研究员指出,双边投资条约与投资流入国内部制度存在相互补充而非替代的关系,亦即双边投资条约对外资流入并无决定性作用。单文华教授的研究也表明,双边投资条约在外国投资者作出投资决策时作用有限。上述研究成果,详见 World Bank, Global Economic Prospects 2003: Investing to Unlock Global Opportunities, http://siteresources.worldbank.org/INGEP2003/Resources/gep2003summarycantonese.pdf,访问日期:2014年10月15日;World Bank, *World Development Report 2005: A Better Investment Climate for Everyone*, World Bank and Oxford University Press, 2004, p.177;张晓斌:《双边投资条约引资效果的经验分析》,载《国际经济法学刊》2006年第1期;单文华:《欧盟对华投资的法律框架:解构与建构》,蔡从燕译,北京大学出版社2007年版,第226~230页。

③ 参见 Kenneth J. Vandevelde, The Political Economy of BITs, *American Journal of International Law*, 1998, Vol. 92, No. 4, pp.621~641.

的经济改革不会出现反复。① 一些威权国家甚至将与外国签订双边投资条约视为承认或巩固其政权合法性或正当性的工具。例如,1986年5月,在美国入侵格林纳达三天之后,两国只花了一个多小时就一次性谈判达成了双边投资条约。该条约表明美国已在格林纳达取得了"胜利",并显示该国的投资条件相当"良好"。②

以此观之,双边投资条约的双边发展路径是值得警惕的。一方面,双边投资条约的谈判是以实力为基础的,面对发达国家的强势"范本",在经济上处于下风而又急需外资的发展中国家可讨价还价的空间微乎其微。对于各国的投资条约实践而言,投资条约范本有助于提高投资条约谈判的效率,确保投资条约实践的一致性,避免因针对特定谈判对象的"量体裁衣"而导致的投资标准不断降低的可能性。换言之,如果特定谈判对象要求在范本的基础上降低标准,范本提供国就可以范本为"挡箭牌",以此前的谈判没有先例为由而拒绝。③ 原美国国务院双边投资条约谈判小组成员阿尔瓦雷斯(Alvarez)坦言:"对于许多国家来说,缔结双边投资条约几乎不是自愿、没有强制的交易。它们[美国双边投资条约谈判的相对方——笔者注]觉得它们必须签署协定,或者觉得不这么做就是愚蠢的……但事实情况是,迄今美国双边投资条约范本普遍被认为是一种'要么接受,要么放弃'的建议,……双边投资条约谈判不是平等主权国家之间的谈判。它更像是一场由美国根据其规矩开设的密集的培训班。"④ 范德维尔德(Kenneth J. Vandevelde)甚至毫不讳言,双边投资条约起码会起到对发展中国家的"教育意义",使其知悉投资者所需要的投资环境。⑤ 与上述溢于言表的"沾沾自喜"形成强烈对

---

① 参见 Pierre Sauvé, Scaling Back Ambitions on Investment Rule-Making at the WTO, *Journal of World Trade & Investment*, 2001, Vol. 2, No. 3, p. 529.

② 参见 Kenneth J. Vandevelde, *United States Investment Treaties: Policy and Practice*, Kluwer Law and Taxation, 1992, pp. 26~27.

③ 参见 Kenneth J. Vandevelde, *U. S. International Investment Agreements*, Oxford University Press, 2009, p. 91.

④ 参见 Andrew T. Guzman, Why LDCs Sign Treaties that Hurt Them: Explaining the Popularity of Bilateral Investment Treaties, *Virginia Journal of International Law*, Vol. 38, 1998, pp. 666~667.

⑤ 参见 Kenneth J. Vandevelde, *U. S. International Investment Agreements*, Oxford University Press, 2009, p. 26.

比的,则是索那拉雅(M. Sornarajah)教授对投资条约的互惠性提出一针见血的批评:"许多双边投资协定是在不平等的合作伙伴之间缔结的。……尽管此种协定预期各种资本能在缔约国彼此之间双向流动,但是,由于缔约双方在财力和技术上的悬殊,事实上仅仅是打算和实行单向流动。……这些协定并未设定明确的义务,要求资本输出国那一方必须确保资本能够流入对方,却要求希望获得外国投资的国家这一方在外国资本即将流入的信赖之中拱手交出自己的主权。"① 曾华群教授更是从南北国家悬殊的谈判地位与能力、南北国家不同的谈判目标与效果、南北国家的权利与利益等三方面揭示了双边投资条约范本的结构性失衡。②

另一方面,双边投资条约的实施在很大程度上是由私人驱动的,东道国很容易动辄得咎。双边投资条约中规定的征收标准的高度模糊和不确定,补偿数额之大,外资待遇标准之高,很容易使得东道国的某项政策或法令被指责为违反条约,从而被推向国际仲裁机构。除去仲裁程序的高成本和高风险之外,东道国还可能背上"投资环境差"的恶名,对其国际形象产生负面影响,从而可能弱化其进一步吸引外资的能力。即便勉强赢得诉讼,其政府声誉也早已受到贬损,难以挽回。因此,东道国维护公共利益的动力和信心很容易受到双边投资条约中高标准条款的威慑。正因为如此,双边投资条约中私人驱动的争端解决机制被认为产生了所谓"寒蝉效应"(chilling effect)。③

换言之,双边投资条约的双边发展模式不但可能使东道国,尤其是发展中的东道国无力抵御强势缔约方在经济、政治、舆论和谈判技术等方面的优势,从而在双边投资条约谈判中处于无为、无助的境地;此外,其在无意识状态下"自愿"接受的双边投资条约还可能切切实实地遭遇来自外国私人投资者的诉讼压力。尽管出于投资规则的统一性,在一国的对外投资条约实践

---

① 参见 M. Sornarajah, *The International Law on Foreign Investment*, Cambridge University Press, 2004, pp. 207~208.

② 参见 Zeng Huaqun, Balance, Sustainable Development, and Integration: Innovative Path for BIT Practice, *Journal of International Economic Law*, 2014, Vol. 17, pp. 299~332.

③ 参见 Ryan Suda, The Effect of Bilateral Investment Treaties on Human Rights Enforcement and Realization, New York University School of Law Global Law Working Paper No. 1/2005, 2005.

中,注意总体战略定位或原则性立场尤有必要,①但这是以谈判者的足够理性为基础的,即应具有精确识别、界定并捍卫自身利益的能力。然而,当代国际投资立法的双边谈判进程在很大程度上削弱了这一前提。这种双边谈判机制的一个重大缺陷便是,很容易进一步削弱谈判弱势一方的话语权,使东道国,尤其是发展中的东道国无力抵御强势缔约一方在经济、政治、舆论和谈判技术等方面的优势,从而在投资条约谈判中处于无为、无助的境地。② 正是在这个意义上看,通过多边协调的方式,增强发展中国家的集体谈判实力,理应成为未来双边投资条约以及多边投资协定的路径选择。③

二、形式理性:标准与规则的反差

按照马克斯·韦伯(Max Weber)的法律类型学观点,法律有形式理性和实质理性之分。其中,形式理性是法理型统治的基础,要求运用抽象的逻辑分析和解释方法,建立一套高度系统化的成文法体系。④ 形式理性的价值在于提供法律的确定性和可预测性,使人们可以合理预期并规划自己的行为。相对于国内法而言,国际法的形式理性要逊色得多,⑤但这并不意味着形式理性的要求对于国际法毫无意义。相反,将形式理性作为决定国际

---

① 参见季烨:《中国双边投资条约政策与定位的实证分析》,载《国际经济法学刊》2009年第3期。

② 详见季烨:《双边投资条约的范本意识与差别化实践刍议》,载《国际经济法学刊》2013年第4期。

③ 曾华群也主张,作为真正平等并共同负有建立国际经济新秩序之使命的缔约双方,发展中国家可在强调发展宗旨、维护东道国经济主权、平衡资本输入国和资本输出国的权益等方面形成和发展新的法律概念、规则、标准和实践,进而影响当前双边投资条约的总体发展趋势。参见曾华群:《变革期双边投资条约实践述评》,载《国际经济法学刊》2007年第3期。

④ [德]马克斯·韦伯:《经济与社会》(上卷),林荣远译,商务印书馆1998年版,第40页。

⑤ 哈特指出,"国际法规则在内容的复杂性方面与原始社会的规则极为不同","在形式上,国际法仍然类似于由第一性规则所组成的体制"。参见[英]哈特:《法律的概念》,张文显等译,中国大百科全书出版社1996年版,第223页。

法适用方式的标准之一,已经成为学者的共识。①

就 GATT/WTO 而言,经过半个多世纪的演进和发展,当今的多边贸易体制在法律渊源方面可谓蔚为大观,其中包括了大约 30 项多边协定和大量的谅解、加入议定书和工作组报告、部长决定和宣言,以及 3 万多页的货物贸易关税减让表和服务贸易具体承诺表。同时,WTO 争端解决机构通过专家组报告或上级机构结论形成了 400 余件裁决,②这些数量可观的裁决正在形成 WTO 的司法法理,且在一定程度上正在成为 WTO 事实上的判例。对于这个庞大的条约群,WTO 还通过上位法优于下位法、特殊法优于一般法的原则,③明确了其内在的等级结构,从而为条约的正确适用提供便利。尽管在 WTO 法与其他外部国际法规则的关系问题上仍存在争论,但鉴于 WTO 专家组和上诉机构在实践中的审慎态度并根据 WTO 规则对其进行评估,《WTO 协定》的"自给自足"(self-contained)性还是得到了普遍认可。④ 一个鲜明的例子是,GATT1994 第 20 条(一般例外)因涉及公共道德、人类、动物或植物的生命或健康、自然资源保护等诸多非贸易价值,因而被认为是 WTO 法与非 WTO 法相交汇的典型条款之一。但在实践中,

---

① 李浩培在分析自动执行与非自动执行条约时指出:第二,有些条约,例如同盟互助条约,是政治性的,这些条约所规定的权利义务,原则上只涉及缔约国政府本身,而与自然人和法人无关,所以把这类条约的效力扩及自然人和法人,就需要另以补充立法予以规定。第三,有些条约的规定只是大纲性的,不够详细和精密,所以也须以立法作补充规定。第四,有些条约所用的语文不是本国语文,还须译成本国语文,并以法律予以公布。

可见,区分自动执行与非自动执行条约主要是基于对特定条约形式理性的判断,因而,形式理性可作为条约可否直接适用的基本标准。参见李浩培:《条约法概论》,法律出版社 2003 年版,第 322~323 页。

② 自 1995 年 1 月 WTO 成立至 2014 年底,WTO 成员共提出 488 个磋商请求。参见 WTO, Chronological list of disputes cases, https://www.wto.org/english/tratop_e/dispu_e/dispu_e.htm, 下载日期:2015 年 2 月 20 日。

③ 《WTO 协定》第 16.3 条规定:"遇有本协定的一项规定与任何多边贸易协定的某项规定之间发生抵触,本协定的规定应在抵触的范围内优先。"同时,附件 1A 的一般解释性注释也规定:"遇有 GATT1994 的一项规定与《建立 WTO 协定》附件 1A 中另一协定的某项规定发生抵触……该另一协定的规定在抵触的范围内优先。"

④ 例如王传丽:《WTO:一个自给自足的法律体系——兼论一国四地经贸法律新发展》,载《国际经济法学刊》2004 年第 11 卷;曾令良:《WTO:一种自成体系的国际法治模式》,载《国际经济法学刊》2011 年第 4 期。

WTO 争端解决机构普遍采用两层次分析法,对引用一般例外作为抗辩理由的审查极其严格,在迄今为止的 18 个案件中,仅有 2 个案件援引成功。①

相较而言,双边投资条约的形式理性明显处于下风。自 20 世纪 50 年代以来,各国缔结的双边投资条约内容普遍比较简单,通常只有 10~15 个条款,此类双边投资条约显然难以对跨国投资所涉法律问题做出全面规定,更遑论细致的规定。20 世纪 90 年代以来,面对日益复杂的国际投资形势,以美国、加拿大为代表的少数发达国家开始着力丰富双边投资条约的实体规范,如细化间接征收的认定标准、澄清公正与公平待遇标准与习惯国际法的关系,②并纳入了投资与环境、劳工、健康与安全等非传统投资规则。③

尽管如此,国际社会试图通过双边投资条约替代并补充习惯国际法规则的努力进展有限,④双边投资条约简而疏的总体特征并未在多大程度上得以改善。相对于 WTO 中日益细化的贸易规则(rule),双边投资条约中占主要地位的仍然是从习惯国际法演化而来的屈指可数的原则(principle)或标准(standard)。⑤

以国民待遇为例,双边投资条约通常规定,缔约方有义务在"类似情形"下授予外国投资者不低于本国人的待遇。尽管这一措施与 GATT1994 第 3 条第 4 款极为相似,但其简洁、精炼的结构使其未能像前者那样为双边投资条约的非歧视这一终极目的提供任何指引,这也表明投资条约保护体制

---

① 关于 WTO 争端解决机构在非 WTO 法适用方面的克制态度,参见陈儒丹:《"非 WTO 协议"在 WTO 争端解决中的适用》,载《法学》2009 年第 2 期。

② 例见 2004 年美国双边投资条约范本附件 B(征收),第 5 条(最低待遇标准)及附件 A(习惯国际法)。

③ 例见 2004 年美国双边投资条约范本第 12 条(投资与环境)、第 13 条(投资与劳工)、第 18 条(根本安全)、第 20 条(金融服务)、第 21 条(税收)等。

④ 有学者认为,20 世纪 70 年代以来双边投资条约的发展在很大程度上是为了弥补习惯国际法在外国投资者保护方面的缺陷。参见 Christopher M. Ryan, Meeting Expectations: Assessing the Long-Term Legitimacy and Stability of International Investment Law, *University of Pennsylvania Journal of International Law*, 2008, Vol. 29, pp. 730~731.

⑤ 参见 Nicholas Dimascio & Joost Pauwelyn, Nondiscrimination in Trade and Investment Treaties: Worlds Apart or Two Sides of the Same Coin?, *American Journal of International Law*, 2008, Vol. 102, No. 1, p. 48.

仍处于初级阶段的总体特征。① 这一现象也体现在学术研究中——相较于对 WTO 领域类似情况研究的汗牛充栋,对双边投资条约中这一问题的分析普遍欠缺:在一本研究投资条约实体规则的权威著作中,国民待遇条款所占的篇幅仅为 3 页。②

再如,虽然双边投资条约中普遍规定了公平与公正待遇条款,但其具体含义却始终含糊不清,解释多样。③ 从现有文本看,关于公平与公正待遇的规定主要有三种类型:(1)不附加任何条件的公平与公正待遇。例如,1995年西班牙—墨西哥双边投资条约第 4 条第 1 款规定:"缔约任何一方投资者在缔约另一方境内所作的投资应当获得公平与公正待遇,以及给予任何第三方投资者投资的待遇。"(2)将公平与公正待遇限定在国际法范围内。例如,NAFTA 第 1105 条第 1 款规定:"每一缔约方应给予另一缔约方投资者的投资依据国际法的待遇,包括公平与公正待遇和充分的保护和安全。"(3)进一步将其等同于国际最低标准。例如,2004 年美国双边投资条约范本第 5 条(最低待遇标准)规定,"公平与公正待遇"和"充分的保护与安全"这两个概念并不要求给予国际最低待遇标准之外的或额外的待遇,也不创设额外的实体权利"。④ 对此,索那拉嘉(M. Sornarajah)教授认为,将公平与公

---

① Nicholas Dimascio & Joost Pauwelyn, Nondiscrimination in Trade and Investment Treaties: Worlds Apart or Two Sides of the Same Coin?, *American Journal of International Law*, 2008, Vol. 102, No. 1, p.59.

② 参见 Campbel Mclachlanl, Laurence Shore & Matthew Weiniger, *International Investment Arbitration: Substantive Principles*, Oxford University Press, 2007, pp. 251~253。

③ M. Sornarajah, *The International Law on Foreign Investment*, 2nd ed., Cambridge University Press, 2004, pp.235~236.

④ 例如,2004 年美国双边投资条约范本第 5 条(最低待遇标准)规定:

1. 每一缔约方应给予涵盖投资以符合习惯国际法的待遇,包括公平与公正待遇及充分的保护与安全。

2. 确切地说,第 1 款规定的给予涵盖投资的最低待遇标准即习惯国际法给予外国人的最低待遇标准。"公平与公正待遇"和"充分的保护与安全"这两个概念并不要求给予国际最低待遇标准之外的或额外的待遇,也不创设额外的实体权利。第 1 款规定的义务为:

(a)"公平与公正待遇"包括不得拒绝在刑事、民事及行政司法程序中给予符合世界主要法律制度所包含的正当程序原则所要求的审理公正的义务。……

另可参见 2001 年 7 月 NAFTA 自由贸易委员会对公平与公正待遇的解释。

正待遇解释为国际最低待遇标准,会使该待遇显得多余。① 此外,仲裁庭还通过援引最惠国待遇原则、放低习惯国际法的检验标准等方法,丰富公平与公正待遇的内涵,以至于上述差别明显的文本在实践适用的过程中并无实质差异。② 就目前仲裁庭认定的公平与公正待遇的要素而言,根据徐崇利教授的归纳,包括了违反正当程序、专断或歧视性行为、损害合法期待、缺乏透明度、未提供稳定而可预见的法律和商务框架、实施强制和侵扰行为、以不当目的使用权力、东道国政府部门越权、未尽适当审慎义务、不当得利、非善意等 11 项内容。③ 即便如此,诸如正当程序之类的要素仍然属于过于抽象的"标准",而并非为行为人提供参照的行为"规则"。④

　　双边投资条约形式理性的缺失进一步导致了其在法律适用方面的问题。尽管根据《华盛顿公约》的规定,仲裁庭在裁判时负有充分说理义务,⑤但相对于 WTO 专家组和上诉机构动辄上百页的裁决书而言,ICSID 仲裁庭在说理方面的差距明显。挪威学者欧雷·克里斯蒂安·弗查尔德(Ole Kristian Fauchald)对涉及 72 个案件的 98 个裁决进行实证分析,结果表明,有高达 34 份案件裁决将习惯国际法作为独立的判决依据,涉及管辖权争议、程序争议、实体问题以及国际法次级规则等诸多问题。更重要的是,仲裁庭自身并未对这些所谓"习惯国际法"的地位进行独立审查,而是仅仅因为其他辅助资料宣称其是习惯法就予以适用。此外,仅有 35 份裁决在其说

---

　　① 参见 M. Sornarajah,*The International Law on Foreign Investment*,2nd ed.,Cambridge University Press,2004,pp.235~236.

　　② I. A. Laird,NAFTA Chapter 11:Betrayal,Shock and Outrage-Recent Developments in NAFTA Article 1105,*Asper Review of International Business and Trade Law*,2003,Vol. 3,p.190.

　　③ 参见徐崇利:《公平与公正待遇标准:何去何从》,载曾华群主编:《国际经济新秩序与国际经济法新发展》,法律出版社 2009 年版,第 328~343 页。

　　④ Joel P. Trachtman,The Domain of WTO Dispute Resolution,*Harvard International Law Journal*,1999,Vol. 40,pp.350~355;Louis Kaplow,Rules versus Standards:An Economic Analysis,*Duke Law Journal*,1992,Vol. 43,pp 559~560.

　　⑤ 《华盛顿公约》第 48 条第 2 款规定:"裁决应处理提交仲裁庭的每一个问题,并说明所根据的理由。"此外,《华盛顿公约》第 52 条第 1 款规定:"任何一方可以根据下列一个或几个理由,向秘书长提出书面申请,要求撤销裁决:……(五)裁决未陈述其所依据的理由。"

理中适用了《维也纳条约法公约》第 31 至 33 条,①而后者被普遍认为构成条约解释的习惯法规则。考虑到双边投资条约实体规范的粗略,条约解释规则却很少被提及,这种现象并不符合常理。难怪著名国际投资法学者托马斯·W. 沃德(Thomas W. Wälde)教授指出,现代国际投资法的发展主要来源于案例,而非投资条约。②

综上,WTO 与双边投资条约发展的不平衡性表现为两个方面:一方面,就现状而言,WTO 诸多协定的形式理性远高于双边投资条约,并相应地体现为二者不平衡的另一个方面,即国际投资仲裁庭在实践中的自由裁量度远大于 WTO 的专家组和上诉机构。鉴于前文所述的国际贸易与投资法制的实质一体化,这种现象值得警惕。尤其是在 WTO 多边规则谈判停滞不前、双边投资条约双边规则进展迅猛的背景下,双边投资条约缺乏精确界定的文本以及仲裁庭对文本的宽泛解释,不但可能使缔约国承担额外的双边投资条约项下的投资条约义务,还可能进一步侵蚀 WTO 的多边体制,成为贸易自由化的另一推手。

本章小结

20 世纪 70 年代以来,在经济一体化浪潮的推动下,国际贸易与投资法制的一体化也日益明显。在各国对外经济条约的实践方面,综合涵盖贸易与投资议题的缔约方式呈上升趋势,这不但体现了国际贸易与投资的交互影响关系,也表明各国开始有意识地协调其贸易与投资政策,以往平行发展的 WTO 和双边投资条约在实体规范等方面的趋同性增强。从微观层面看,跨国公司从事全球一体化生产的实践,进一步推动了国际贸易与投资法制的实质一体化,调整对象的重叠导致私人可以"任性"地选择适用 WTO 和双边投资条约中的实体和程序规则进而维护自身的商业利益。

---

① Ole Kristian Fauchald, The Legal Reasoning of ICSID Tribunals: An Empirical Analysis, *European Journal of International Law*, 2008, Vol. 19, pp. 310~312, 314.

② Philippe Kahn, & Thomas W. Wälde eds, *New Aspects of International Investment Law*, Martinus Nijhoff Publisher, 2007, p. 66.

然而,WTO 和双边投资条约两个体制在过去半个多世纪中的发展中形成了根深蒂固的路径依赖:尽管 WTO 的多边发展路径使得其规范体系相对完整、精细,但当前其继续前进的动力不足;相反,在形式理性方面居于劣势的双边投资条约却得益于其双边演进的路径,继续保持了高速发展态势。值得注意的是,由于组织法方面的缺陷,晚近双边投资条约的勃兴很大程度上只是数量上的繁荣,其具体规则距离明确、统一的目标仍任重道远。鉴于贸易与投资日益紧密的关系,双边投资条约规则本身的模糊以及国际投资仲裁庭的解释性扩张,很可能对 WTO 中的贸易规范产生影响。

第二章 双边投资条约对 WTO 实体规范的影响

> 一个更为根本的"反思"是必要的。在外国直接投资比直接向外国市场提供货物和服务更为重要的情况下,……国际经济谈判需要更多从外国直接投资的角度来看待问题,而不是单独从贸易的角度来观察。
> ——UNCTAD[①]

贸易与投资宛如硬币的两面,是一种一体共生的关系。相应地,在跨国公司一体化生产的背景下,国际贸易与投资法制也呈现出愈发明显而强烈的互动关系。然而,作为一种更为传统且具有先发优势的制度,以 WTO 为代表的多边贸易法制以其庞大的条约体系和繁复的规则内涵,赢得了更多理论与实务人士的关注,即便双边投资条约已然成为国际经济法领域的"新贵",也尚难以望其项背。尽管如此,诸如"软木案"、"香烟简易包装案"等新兴案件也在不断地提醒人们,日益勃兴的双边投资条约正在潜移默化地影响着甚至在某些领域超越了多边贸易法纪。本章即以多边服务贸易规则和知识产权保护规则为例,分析双边投资条约对其实体规范的拓展。

第一节 双边投资条约对 GATS 的影响

将以国际直接投资为活动媒介的服务贸易纳入多边规则的调整范围是

---

① UNCTAD, *World Investment Report* 1993: *Transnational Corporations and Integrated International Production*, United Nations, 1993, p.225.

美国政府自乌拉圭回合谈判开始之初便一直孜孜以求的目标,也是一些发展中国家一度心存疑惧之处,因为这种服务贸易的纳入,就意味着将来制定的多边规则可能要涉及跨国公司在东道国的开业权和待遇标准等敏感问题。① 经过激烈的争论,在 1988 年 12 月召开的蒙特利尔部长级会议上,各国部长们才就此达成一致。② 在 GATS 所界定的四种服务贸易类型中,"商业存在"(commercial presence)实际上就是一种最具典型意义的国际直接投资形式,而"自然人流动"(movement of natural persons)也与双边投资条约存在关联。③ 这种调整对象的重叠使得 GATS 与双边投资条约这两个纪律框架之间天然地具有更为紧密的联系。在 GATS 后续谈判停滞不前的背景下,迅猛发展的双边投资条约纪律会对其产生何种影响?这是本节所要探讨的主要问题。

一、双边投资条约与 GATS 的关系:总体观察

由于双边投资条约与 GATS 在调整对象方面的共通性,双边投资条约与 GATS 纪律的重叠似乎不言而喻。然而,这一点尚未引起应有的重视。例如,无论是在乌拉圭回合与国际投资直接相关的 GATS 谈判中,还是后

---

① WTO 秘书处指出:"调整商业存在的规则和传统的主要影响货物贸易的关税和其他边境措施大有不同。GATT 只是渐渐涉及像补贴和技术标准这样的敏感的国内政策问题,而 GATS 则是从一开始就被迫触及像商业存在中外国服务提供者所拥有的开业权这样的国内政策问题。"参见 WTO Secretariat, Trade in Services Division, An Introduction to the GATS, http://www.wto.org/english/tratop_e/serv_e/gsintr_e.doc,下载日期:2012 年 9 月 10 日。
② 参见 John Croome, *Reshaping the World Trading System: A History of the Uruguay Round*, World Trade Organization, 1999, pp. 104, 207~208.
③ 绝大多数双边投资条约均规定,对于投资设立与运营所必需的特定人员,缔约国应为其进入与停留提供便利。根据 WTO 在 2005 年的测算,GATS 所定义的四种服务贸易类型按照交易总额排列,分别是商业存在(50%)、跨境支付(35%)、境外消费(10%~15%)以及自然人流动(1%~2%)。换言之,商业存在和自然人流动的交易额占全球服务贸易总量的一半以上。参见 WTO, *International Trade Statistics* 2005, World Trade Organization, 2005, p. 8.

来根据 GATS 附件二进行最惠国待遇豁免的定期审议过程中,①双边投资条约都未引起 WTO 成员应有的关注。② 同时,为了应对 20 世纪 90 年代以来的第三波区域主义浪潮对 WTO 多边法纪的潜在侵蚀,GATS 参照 GATT1994 的模式在其区域一体化例外条款中加强了对区域贸易协议的监督,并建立了区域贸易协议的及时通报和审查机制。③ 截至 2014 年底,WTO 成员依据 GATS 第 5 条累计向服务贸易理事会通报了 131 个区域贸易协议,④但其中没有一个双边投资条约。台湾学者罗昌发甚至认为,像双边投资条约以及自由贸易协议中的投资章节这样的规则属于不受 WTO 规制的 WTO 递增现象。⑤

上述事实表明,尽管 WTO 成员普遍承认双边投资条约中的相关纪律对 GATS 项下第三种和第四种服务贸易类型(即商业存在和自然人流动)的影响,但囿于长期以来贸易与投资法律体制相互分离的制度传统,他们似乎并无意愿去明确双边投资条约在 GATS 框架下的法律地位。尤其是,这还可能进一步暗示在 WTO 框架下推进多边投资议题谈判的合法性和可能性,从而引发更大的政治分歧,这也是包括发达国家在内的 WTO 成员所不愿意看到的。

但笔者认为,这种主观上的回避并不明智,尤其是在贸易与投资一体化的背景下,双边投资条约和 GATS 理应协调发展。从文本结构角度看,

---

① 根据 GATS《关于第 2 条豁免的附件》第 3 条和第 4 条的规定,服务贸易理事会应在《WTO 协定》生效后 5 年内对超过 5 年期的豁免进行审议,以便决定当初享受豁免的条件是否仍然存在,从而决定豁免的存续与否。

② Rudolf Adlung & Martín Molinuevo, Bilateralism In Services Trade: Is There Fire Behind The (BIT-) Smoke?, *Journal of International Economic Law*, 2008, Vol. 11, No. 3, p. 391.

③ 参见 GATS 第 5 条。关于该条款的分析,参见李国安主编:《WTO 服务贸易多边规则》,北京大学出版社 2006 年版,第 103~109 页;[澳]伯纳德·霍克曼、迈克尔·考斯泰基:《世界贸易体制的政治经济学》,刘平、洪晓东、许明德等译,法律出版社 1999 年版,第 227 页。

④ WTO, Regional Trade Agreements, http://rtais.wto.org/UI/PublicSearchByCrResult.aspx, 下载日期:2015 年 1 月 10 日。

⑤ Chang-Fa Lo, A Comparison of BIT and the Investment Chapter of Free Trade Agreement from Policy Perspective, *Asia Journal of WTO & International Health Law and Policy*, 2008, Vol. 3, No. 1, p. 166.

GATS和双边投资条约之间的差异性远大于其共性:当前的绝大多数双边投资条约并未包含GATS那样的市场准入要求,也缺乏类似的以特定服务为对象的国内规制;此外,GATS也普遍不具有双边投资条约所规定的公正与公平待遇、禁止履行要求、高级经理和董事会成员的居住、征收、汇兑与转移等等,更缺乏一个强有力的投资者诉东道国的争端解决机制。[①] 但这并不意味着二者的实体规则不会产生任何关联。事实上,上述文本的差异更多是由于双边投资条约文本的简约造成的。如果将双边投资条约中的实体规则根据国际仲裁实践的发展加以分解,那么,正如表2-1所示,双边投资条约和GATS的纪律框架早已呈现出实质性趋同。

就GATS的义务属性而言,主要分为一般(general)义务和具体(specific)义务两类,前者是WTO成员普遍应承担的义务,包括最惠国待遇、透明度、发展中国家的更多参与、经济一体化、紧急保障措施和一般例外等,这些义务原则上应适用于服务业的所有部门;而后者只适用于WTO成员承诺开放的特定部门,主要体现在市场准入和国民待遇方面。但值得注意的是,一些义务虽然被规定在GATS的第二部分(一般义务和纪律),但却仍然适用于各成员具体承诺表中列明的服务部门和服务提供方式,[②]这些义务与GATS第三部分(具体承诺)的区别仅在于,前者不允许成员方修改或撤回,因而可谓之曰"有条件的一般义务"。相对而言,如无特别规定,双边投资条约的义务属性一般并不存在上述区分,可以为所有服务部门提供水平式保护(horizontal protection)。

可见,服务贸易领域存在双边投资条约和GATS两套纪律并存的现象,如果协调不当,势必引发二者在保护水平和自由化程度方面的参差不齐。

---

① 参见 Carsten Fink & Martín Molinuevo, East Asian Free Trade Agreements in Services: Key Architectural Elements, *Journal of International Economic Law*, 2008, Vol. 11, No. 2, pp. 282~283.

② 参见GATS第6条第1款、第3款至第6款,以及第11款等。

表 2-1 双边投资条约与 GATS 实体纪律对照表

双边投资条约		GATS
最惠国待遇		第 2 条 最惠国待遇
国民待遇		第 17 条 国民待遇[SC] 第 16.2(e)-(f)条 合营企业要求,外资股权最高限制[SC]
公平与公正待遇	透明度	第 3.1 条 国内公开 第 3.3 条 通知 WTO[CON] 第 4.2 条 为服务提供者设立联络点
	程序公正与正当程序	第 6.1 条 合理、客观和公正地实施[CON] 第 6.2 条 司法审查 第 6.5 条 国内管理纪律[CON]
	避免武断或歧视行为,基于善意	第 6.1 条 合理、客观和公正地实施[CON] 第 6.5 条 国内管理纪律[CON]
资本的自由转移		第 11.1 条 转移与支付[CON] 第 11.2、12 条 资本交易[SC] 第 16 条脚注 8 服务必需的资本流动[SC]
征收	正当程序	第 6.1 条 合理、客观和公正地实施[CON] 第 6.2 条 司法审查
	补偿	无直接相关条款,可能涉及 第 17 条 国民待遇[SC] 第 6.1 条 合理、客观和公正地实施[CON]
	非歧视	第 6.1 条 合理、客观和公正地实施[CON] 第 17 条 国民待遇[SC]
	公共目的	第 14 条 公共秩序例外
禁止履行要求		第 17 条 国民待遇[SC] 第 16.2(b)条 市场准入[SC]
政府采购对外国公司的国民待遇		无直接相关条款
争端解决	政府间	第 23 条 争端解决 DSU
	投资者—国家间	无相关条款

备注:1. "CON"是指相关待遇仅适用于具体承诺的部门。

2. "SC"是指根据具体承诺表中规定的条款、限制和条件适用。

资料来源:ADLUNG, RUDOLF & MOLINUEVO, MARTÍN. Bilateralism In Services Trade: Is There Fire Behind The (BIT-) Smoke? [J]. Journal of International Economic Law, 2008,11(3):377.

二、双边投资条约对 GATS 的影响：调整范围

(一)调整对象

GATS 适用于"各成员影响服务贸易的措施"。① 可见,对于服务贸易的界定,直接影响 GATS 的适用范围。对此,GATS 并未对服务贸易下一个抽象的定义,而是罗列了四种服务贸易提供类型。② 就"商业存在"这种服务类型而言,它是指一成员的服务提供者为提供服务而在另一成员领土内组建、收购或维持一法人,或者创建或维持一分支机构或代表处。③ 而在当地成立的法人必须由外国人拥有或控制,拥有的标准是实际持有的股本超过50%,控制的标准是拥有任命其大多数董事或以其他方式合法指导其

---

① 参见 GATS 第1条第1款。

② GATS 第1条(范围和定义)第2款规定:"就本协定而言,服务贸易定义为:
(a)自一成员领土向任何其他成员领土提供服务；
(b)在一成员领土内向任何其他成员的服务消费者提供服务；
(c)一成员的服务提供者通过在任何其他成员领土内的商业存在提供服务；
(d)一成员的服务提供者通过在任何其他成员领土内的自然人存在提供服务。"
房东对 GATS 以列举方式回避对服务贸易内涵进行界定的做法提出了批评,认为这样的列举忽视了四种服务提供方式之间的关联,并可能不当地扩大 GATS 的适用范围。参见房东:《WTO〈服务贸易总协定〉法律拘束力研究》,北京大学出版社2006年版,第52~55页。

③ GATS 第28条(d)项规定:"'商业存在'任何类型的商业或专业机构,包括为提供服务而在一成员领土内:(i)组建、收购或维持一法人,或(ii)创建或维持一分支机构或代表处；……"

活动的权力。① 因此,如果外国投资仅拥有少数股权或不占有被投资法人的控制权,那些对其有影响的措施将不受 GATS 调整。②

相对而言,双边投资条约的调整对象要更为宽泛。在国际投资领域,素有国际直接投资与国际间接投资之分,二者的主要区别在于投资者是否享有对其投资的控制权。对此,认定的标准主要有二:一为一定的外资股权比例(通常是 10%);一为拥有实际的控制经营权。③ 以此标准与 GATS 关于"商业存在"的规定相对照,不难发现,"商业存在"即属于国际直接投资,而且其认定标准比国际直接投资的认定标准还要高。

事实上,当前,作为双边投资条约的调整对象的投资,其不断扩张的定义早已突破了传统的国际直接投资,而是逐渐扩大并涵盖了间接投资以及

---

① GATS 第 28 条(定义)(m)、(n)项规定:

(m)"另一成员的法人"指:

(i)根据该另一成员的法律组建或组织的、并在该另一成员或任何其他成员领土内从事实质性业务活动的法人;或

(ii)对于通过商业存在提供服务的情况:

1.由该成员的自然人拥有或控制的法人;或

2.由(i)项确认的该另一成员的法人拥有或控制的法人。

(n)法人:

(i)由一成员的个人所"拥有",如该成员的人实际拥有的股本超过 50%;

(ii)由一成员的个人所"控制",如此类人拥有任命其大多数董事或以其他方式合法指导其活动的权力;

(iii)与另一成员具有"附属"关系,如该法人控制该另一人,或为该另一人所控制;或该法人和该另一人为同一人所控制;

② Carsten Fink & Martin Molinuevo, East Asian Free Trade Agreements in Services: Key Architectural Elements, *Journal of International Economic Law*, 2008, Vol. 11, No. 2, p. 281. 类观观点,参见 Marie-France Houde & Akshay Kolse-Patil, The Interaction between Investment and Services Chapters in Selected Regional Trade Agreements, in OECD, *International Investment Law: A Changing Landscape (A Companion Volume to International Investment Perspectives)*, OECD Publications, 2005, pp. 257~258.

③ 参见曾华群:《国际投资法概论》,厦门大学出版社 1995 年版,第 2~3 页。

现代有经济价值的合同与其他交易。① 据世界银行研究所（World Bank Institute）高级经济学家芬克（Carsten Fink）统计，截至 2007 年 1 月东亚国家签署的含投资章节的 20 个自由贸易协议中，仅有 2 个明确将其保护范围限于外国直接投资。② 而中国对外签订的双边投资条约也只是笼统地规定，投资包括公司股份、债券、股票和任何其他形式的参股，③对投资者并无任何控制性的要求，因此可将其理解为包括间接投资在内。为避免争议，一些双边投资条约甚至明确其保护对象涵盖间接投资。④ 从这个意义上看，双边投资条约的调整对象要明显宽于 GATS 所界定的商业存在。有学者甚至断言："几乎很难找到有哪个属于 GATS 项下第三种服务类型（商业存在）的例子不属于双边投资条约调整之列。"⑤

（二）涵盖部门

就 GATS 而言，WTO 成员在编列最惠国待遇豁免清单以及市场准入和国民待遇具体承诺表时，主要以"服务部门分类表"为依据。该分类表产生于乌拉圭回合谈判阶段，由"服务谈判工作组"（Group of Negotiations on Services, GNS）于 1991 年编制。它将服务分成商业服务，通信服务，建筑及相关工程服务，销售服务，教育服务，环境服务，金融服务，健康与社会服务，与旅游有关的服务，娱乐、文化与体育服务，运输服务，其他服务等 12 个部

---

① ［英］艾伦·雷德芬等：《国际商事仲裁法律与实践》，林一飞、宋连斌译，北京大学出版社 2005 年第四版，第 515 页。关于晚近国际投资条约中投资定义的详细分析，参见季烨：《国际投资条约中投资定义的扩张及其限度》，载《北大法律评论》2011 年第 1 期。

② 这两份双边投资规则分别是东盟投资区域框架协定（Framework Agreement on the ASEAN Investment Area, AIA）以及澳大利亚—泰国 FTA。前者采用了国际货币基金组织关于 FDI 的界定，即投资者拥有 10% 以上的所有权即视为 FDI，而后者则并未对 FDI 作出界定。

③ 例见 1983 年中国—罗马尼亚双边投资条约第 1 条，1990 年中国—苏联双边投资条约第 1 条，2000 年中国—博茨瓦纳双边投资条约第 1 条以及 2007 年中国—韩国双边投资条约第 1 条等。

④ 例如 1980 年法国—斯里兰卡双边投资条约第 1 条，1994 年 NAFTA 第 1139 条，1998 年 MAI 草案第 2 条第 2 款，以及 2003 年美国—新加坡 FTA 第 15 条第 1 款等。

⑤ 参见 Pierre Sauvé, Qs And As on Trade, Investment and the WTO, *Journal of World Trade*, 1997, Vol. 31, No. 8, pp. 63~65.

门,每一部门又分为若干个分部门(共 155 个),每个分部门又下辖若干个服务项目。①

根据 WTO 秘书处的统计,在 GATS 所涵盖的全部服务分部门中,有 44 个成员承诺了不到 20 个(含)分部门,53 个成员承诺了 21~80 个分部门,其他 45 个成员承诺了 81~145 个分部门。就成员类别看,发展中成员平均承诺了约 100 个分部门,最不发达成员甚至不到 20 个分部门,而包括美国、欧共体等发达成员普遍承诺了 120 个以上的分部门。② 就服务贸易类型的分布看,对"商业存在"这种服务贸易方式作出自由化承诺有利于吸引外资,且因其处于 WTO 成员的管辖领域内,更便于调控和管理,因而 WTO 成员更倾向于在这方面做出更多承诺。③ 尽管如此,实践中,WTO 成员就"商业存在"方式所作的具体承诺虽然就整体而言仅次于"境外消费"方式,但仍非常谨慎。④ 根据 WTO 秘书处对具有代表性的 37 个分部门进行分析的结果,有一半以上的分部门在"境外消费"方式中未就市场准入和国民待遇设置任何限制,但在"商业存在"方式中仅分别占 15% 和 30%。⑤ 这一数据也体现了投资准入问题对于 WTO 成员的敏感性。

但上述审慎态度似乎并没有充分体现在各国的双边投资条约实践中。当前,各国在缔结双边投资条约时主要采取两种模式:一种是侧重于投资保

---

① Services Sectoral Classification List: Note by the Secretariat, MTN. GNS/W/120, 10 July 1991. 该分类主要基于《联合国核心产品分类表》(United Nations Central Products Classification)。

② WTO Secretariat, *Recent Developments in Services Trade: Overview and Assessment* (Background Note by the Secretariat, S/C/W/94), WTO, 1999, p. 11.

③ 参见 Pierre Sauvé, Developing Countries and the GATS 2000 Round, *Journal of World Trade*, 2000, Vol. 34, No. 2, p. 87.

④ 参见 Market Access: Unfinished Business (Special Studies 6), WTO, 2001, pp. 104~105.

⑤ WTO Secretariat, *Structure of Commitments for Modes* 1, 2 and 3 (Background Note by the Secretariat, S/C/W/99), WTO, 1999, pp. 2~5.

护的欧式双边投资条约(下文简称"保护型双边投资条约"),①另一种是侧重于投资自由化的美式双边投资条约(下文简称"自由化双边投资条约"),二者的重要区别之一在于是否为投资者及其投资提供准入前的国民待遇。尽管投资自由化已是晚近投资条约的新目标,但由于欧式协定关注投资准入后对投资和投资者的保护,对东道国的自主权影响较小,因而受到发展中国家的广泛支持,也是目前双边投资条约的主流。②

在保护型双边投资条约中,各国的实体待遇条款几乎毫无限制地适用于所有部门。鲁道夫·阿德隆(Rudolf Adlung)和马丁·莫利努埃沃(Martín Molinuevo)两位学者发现,在其收集的 1995 年 1 月后缔结的双边投资条约样本中(包括 32 个德国双边投资条约、18 个中国双边投资条约、24 个英国双边投资条约以及 41 个瑞士双边投资条约),仅瑞士—墨西哥双边投资条约对娱乐业采取了部门保留。③ 另据笔者统计,在中国迄今为止缔结的 128 份双边投资条约中,也没有任何双边投资条约对有关部门适用了保留。④

从经济层面看,保护型双边投资条约未采取部门保留的做法是可以理

---

① 这种模式可上溯至 1962 年 OECD 起草的《关于保护外国私人投资的阿布斯—肖克罗斯公约草案》(Abs-Shawcross Draft Convention to Protect Private Foreign Investment)。参见 Seidl-Hohenveldern Ignaz, The Abs-Shawcross Draft Convention to Protect Private Foreign Investment: Comments on the Round Table, *Journal of Public Law*, 1961, Vol. 10, p. 10.

② 值得注意的是,一种主张认为,美式自由化双边投资条约事实上并不具有实质性的自由化效果,因为"对外资开放市场多数是东道国国内经济政策单方改变的结果,而双边投资条约只是要求其保证,这些政策不会被再次推翻"。但即便从这个角度看,美式自由化双边投资条约与欧式保护型双边投资条约仍存在区别,因为后者并不包含东道国在外资及其投资者在准入阶段的国民待遇。参见 Rudolf Adlung & Martín Molinuevo, Bilateralism In Services Trade: Is There Fire Behind The (BIT-) Smoke?, *Journal of International Economic Law*, 2008, Vol. 11, No. 3, p. 371.

③ Rudolf Adlung & Martín Molinuevo, Bilateralism In Services Trade: Is There Fire Behind The (BIT-) Smoke?, *Journal of International Economic Law*, 2008, Vol. 11, No. 3, p. 372.

④ 对此,王海浪结合中国—加拿大双边投资条约谈判的现实需要,主张应建立部门例外。但值得注意的是,其建议系针对加拿大的自由化双边投资条约范本而言,并没有说明保护型的双边投资条约是否应建立此类制度。参见王海浪:《"落后"还是"超前"?——论中国对 ICSID 管辖权的同意》,载《国际经济法学刊》2006 年第 1 期。

解的。因为,在此类双边投资条约项下,国民待遇、最惠国待遇等实体性义务都是针对准入后、运营中的投资而言的,而包括国家主权和利益、国内经济发展水平、国内企业的国际竞争力等种种政策顾虑完全可以在投资准入阶段通过外资审批的手段予以解决。[1] 但从法律角度分析,这种做法存在漏洞。一方面,保护型双边投资条约未作部门保留的逻辑前提是,相关问题已经在投资准入和审批阶段得以彻底解决;如果一国国内的外资审批法律制度不甚完备,势必引发法律风险。另一方面,也是更重要的,与前述 GATS 关于服务部门的承诺数量相比,这种不采取任何部门保留的做法大大超越了 GATS 的承诺水平。例如,航空营运权(traffic rights)及与其直接相关的空运服务被排除在 GATS 的纪律之外,[2] 而双边投资条约却没有作出此类排除。此外,"政府行使职权时提供的服务"也被一般性地排除在 GATS 纪律之外,[3] 而政府采购服务也享受 GATS 核心义务的豁免。[4] 但绝大多数双边投资条约均未将其排除在其一般纪律或核心义务之外。

在自由化双边投资条约中,对于最惠国待遇、国民待遇、业绩要求、关键人员流动等有关外资准入与竞争的核心规定,各国普遍对特定部门采取保

---

[1] 余劲松教授认为,从东道国的角度看,是否在准入阶段赋予外资国民待遇,主要取决于东道国的基本国情及其政策考虑。参见余劲松:《跨国公司法律问题专论》,法律出版社 2008 年版,第 364~365 页。

[2] 根据 GATS《关于空运服务的附件》的规定,属于 GATS 适用范围的航空运输服务,除了《附件》第 3 条列明的三项辅助性服务外,仅限于与业务权的行使非直接相关的服务。后者因缺乏明确的外延,成员方很难作出承诺;而根据 WTO 秘书处的统计,成员方对前者的具体承诺数量并不多,适用最惠国待遇豁免的反倒不少。空运服务的核心部分事实上被排除在 WTO/GATS 的多边纪律之外。参见龚宇:《从欧美"开放天空"实践看国际航空运输服务自由化之路径选择》,载《国际经济法学刊》2008 年第 1 期。

[3] GATS 第 1 条第 3 款(b)项规定:"'服务'包括任何部门的任何服务,但在行使政府职权时提供的服务除外。"

[4] GATS 第 13 条第 1 款规定:

1.第 2 条、第 16 条和第 17 条不得适用于管理政府机构为政府目的而购买服务的法律、法规或要求,此种购买不是为进行商业转售或为供商业销售而在提供服务过程中使用。

2.在《WTO 协定》生效之日起 2 年内,应就本协定项下服务的政府采购问题进行多边谈判。

据此,政府采购服务有权享受最惠国待遇、市场准入和国民待遇的豁免。尽管第 2 款规定 WTO 成员应就此问题进行多边谈判,但迄今进展微乎其微。

留。例如,美国在其双边投资条约实践中普遍将海运、空运服务,以及电信、银行、保险等服务部门或分部门排除在双边投资条约的自由化承诺之外,或采取一定的限制。① 长期以来,加拿大双边投资条约则采用"祖父条款"以限制条约适用于任何新的措施。②

尽管如此,晚近一些自由化双边投资条约所涵盖的服务部门也开始超越了相关国家在 GATS 项下的承诺水平。以孟加拉国、民主刚果、莫桑比克和塞内加尔这四个最不发达国家为例,其在 GATS 项下仅开放了平均不到 20 个服务分部门,但与美国签署的双边投资条约中的平均开放服务幅度却远远超出了 130 个,其中一个国家甚至没有作任何排除或限制。③ 再如,在美国与格鲁吉亚和巴林这两个国家签订的双边投资条约中,自双边投资条约生效之日起三年内,格鲁吉亚政府有权拒绝向金融服务领域的美国投资者授予国民待遇;在 2005 年 1 月之前,巴林政府也有权拒绝给予在证券交易市场上从事股份收购的美国投资者以最惠国待遇和国民待遇,但遗憾的是,上述过渡期太过短暂,后者甚至在双边投资条约生效之前就超过了,似有口惠而实不至之嫌,无法发挥实效。④

综上,无论是保护型双边投资条约还是自由化双边投资条约,其在涵盖部门方面都超出了 WTO 成员在 GATS 项下的承诺水平。由于一国在自由化双边投资条约下承担着更加实质性的市场准入义务,因而,这种双边投资条约在承诺部门方面的 GATS 递增效应更为明显,后果也更为严重。此

---

① 美国之所以在双边投资条约中将电信与金融服务部门排除在自由化承诺之外或施加一定的限制,但在 GATS 承诺表中的第三种服务类型项下承担实质性的义务,是因为其绝大多数双边投资条约缔结于乌拉圭回合服务贸易承诺谈判之前(分别是 1997 年 2 月和 12 月)。参见 Rudolf Adlung & Martín Molinuevo, Bilateralism In Services Trade: Is There Fire Behind The (BIT-) Smoke?, *Journal of International Economic Law*, 2008, Vol. 11, No. 3, pp. 564~546.

② 参见 2004 年加拿大双边投资条约范本附件 1 和附件 2。

③ Rudolf Adlung & Martín Molinuevo, Bilateralism In Services Trade: Is There Fire Behind The (BIT-) Smoke?, *Journal of International Economic Law*, 2008, Vol. 11, No. 3, pp. 372~373.

④ Rudolf Adlung & Martín Molinuevo, Bilateralism In Services Trade: Is There Fire Behind The (BIT-) Smoke?, *Journal of International Economic Law*, 2008, Vol. 11, No. 3, p. 374.

外,囿于谈判实力和技术方面的欠缺,欠发达成员国在与发达国家签订双边投资条约时,其在承诺部门方面的 GATS 递增效尤其值得警惕。

三、双边投资条约对 GATS 的影响:承诺方式

在国际经济条约中,缔约方承担义务的方式主要有两种:一种是"肯定清单"(positive list),即在条约中预设并非普遍适用的义务,缔约方可以承诺受条约义务约束的领域,凡未明确承诺的领域就不在条约义务适用范围之内;另一种则是"否定清单"(negative list),指在条约中设定普遍适用的义务条款,但允许缔约方通过谈判对这种高水准义务的适用范围设定有限的例外,且将通过后续谈判逐渐消除这些例外。从承担义务的起点不同这一角度来看,这两种义务承担方式也可分别称为"自下而上"(bottom-up)和"自上而下"(top-down)的方式。①

在 GATS 项下,WTO 成员可以自己选择以"肯定清单"或"否定清单"的方式来决定所列部门的开放程度。但从最终谈判结果来看,GATS 兼采"肯定清单"和"否定清单"并以前者为主的方式,来决定市场准入的"条款、限制和条件",以及国民待遇的"条件和资格"。② 就双边投资条约实践而言,美国、加拿大等发达国家推动的自由化双边投资条约普遍则采用了"否定清单"的承诺方式。

值得注意的是,这两种承诺方式对于缔约方的约束力是不同的。就"肯定清单"而言,缔约方可以根据自己的意愿设定某一具体服务部门外资参与的程度和水平,使得缔约方能够在面对来自外界的自由化压力时保留一定的自主权。③ 尤其是对于欠发达国家而言,由于在经验、知识和人才等方面的不足,他们不同程度地缺乏对其贸易/投资限制措施进行识别和分类的行政能力,采取"肯定清单"的方式有助于为其保留喘息空间。④ 此外,正面列

---

① Scott Sinclair & Jim Grieshaber-Otto, Facing the Facts: A Guide to the GATS Debate, Canadian Centre for Policy Alternatives, 2002, p.12.

② 参见 GATS 第 16 条第 1 款和第 17 条第 1 款。

③ 徐崇利:《经济全球化与国际经济条约谈判方式的创新》,载《比较法研究》2001 年第 3 期。

④ 参见 UNCTAD, World Investment Report 2004: The Shift Towards Services, United Nations, 2004, pp.235~236.

出各成员的承诺能够使它们承担的条约义务处于较为确定的状态,虽有利于法律的执行,① 但考虑到众多服务部门纷繁复杂的现实,投资者查找和适用的难度可想而知。相较而言,"否定清单"明确地列出了缔约方不承担义务的领域和程度,清单下的不符措施简洁明了地反映了当前的政策框架,并禁止缔约方引入新的不符措施,这有助于提高法律透明度。② 可见,从法律实施的角度看,"否定清单"比"肯定清单"具备更为整齐而有效的执行力,避免"法出多门"的现象。

此外,承诺方式的不同也可能影响谈判进程,进而对谈判结果施加影响。在"否定清单"下,如果缔约一方想保留现行不符措施,就必须充分证明其存在的必要性与合理性,这个高难度的过程可能促使缔约方尽量消除不必要的政策限制。此外,"否定清单"方式也有助于推进贸易与投资自由化,未来新的服务部门或形式也将自动开放,免受国内保护主义的压力。③ 而在一些学者看来,正是 GATS 所采用的以"肯定清单"为主的承诺方式阻碍了贸易自由化目标的实现。一方面,在乌拉圭回合过程中,绝大多数国家的承诺水平都过于"保守"——普遍只将国内开放的现状纳入 GATS 的多边承诺,有的甚至更少;④ 另一方面,自从 1994 年乌拉圭回合谈判结束以来,许多国家已经实施了更多实质性的单边自由化政策,从而导致其实施现状与多边承诺存在"约束悬空"(binding overhang),这就产生不确定性风险,因为政府可在其 GATS 承诺水平之内,随时撤回其事实上超出承诺之外的

---

① 参见王贵国:《从服务贸易总协定看经济一体化的法律渗透》,载陈安主编:《国际经济法论丛》第 1 卷,法律出版社 1998 年版,第 96 页。
② [澳]伯纳德·霍克曼、迈克尔·考斯泰基:《世界贸易体制的政治经济学》,刘平、洪晓东、许明德等译,法律出版社 1999 年版,第 137 页。
③ 参见 Carsten Fink & Martin Molinuevo, East Asian Free Trade Agreements in Services: Key Architectural Elements, *Journal of International Economic Law*, 2008, Vol. 11, No. 2, p. 275.
④ Rudolf Adlung, Services Trade Liberalization from Developed and Developing Country Perspective, in Pierre Sauvé & Robert M. Stein ed., *GATS 2000: New Directions in Services Trade Liberalization*, Brookings Institution Press, 2000, p. 114.

开放程度,重新限制外资的准入和参与。①

可见,就条约义务的法律拘束力和实际有效性而言,双边投资条约所普遍采取的"否定清单"承诺方式要强于 GATS 以"肯定清单"为主的承诺方式。

但是,也应当注意,一味地坚持通过"否定清单"来推行贸易和投资自由化,很可能产生反效果。特别对于那些敏感部门来说,"肯定清单"反而能够使得缔约方为自己量身定做更高的开放水平,并兼顾其国内管制方面的关切,从而给予政府以充分的信心来推动自由化进程。② 反之,如果违背当事国的真实开放意愿,强硬地推行"否定清单",这种"被开放"的局面将形成一种寒蝉效应(chilling effect),导致缔约方在未来的多边谈判中不敢作出新的开放承诺。实践证明,只有充分考虑缔约方的经济发展水平和开放能力,在尊重和维护缔约方自主权的情况下实施的市场开放,其实际执行效果才是令人满意的。

四、双边投资条约对 GATS 的影响:准入前国民待遇

从理论上看,双边投资条约与 GATS 在调整对象和涵盖部门方面的交叉或重合并不必然会导致二者纪律的冲突,如果在实体规则的适用方面界

---

① 为此,日本—马来西亚 EPA 第 99 条第 3 款规定:"对于附件六所具体承诺的以及标注'SS'的部门或分部门,本条第 2 款(a)项和(b)项所指的任何条款、限制、条件和资格,除了根据移民法律和规章的规定措施之外,应限于本协定生效之日时有效的不符措施。"可见,缔约方愿意在承诺表中对那些部门的现有措施予以进一步限制。同时,这些部门也受制于"向上的棘轮效应"(upward ratcheting)———一旦缔约一方单方消除了贸易限制措施,这种单方措施就会自动成为一种双边的自由化承诺。尽管这有助于加强单边贸易框架的可靠性,但这也可能导致政策透明度的缺失,因为缔约方并不负有向对方及时通报或定期更新减让表的义务。参见 Carsten Fink & Martín Molinuevo, East Asian Free Trade Agreements in Services: Key Architectural Elements, *Journal of International Economic Law*, 2008, Vol. 11, No. 2, p. 271.

② 参见 Carsten Fink & Martín Molinuevo, East Asian Free Trade Agreements in Services: Key Architectural Elements, *Journal of International Economic Law*, 2008, Vol. 11, No. 2, p. 279.

定适当,也可能使二者呈现出补充或重合的良性关系。① 但从实践来看,因为双边投资条约与 GATS 的缔约部门以及实体规则的范围不尽相同,潜在的冲突并不鲜见,这也在一定程度上伤害了国际投资体制的透明度。

如前所述,欧式的保护型双边投资条约和美式的自由化双边投资条约的一个重大区别便是,保护型双边投资条约的准入条款要求外国投资者应根据东道国的法律法规进行,换言之,东道国并不负有消除在准入阶段对外国投资者实施歧视性待遇的可能性;而自由化双边投资条约则将缔约方在国民待遇标准项下承担的义务扩大至投资准入和设立阶段,从而大大增强了国民待遇的约束力。鉴于准入前国民待遇义务的法律敏感性,而 GATS 和部分双边投资条约都将国民待遇拓展至准入前阶段,因此,比较二者在此问题上的相互关系尤有必要。

(一)GATS 的准入前国民待遇

就国民待遇而言,GATS 规定:"对于列入减让表的部门,在遵守其中所列任何条件和资格的前提下,每一成员在影响服务提供的所有措施方面给予任何其他成员的服务和服务提供者的待遇,不得低于其给予本国类似服务和服务提供者的待遇。"② 可见,GATS 的国民待遇不仅对服务及其提供者一体适用,而且是一种具体义务,其实际承担水平由 WTO 成员根据自身服务业的发展状况和谈判中讨价还价的实际情况予以确定。

然而,GATS 中的国民待遇仅仅是准入后的国民待遇,还是包括准入前在内的全面的国民待遇?这是一个颇有争议的问题。在货物贸易领域,由于关税边境的存在,进口产品的准入事宜由 GATT 第 1 条、第 2 条(减让表)和第 11 条(普遍取消数量限制)来调整,只有在这些进口产品完成清关手续进入国内市场后,才涉及国内税收和法规方面的国民待遇问题。但在服务贸易领域,由于关境不复存在,对外国服务和服务提供者的准入限制措施对国内服务和服务提供者也常常一体适用,市场准入条款和国民待遇条款之间的界限不再泾渭分明。③

---

① Carsten Fink & Martín Molinuevo, East Asian Free Trade Agreements in Services: Key Architectural Elements, *Journal of International Economic Law*, 2008, Vol. 11, No. 2, p.282.

② GATS 第 17 条第 1 款。

③ 参见房东:《WTO〈服务贸易总协定〉法律拘束力研究》,北京大学出版社 2006 年版,第 137 页。

从条文结构和规范内容看,GATS第17条(国民待遇)调整的是专门针对外国服务的歧视性措施,而GATS第16条(市场准入)制约的主要是针对服务和服务提供者的数量限制措施,既包括开业权方面的限制,也包括运营过程中的限制,且不论这些限制措施是否具有歧视性。① 对此,房东认为,就歧视性的数量限制措施而言,如果涉及开业权的,就应归市场准入条款制约;如果是运营阶段的,就属于国民待遇条款的适用范围。换言之,GATS国民待遇义务仅仅针对准入后阶段。

但笔者认为,将GATS的国民待遇限于准入后阶段的观点值得商榷。首先,从文本规定看,国民待遇明确适用于"影响服务提供的所有措施",当然也就包括了对外国服务提供者设立"商业存在"的行动产生影响的措施。其次,从缔约史来看,在GATS谈判过程中,许多发展中国家一直坚持只有在外国公司"进入"(enter)后,方可享受国民待遇。但GATS最终文本并未明确这一点,从而可以反证GATS的国民待遇包括了准入前阶段这一事实。② 最后,将GATS的国民待遇限于准入后阶段,似乎更多地出于厘清条约理性的善良愿望,即避免条约义务的交叉或重合,或避免使条约的部分用

---

① GATS第16条(市场准入)第2款规定:

在作出市场准入承诺的部门,除非在其减让表中另有列明,否则一成员不得在其一地区或在其全部领土内维持或采取按如下定义的措施:

(a)无论以数量配额、垄断、专营服务提供者的形式,还是以经济需求测试要求的形式,限制服务提供者的数量;

(b)以数量配额或经济需求测试要求的形式限制服务交易或资产总值;

(c)以配额或经济需求测试要求的形式,限制服务业务总数或以指定数量单位表示的服务产出总量;

(d)以数量配额或经济需求测试要求的形式,限制特定服务部门或服务提供者可雇用的、提供具体服务所必需且直接有关的自然人总数;

(e)限制或要求服务提供者通过特定类型法律实体或合营企业提供服务的措施;以及

(f)以限制外国股权最高百分比或限制单个或总体外国投资总额的方式限制外国资本的参与。

可见,除了(e)项外,基本上都属于数量限制。其中,(a)项和(f)属于开业权方面的数量限制,(b)、(c)、(d)项则是对服务提供者运营阶段的数量限制。

② 参见 Aaditya Mattoo, National Treatment in the GATS: Corner-stone or Pandora's Box?, *Journal of World Trade*, 1997, Vol. 31, No. 1, pp.113~119.

语变得多余。① 但是从国际争端解决的实践看,不可高估条约理性对于条约解释的影响。例如,杰克逊教授(John H. Jackson)在论及《WTO 协定》的文本时就曾指出,为了能够尽快达成多边协定,谈判方往往对条约中的一些事项避而不谈,或故意采用含糊的词语。② 换言之,条约文本也可能是而且往往是不完美的,不能赋予其在条约解释中过重的比例。

结合"商业存在"这种服务类型看,由于"商业存在"包括了法人的组建和收购,以及分支机构或代表处的创建,③因而,WTO 成员在这种服务类型下的国民待遇延伸到准入阶段。如果 WTO 成员没有在具体承诺表中作出明确限制,GATS 第 16 条还禁止其限制或要求服务提供者设立"商业存在"的具体形式或参股比例。④ 此外,某些禁止外国服务提供者设立"商业存在"的行为可能构成所谓的"零配额",从而违反 GATS 第 16 条第 2 款(a)项禁止数量配额的规定。⑤

(二)双边投资条约的准入前国民待遇

在准入阶段施加国民待遇的实践肇始于美国双边投资条约,随后被纳入 NAFTA 投资章节,并扩散至加拿大、日本、芬兰等少数发达国家的缔约

---

① 例如,马托(Aaditya Mattoo)教授也指出这样一种可能性,即这种理解会使第 16 条的调整范围仅限于非歧视性数量限制措施,那么,第 16 条第 2 款(f)项关于"限制外国股权最高百分比或限制单个或总体外国投资总额的方式限制外国资本的参与"的规定就显得多余了,因为其所指的显然是一种歧视性数量限制措施。而从条约解释的一般原理来看,解释应赋予条约的所有用语以意义和效果,解释者没有权利采取那种会使条约的特定部分变得多余的解释。参见 Aaditya Mattoo, National Treatment in the GATS: Corner-stone or Pandora's Box?, *Journal of World Trade*, 1997, Vol. 31, No. 1, pp. 113~119.

② 参见[美]约翰·H. 杰克逊:《国家主权与 WTO——变化中的国际法基础》,赵龙跃、左海聪、盛建明译,社会科学文献出版社 2009 年版,第 215 页。

③ GATS 第 28 条(d)款规定:

(d)"商业存在"指任何类型的商业或专业机构,包括为提供服务而在一成员领土内:

(i)组建、收购或维持一法人,或

(ii)创建或维持一分支机构或代表处;

④ GATS 第 18 条(市场准入)第 2 款。

⑤ 参见 United States—Measures Affecting the Cross-Border Supply of Gambling and Betting Services, Appellate Body Report, WT/DS284/AB/R, adopted 20 April 2005, paras. 214~238. 另参见 GATS 第 16 条第 2 款(a)项的规定。

实践。此外,迫于这些国家的谈判压力,少数发展中国家在对外双边投资条约中接受了类似规定。总体而言,在当前的双边投资条约实践中,准入后国民待遇占据"压倒性优势",准入前国民待遇的规定仍非常少见。① 例如,美国 2004 年双边投资条约范本规定:

1.在投资的设立、收购、扩大、管理、实施、经营及销售,或其他处分方面,缔约一方应给予缔约另一方投资者不低于其在类似情况下给予其本国投资者的待遇。

2.在投资的设立、收购、扩大、管理、实施、经营及销售,或其他处分方面,缔约一方应给予缔约另一方投资者在涵盖投资方面不低于其在类似情况下给予其本国投资者的待遇。②

值得注意的是,自由化双边投资条约关于准入前国民待遇的规定并不意味着缔约国在外资准入方面国门洞开、毫不设防。恰恰相反,各国普遍的做法是在双边投资条约中纳入一些例外规定,有针对性地限制国民待遇的适用范围。

传统上,规定准入前国民待遇的双边投资条约缔约国通常会在附件中列举一个清单,将不适用准入前国民待遇的部门排除在外。这也就意味着,对这些被排除的部门而言,缔约国将来可以在准入阶段采取新的与国民待遇不一致的措施。例如,1998 年加拿大—哥斯达黎加双边投资条约第 3 条第 2 款规定:"针对上述第 1 款的义务(指准入前国民待遇——笔者注),缔约一方可以根据本协定附件Ⅰ第 1、2、3 部分所列明的部门、措施和其他事项,采取或维持例外规定。"

而晚近各国在国民待遇例外方面的实践更趋复杂。一方面,各国在双边投资条约附件中列明现行法律法规中与准入前国民待遇不一致的规定,并允许其继续保留和及时更新,只要这些不符措施不减损原先与国民待遇的一致性。另一方面,有关国家还采用了一个新的附件,列明缔约方可能保留或采取新的不符措施的经济活动或部门。换言之,在该附件下,缔约方不

---

① 参见 UNCTAD, *Bilateral Investment Treaties* 1995—2006: *Trends in Investment Rulemaking*, United Nations, 2007, pp. 21~23.

② 参见美国 2004 年双边投资条约范本第 3 条第 1 款至第 2 款。类此规定,参见加拿大 2004 年双边投资条约范本第 3 条第 1 款至第 2 款。

仅仅可以维持既有的任何不符措施,还有权采取新的不符措施。① 这种附件也被称为"未来措施"(future measures)或"预警式保留"(precautionary reservations)。②

(三)小结

可见,虽然 GATS 和自由化双边投资条约都涉及准入阶段的国民待遇问题,但是,GATS 主要采取了"肯定清单"为主的承诺方式明确外资准入阶段适用国民待遇的部门,而双边投资条约则大多采用"否定清单"的方式将那些不适用准入前国民待遇的部门排除在外。如前所述,鉴于实践中"否定清单"事实上涵盖的部门要远远广于"肯定清单"的范围,从而使得缔约方在双边投资条约项下承担着比 GATS 更高的市场准入义务。

第二节 双边投资条约对《TRIPS 协定》的影响

在全球产业结构不断升级的进程中,无论是国家还是私人之间的竞争都呈现出向上游流动的趋势,即从传统的劳动密集型产品之间的竞争向知识密集型的高新技术产业竞争转变。因此,知识产权保护成为国家及跨国私人贸易商的重要利益诉求,在该领域占据先发优势的发达国家的要求更是尤为迫切。

---

① 例如,加拿大 2004 年双边投资条约范本第 9 条(保留与例外)规定:
1. 第 3 条(国民待遇——笔者注)……不应适用于:
(a)下列任何现有的不符措施
(i)缔约一方在国家层面规定在附件 I 清单上的;或者
(ii)一国的下级政府;
(b)在(a)项中所指的任何不符措施的延续和及时更新;
(c)对(a)项中所指的任何不符措施在不减损原先与第 3 条……一致性基础上所做的修正。
2. 第 3 条……不应适用于缔约一方在附件 II 清单中所规定的部门、子部门或具体行为方面所采取或维持的任何措施。
② UNCTAD, *Bilateral Investment Treaties* 1995—2006: *Trends in Investment Rulemaking*, United Nations, 2007, p. 24.

在这一背景下,知识产权保护与贸易流动之间的关系逐渐得到认可。①这种认识变化进而引发了 20 世纪知识产权国际保护机制的"场所转移"(forum shift)现象,即从原先松散的传统国际知识产权保护公约②和世界知识产权组织(the World Intellectual Property Organization,WIPO),再到当今多边贸易体制的集大成者 WTO,③其代表性成果便是《TRIPS 协定》。作为乌拉圭回合关于知识产权多边谈判的具体成果,《TRIPS 协定》序言再次肯定了知识产权与贸易的关联,并指出:"各成员期望减少对国际贸易的扭曲和阻碍,并考虑到需要促进对知识产权的有效和充分保护,并保证实施知识产权的措施和程序本身不成为合法贸易的障碍。"

然而,发达国家并没有满足于《TRIPS 协定》所确立的"最低保护标准",而是进一步在国内单边立法、WTO 多边体制和双边谈判中继续提高知识产权保护的水平,④学界将这种具有超越《TRIPS 协定》效果的努力统称为"TRIPS 递增"(TRIPS-plus)现象。其中,将知识产权保护与投资协定相挂钩,便是上述双边层面推进 WTO 递增效应的一个新动向,并成为晚近

---

① 例如,作为 GATT 乌拉圭回合谈判基础的 1986 年 9 月《埃斯特角宣言》指出:"为了减少仿冒商品对国际贸易的扭曲和限制,考虑到有效和充分保护知识产权的要求,并确保保护知识产权的措施和程序本身不会变成对合法贸易的障碍,谈判应澄清 GATT 的有关条款并制定适当的息规则和纪律。谈判应在考虑 GATT 现有功能的基础上,旨在建立处理仿冒商品贸易的多边原则、规则和纪律。这些谈判不应损害世界知识产权组织及其他机构在这方面的努力。"

② 其中包括 1883 年《关于保护工业产权的巴黎公约》(Paris Convention for the Protection of Industrial Property)、1970 年《关于保护保护文学和艺术作品的伯尔尼公约》(Berne Convention for the Protection of Literary and Artistic Works)、《关于保护表演者、音像制品制作者和广播组织的罗马公约》(Rome Convention for the Protection of Performers, Producers of Phonograms and Broadcasting Organizations)等。

③ Lahra Liberti, Intellectual Property Rights in International Investment Agreements: An Overview, *Transnational Dispute Resolution*, 2009, Vol. 6, No. 2, p. 4.

④ 美国是在上述三个层面同时推进 WTO 递增现象的典型国家,其相关实践参见 Mohamed R. Hassanien∗, Bilateral WTO-Plus Free Trade Agreements in the Middle East: A Case Study of FTA in the Post-TRIPs Era, *Wake Forest Intellectual Property Law Journal*, 2008, Vol. 8, pp. 174~178.

国际投资法研究的热点问题。①

一、双边投资条约引入知识产权议题的动力

在一些发达国家看来,他们之所以竭力主张将知识产权议题引入双边投资条约,一个重要原因便是《TRIPS协定》的不足。他们认为,《TRIPS协定》所设定的知识产权保护标准是一种底线要求,而非一种顶层设计。例如,《TRIPS协定》开门见山地指出:"各成员应实施本协定的规定,各成员可以,但并无义务,在其法律中实施比本协定要求更广泛的保护,只要此种保护不违反本协定的规定。"②换言之,《TRIPS协定》仅确立了知识产权的最低保护标准,只要不违反《TRIPS协定》以国民待遇和最惠国待遇为核心的相关待遇标准,WTO成员有权在国内或国际采取更高的保护水平,从而为后来各种具有TRIPS递增效应的规定提供了国际法依据。③

《TRIPS协定》的实施效果未能达到一些国家的预期,也导致了其转而寄希望于双边投资条约。当初,美国等发达国家之所以强烈要求将知识产权保护与贸易谈判相挂钩,主要是因为《巴黎公约》等传统国际公约并没有建立起世界通行的保护标准,也缺乏一套有效的实施机制。然而,事与愿违。在《TRIPS协定》正式生效以来的15年中,WTO共受理了419个争端(disputes),其中涉及《TRIPS协定》的有29个(仅占7%)。考虑到一个争端通常同时涉及多项协定,如果将不同的诉求分别归类于相关协定,《TRIPS协定》项下的诉求仅占3%。其中的绝大多数均以磋商告终,进入专家组程序的仅有9个,诉诸上诉机构的更是减少到3个,无论是从绝对数

---

① 例如,2007年,UNCTAD便捕捉到这一学术现象,并发布了一份题为《国际投资协定中的知识产权条款》的研究报告。参见 UNCTAD, Intellectual Property Provisions in International Investment Arrangements, New York and Geneva: United Nations, 2007, pp. 2~8. 2009年,颇具影响力的新兴英文电子期刊《跨国争端管理》也以特辑的形式发布了12篇专题研究论文。详见 James Hosking & Markus Perkams, The Protection of Intellectual Property Rights through International Investment Agreements: Only a Romance or True Love?, Transnational Dispute Resolution, 2009, Vol. 6, No. 2, pp. 1~26.

② 参见《TRIPS协定》第1条第1款。

③ 关于美式协定和欧式协定中的 TRIPS-Plus 现象的描述,参见 Lahra Liberti, Intellectual Property Rights in International Investment Agreements: An Overview, Transnational Dispute Resolution, 2009, Vol. 6, No. 2, pp. 3~4.

还是比例来看,《TRIPS 协定》项下争端的专家组审查率(53%)和上诉审查率(33%),都与同期其他协定相去甚远——据统计,同期 WTO 争端解决机制的总体上诉率达 70%。① 更重要的是,在这 9 个进入专家组程序的争端中,真正关乎传统知识产权并以其为中心的只有 3 个。② 简言之,《TRIPS 协定》依旧没有像发达国家当初所设想的那样成为知识产权国际保护的主角,WTO 争端解决机制也没有成为预期中的知识产权保护的有效机制。③ 鲍威林教授(Joost Pauwelyn)甚至形象地将这一现象喻为"只吠不咬人的狗"。④

正是因为《TRIPS 协定》的最低保护要求及其实施现状不如预期的窘境,使得发达国家迫切要求另辟蹊径,寻求更加有效的知识产权国际保护机制。知识产权作为一种典型的投资形式及其在国际投资中更加进取的表现,无疑使得双边投资条约成为发达国家实现 TRIPS 递增愿望的理想场所。例如,1999 年美国—土耳其双边投资条约序言就直截了当地肯定了知识产权与投资流动的关系,并指出,双方缔结双边投资条约的一个主要动机便是"认识到为知识产权提供充分、有效的保护和执行机制,以及遵守知识产权公约的重要性"。换言之,双边投资条约已然成为一个迥异于 WTO 的知识产权保护新战场。

二、双边投资条约引入知识产权议题的路径

事实上,知识产权作为一种投资形式,很早就得到了国际投资条约的认可。作为现代双边投资条约的前身,盛行于 19 世纪末和 20 世纪上半叶的

---

① Joost Pauwelyn, The Dog that Barked but Didn't Bite: 15 Years of Intellectual Property Disputes at the WTO, *Journal of International Dispute Settlement*, 2010, Vol. 1, No. 2, pp. 393~394.

② 这三个争端分别是:(1)2000 年加拿大—制药专利案;(2)2000 年美国—版权案;(3)2009 年中国—知识产权案。

③ 参见 K. D. Lee & S. Lewinski, The Settlement of International Disputes in the Field of Intellectual Property, in F. K. Beier & G. R. Schricke, *From GATT to TRIPS*, Max Planck Institute, 1996, pp. 278~283.

④ Joost Pauwelyn, The Dog that Barked but Didn't Bite: 15 Years of Intellectual Property Disputes at the WTO, *Journal of International Dispute Settlement*, 2010, Vol. 1, No. 2, p. 389.

《友好航海通商条约》就已经将一些知识产权形式纳入保护范围。例如,中美两国政府于1903年签订的《友好航海通商条约》就将版权保护纳入其中。此外,有些条约在界定"财产"这一条约术语时包括了无形权利,有的甚至明确提及专利、版权、商标等知识产权。① 随着时代的发展,知识产权的内涵日益扩大,其投资属性也得到进一步确认。

如今,几乎所有双边投资条约关于投资的定义都将知识产权囊括其中。早期双边投资条约通常采取不完全列举的方法,将各种类型的知识产权及其再投资的收益纳入双边投资条约的保护范围。例如,1982年美国—巴拿马双边投资条约规定:

4."投资"系指包括股权、债权和服务及投资合同在内的直接或间接控制的任何种类的投资,包括:

(1)有形和无形财产,包括如抵押、留置和质押这样的权利;……

(2)智慧与工业产权,包括与版权、专利、商标、商号、工业设计、商业秘密与专有技术,以及商誉;……

(3)再投资的收益。

用于投资或再投资的资产形式的任何变化,均不影响其作为投资的性质。②

晚近的双边投资条约则倾向于使用"知识产权"这一笼统的概念以扩大其涵盖范围。例如,美国2004年双边投资条约范本规定:

"投资"指投资者直接或间接拥有或控制的具有投资特征的任何财产,包括资本或其他资源的承诺、收益或利润的预期,或风险的承担等特征。投资形式包括:……

(6)知识产权;……

(8)其他有形或无形财产、动产或不动产以及相关财产权利。③

知识产权具有地域性特征,而笼统地使用"知识产权"这一概念可能会不适当地扩大那些缔约一方原本不予保护的权利类型,因此,一些国家试图

---

① Lahra Liberti, Intellectual Property Rights in International Investment Agreements: An Overview, *Transnational Dispute Resolution*, 2009, Vol. 6, No. 2, p. 6.
② 参见1982年美国—巴拿马双边投资条约第1条。
③ 参见美国2004年双边投资条约范本第1条。

通过相关措辞予以限制。例如,中国对外签订的双边投资条约普遍规定,"投资"系指"缔约一方投资者依照缔约另一方的法律和法规在后者领土内投资的各种财产,尤其是:……(四)著作权,工业产权(如发明专利、许可证、注册商标等),专有技术,工艺流程,商名和商誉;……"①可见,中国双边投资条约一方面采用列举的方法,将知识产权纳入一个关于投资的可能性清单,同时还通过"依照缔约另一方的法律和法规"这一条件,要求受保护的知识产权应得到东道国国内法的认可,②从而试图排除那些缔约国国内法尚不予保护的知识产权类型。

值得注意的是,简单地在投资定义中提及东道国的法律法规要求,似乎并不足以将不受本国国内法保护的权利类型排除在双边投资条约之外。在国际投资仲裁实践中,否认或贬低东道国国内法中在界定投资方面作用的案例屡见不鲜。例如,在 Salini v. Morocco 案中,摩洛哥政府主张,鉴于《华盛顿公约》中投资定义的缺失以及双边投资条约的授权,③该案所涉交易类型应依据其国内法(1998 年第 2-98-482 号法令)认定为服务合同而非投资合同,因此 ICSID 仲裁庭对本案不享有管辖权。但仲裁庭并未接受这一抗辩理由,而是直接指出,其是否管辖权,"取决于是否存在符合双边投资条约和《华盛顿公约》要求的投资",双边投资条约中符合国内法的措辞仅意在强调投资的合法性而非其定义,尤其是防止双边投资条约保护那些不应保护甚至非法的投资。④ 换言之,既然交易项目获得了摩洛哥政府的批准并依法施工,其国内法中投资定义的作用就到此为止,是否构成受双边投资条约保护的投资只能根据双边投资条约来判断。此后,LESI v. Algeria

---

① 参见 1992 年中国—葡萄牙双边投资条约第 1 条第 1 款。
② 类似规定,参见 1984 年中国—法国双边投资条约第 1 条第 1 款,1986 年英国—中国双边投资条约第 1 条第 1 款,1985 年中国—丹麦双边投资条约第 1 条第 1 款,2008 年中国—墨西哥双边投资条约第 1 条等。
③ 1990 年意大利—摩洛哥双边投资条约第 1 条第 1 款规定,"投资"一词是指条约生效后由自然人或法人,包括缔约国政府,在另一缔约国境内根据该国的法律和法规所投入的各类资产。
④ 参见 Salini Costruttori S. p. A. & Italstrade S. p. A., v. Kingdom of Morocco, ICSID Case No. ARB/00/4, Decision on Jurisdiction, paras. 44~49.

案①、Bayindir v. Pakistan 案②和 Saipem v. Bangladesh 案③均沿袭了 Salini 案仲裁庭的上述观点。④

此外,在中德两国修订双边投资条约的过程中,在德方的一再坚持下,2003 年中国—德国双边投资条约关于投资的定义也回避了国内法的要求。该条约第 1 条第 1 款规定,该协定内,"投资"一词系指缔约一方投资者在缔约另一方境内直接或间接投入的各种财产,包括但不限于:……(四)知识产权,特别是著作权、专利和工业设计、商标、商名、工艺流程、商业秘密、专有技术和商誉。⑤ 对此,德方谈判人员明确指出,这是为了使仲裁庭在决定是否存在受双边投资条约保护的投资时享有最大灵活性,从而"将双边投资条约延伸适用于各种类型的知识产权,并提供更高水平的保护。"⑥

鉴此,一个更有效的对策是直接在关于知识产权的规定中要求得到国内法的认可。例如,2001 年贝宁—加纳双边投资条约规定:"'投资'一词系指……(四)知识产权、商誉、工艺流程和专有技术,以及缔约双方国内法承认的所有类似权利。"⑦

不论是否在投资定义中提及国内法,前述定义方式对于知识产权都具有"双保险"的作用。就仲裁实践而言:一方面,如果仲裁庭认定某一权利属于知识产权的范畴,那么其享受双边投资条约的保护,这一点自不待言;另

---

① 参见 Consortium Groupement LESI-Dipenta v. Algeria, ICSID Case No. ARB/03/8, January 10, 2005.

② 参见 Bayindir v. Pakistan, ICSID Case No. ARB/03/29, Decision on Jurisdiction, 14 November 2005.

③ 参见 Saipem S. p. A. v. The Republic of Bangladesh, ICSID Case No. ARB/05/7, Decision on Jurisdiction and Recommendation on Provisional Measures, 21 March 2007.

④ 参见季烨:《国际投资条约中投资定义的扩张及其限度》,载《北大法律评论》2011 年第 1 期。

⑤ 类似规定,参见 2001 年中国—荷兰双边投资条约第 1 条,2004 年中国—乌干达双边投资条约第 1 条。

⑥ 参见 Tillmann Rudolf Braun & Pascal Schonard, The New Germany-china Bilateral Investment Treaty: A Commentary and Evaluation in Light of the Development of Investment Protection under Public International Law, *ICSID Review—Foreign Investment Law Journal*, 2007, Vol. 22, No. 2, pp. 271~272.

⑦ 参见 2001 年贝宁—加纳双边投资条约第 1 条。

一方面，即便仲裁庭认为某一权利不属于知识产权，由于投资定义普遍采取"'投资'指……任何财产"这一表达方式，因此，这种权利仍可享受作为财产的兜底保护。①

综上，尽管当前绝大多数双边投资条约并无关于知识产权保护的具体规则，但作为双边投资条约适用的基础，投资定义的宽泛界定足以涵盖一系列现有的知识产权类型，甚至可以容纳未来可能出现的此类权利。因此，知识产权完全可以享受双边投资条约对投资者及其投资的一般保护，包括征收、公正与公平待遇、国民待遇以及最惠国待遇等。尤其是鉴于最惠国待遇的多边传导效应，东道国对知识产权的保护标准也会水涨船高。本节即旨在以专利强制许可为例，分析双边投资条约中的征收条款对《TRIPS 协定》的潜在影响。

三、强制许可构成间接征收的可能性与合法性

征收及其补偿是双边投资条约的核心条款之一，包括直接征收和间接征收两类。② 与直接征收中会发生财产的权利和物理转移不同，间接征收并未被转移占有，也不发生法律权利的变动，而只是财产的使用和收益权能受到国家行为的干涉。此外，并非所有对财产进行干涉的国家措施都会构成征收，国家基于公共利益合法行使政府权力的行为便属于无须补偿的征收。③

---

① 参见 Rachel A. Lavery, Coverage of Intellectual Property Rights in International Investment Agreements: An Empirical Analysis of Definitions in a Sample of Bilateral Investment Treaties and Free Trade Agreements, *Transnational Dispute Resolution*, 2009, Vol. 6, No. 2, pp. 11~12.

② 此前，NAFTA 曾禁止三种类型的征收：直接征收，间接征收，以及相当于征收的措施（measures tantamount to expropriation）。参见 NAFTA 第 1110 条。但晚近来的仲裁实践证明，后二者具有相同的含义，都是指那些并不直接夺取财产但具有类似效果的措施。参见 IISD, *Private Rights, Public Problems: A Guide to NAFTA's Controversial Chapter on Investor Rights*, International Institute for Sustainable Development, 2001, p. 31.

③ 参见 Katia Yannaca-Small, "Indirect Expropriation" and the "Right to Regulate" in International Investment Law, in OECD, *International Investment Law: A Changing Landscape*, OECD Publications, 2005, pp. 45~48.

具体到强制许可而言,它的一个重要表现,就是国家在未发生法定权利转移的情况下,强制性地授予第三人使用权利人所拥有的专利技术。那么,这种行为是否构成间接征收?退一步而言,那些与《TRIPS 协定》相符的强制许可行为是否构成间接征收?

这一问题绝不仅仅是理论上的假设,实践中已有先例。2007 年,巴西就发生了一起涉及受专利保护的艾滋病药品 Efavirenz 的强制许可争端。在这起争端中,由于该药物的专利权人美国 Merck 公司不同意以降低 60% 的价格出让使用权,巴西政府进而签发强制许可令,允许进口 Efavirenz 仿制品。对此,Merck 公司作出了令人出乎意料的回应,它并未指控上述措施构成不当的强制许可行为,而是以未获得"公正"补偿为由主张巴西政府对 Efavirenz 药品进行了非法征收。①

(一)《TRIPS 协定》关于强制许可的规定

所谓"强制许可"(compulsory licensing),又称为"非自愿许可"(non-voluntary licensing),是指国家依法授权第三人在未经专利权人许可的情况下使用受专利保护的技术,包括生产、销售、进口有关专利产品等,同时,被许可人向专利权人支付一定的使用费。② 究其实质,强制许可制度是专利技术的垄断与反垄断之争。因此,《TRIPS 协定》对强制许可制度的认可,是该协定具备灵活性的重要表现,甚至被视为赋予发展中国家对抗专利权人强势垄断的一个"安全阀"。③

《TRIPS 协定》关于强制许可的规定集中体现在第 31 条,具体如下:

第 31 条 未经权利持有人授权的其他使用

---

① Kogan Lawrence A, Lula Disrespects Private Property, "Taking" Foreign Investors' DPP, http:// www.itssd.org/Publications/LulaDisrespectsPrivateProperty, TakingForeignInvestors_DPP_,下载日期:2014 年 12 月 10 日。

② WTO, Fact Sheet: TRIPS and Pharmaceutical Patents, http://www.wto.org/english/tratop_e/trips_e/factsheet_pharm02_e.htm#compulsorylicensing,下载日期:2014 年 12 月 10 日。值得注意的是,在著作权、商标权等领域,同样存在强制许可制度,但基于写作目的,本书仅探讨专利领域的强制许可制度。

③ 参见 Carlos M. Correa, Investment Protection in Bilateral and Free Trade Agreements: Implications for the Granting of Compulsory Licenses, *Michigan Journal of International Law*, 2004, Vol. 26, pp. 335~336.

如一成员的法律允许未经权利持有人授权即可对一专利的客体作其他使用①,包括政府或经政府授权的第三方的使用,则应遵守下列规定:

(a)授权此种使用应一事一议;

(b)只有在拟使用者在此种使用之前已经按合理商业条款和条件努力从权利持有人处获得授权,但此类努力在合理时间内未获得成功,方可允许此类使用。在全国处于紧急状态或在其他极端紧急的情况下,或在公共非商业性使用的情况下,一成员可豁免此要求。尽管如此,在全国处于紧急状态或在其他极端紧急的情况下,应尽快通知权利持有人。在公共非商业性使用的情况下,如政府或合同方未作专利检索即知道或有显而易见的理由知道一有效专利正在或将要被政府使用或为政府而使用,则应迅速告知权利持有人;

(c)此类使用的范围和期限应仅限于被授权的目的,如果是半导体技术,则仅能用于公共非商业性使用,或用于补救经司法或行政程序确定为限制竞争行为;

(d)此种使用应是非专有的;

(e)此种使用应是不可转让的,除非与享有此种使用的那部分企业或商誉一同转让;

(f)任何此种使用的授权应主要为供应授权此种使用的成员的国内市场;

(g)在充分保护被授权人合法权益的前提下,如导致此类使用的情况已不复存在且不可能再次出现,则有关此类使用的授权应终止。在收到有根据的请求的情况下,主管机关有权审议这些情况是否继续存在;

(h)在每一种情况下应向权利持有人支付适当报酬,同时考虑授权的经济价值;

(i)与此种使用有关的任何决定的法律效力应经过司法审查或经过该成员中上一级主管机关的独立审查;

(j)任何与就此种使用提供的报酬有关的决定应经过司法审查或该成员中上一级主管机关的独立审查;

---

① "其他使用"指除第30条允许的使用以外的使用。

(k)如允许此类使用以补救经司法或行政程序确定的限制竞争的行为,则各成员无义务适用(b)项和(f)项所列条件。在确定此类情况下的报酬数额时,可考虑纠正限制竞争行为的需要。如导致授权的条件可能再次出现,则主管机关有权拒绝终止授权;

(l)如授权此项使用以允许利用一专利("第二专利"),而该专利在不侵害另一专利("第一专利")的情况下不能被利用,则应适用下列附加条件:

(i)与第一专利中要求的发明相比,第二专利中要求的发明应包含重要的、具有巨大经济意义的技术进步;

(ii)第一专利的所有权人有权以合理的条件通过交叉许可使用第二专利具有的发明,以及

(iii)就第一专利授权的使用不得转让,除非与第二专利一同转让。

根据上述规定,强制许可的实施应符合12项条件。其中,与本书联系较大且相对重要的条件如下:

关于可以实施强制许可的三种情形:(1)按照合理商业条款和条件努力从权利人处获得授权却未果;(2)国内处于紧急状态或其他极端紧急的情况;(3)用于公共非商业使用。在后两种情形中,拟使用人无须与权利持有人进行协商,而只负有尽快通知的义务。

关于强制许可的程序:《TRIPS 协定》规定,应采取一事一议的方式来决定是否授权,而且,与强制许可有关的任何决定的法律效力,应经过司法审查或经过该成员中上一级主管机关的独立审查。

关于强制许可的补偿:《TRIPS 协定》要求在考虑强制许可的"经济价值"的基础上,向权利持有人支付充分的报酬(adequate remuneration)。① 而且,与报酬有关的任何决定应经过司法审查或该成员中上一级主管机关的独立审查。

---

① 值得注意的是,我国原对外经济贸易与合作部国际经贸关系司组织翻译的《世界贸易组织乌拉圭回合多边贸易谈判结果法律文本》将"adequate remuneration"翻译为"适当报酬",似乎有失精准。尤其考虑到在国际投资法领域,南北国家围绕征收补偿标准向来存在"适当(appropriate)补偿"和"充分(adequate)补偿"之争,上述翻译可能引发歧义。参见世界贸易组织:《世界贸易组织乌拉圭回合多边贸易谈判结果法律文本》,对外经济贸易与合作部国际经贸关系司译,法律出版社2000年版,第335页。

许多发展中国家面临着的日益严重的艾滋病危机,使得《TRIPS 协定》关于强制许可的规定面临"正当性危机"。许多跨国公司及其政府试图从严解释上述规定,以此阻止发展中国家通过颁发强制许可的办法在本国生产廉价的药品。为此,应发展中国家的强烈要求和相关国际(非)政府组织的大声疾呼,第四届 WTO 部长级会议于 2001 年发表了《关于〈TRIPS 协定〉与公共健康的宣言》(简称《多哈宣言》),澄清了关于强制许可的有关规定。《多哈宣言》第 4 条指出:"《TRIPS 协定》不会也不应阻止成员们采取保护公共健康的措施。……该协定能够而且应该以支持 WTO 成员保护公共健康的权利,特别是以促进所有人获得药品的权利的方式予以解释和实施。"该宣言第 5 条进一步明确,WTO 成员有权决定发放强制许可的理由,有权自行决定相关情形是否构成了《TRIPS 协定》第 31 条允许发放强制许可的三种情形。① 2003 年 8 月 23 日,WTO 总理事会通过了《实施多哈〈TRIPS 协定〉与公共健康的宣言第 6 条的决议》(简称《决议》),进一步放宽了药品强制许可的限制。为巩固上述成果,在 2005 年的香港会议上,部长们还通过了《香港宣言》,同意修订《TRIPS 协定》的相关条款,以便将上述《决议》的核心内容升格为《TRIPS 协定》的正式条款。② 上述规定在一定程度了放宽了强制许可的条件,回应了发展中国家应对公共健康危机的切实需要。

---

① 2004 年《多哈宣言》第 5 条规定:

为此并根据以上第 4 款,在维持我们在《TRIPS 协定》中承诺的同时,我们认识到这些灵活性包括:

(a)在适用解释国际公法的习惯性规则时,《TRIPS 协定》每一条款都应根据该协定所表述的对象和目的予以理解,特别是其目标和原则中的对象和目的。

(b)每一成员有权发放强制许可,并有权决定发放此类许可所依据的理由。

(c)每一成员有权决定何种情况构成了国家紧急情况或其他极端紧急情况,各方理解公共卫生危机,包括与艾滋病、肺结核、疟疾和其他传染性疾病有关的危机,相当于国家紧急情况或其他极端紧急情况。

(d)《TRIPS 协定》中与知识产权的权利用尽问题有关的规定的作用是,在符合第 3 条和第 4 条有关最惠国待遇和国民待遇规定的前提下,使每一成员有权为此种权利用尽而建立自己的体制而不受质疑。

② 关于《TRIPS 协定》生效后 WTO 体制内强制许可制度的最新进展,详见林秀芹:《TRIPS 体制下的专利强制许可制度研究》,法律出版社 2006 年版,第 55～58,384～389 页。

（二）强制许可构成间接征收的可能性

当前，针对间接征收的保护在包括双边投资条约在内的各种国际文件中都有规定，但其中的绝大多数并未对间接征收作出详细界定，而只是笼统地称之为"任何与征收类似的其他措施"（any other having similar effect）、①"相当于征收或国有化的间接措施"（measures tantamount to expropriation or nationalization）、②"具有等效于国有化或征收的措施"（measures having effect equivalent to nationalization or expropriation）。③

在此背景下，间接征收的构成标准更多是来源于包括美国—伊朗仲裁庭、欧洲人权法院和近期 NAFTA 仲裁庭的判例体系。④ 以此为基础，新一代双边投资条约开始明确间接征收的构成标准。典型地，美国 2004 年双边投资条约范本附件 B 一方面重申，条约正文第 6 条第 1 款规定的间接征收是指"缔约一方采取的一个或一系列没有发生正式权利转移或直接没收，但具有相当于直接征收的行动"；另一方面，其第 4 条规定：

(1)在决定缔约一方的一个或一系列行为在特定的事实情况下是否构成间接征收时，应该以事实为基础，逐案考察多种因素，其中包括：

(i)尽管缔约一方实施的一个或一系列行为对于投资的经济价值具有消极效果，但仅仅根据政府行为的经济影响本身不能认定发生了间接征收。

(ii)政府行为对明显的、合理的投资期待的干预程度；

(iii)政府行为的特征。

(2)除非特别情况，缔约一方旨在保护正当的公共福利目标，如公共健康、安全及环境而制定及实施的非歧视性管制行为，不构成间接征收。⑤

---

① 例见中国—瑞典双边投资条约第 3 条第 1 款，中国—阿根廷双边投资条约第 4 条第 1 款等。

② 例如 NAFTA 第 1110 条。

③ 例如，美国—阿根廷双边投资条约第 4 条第 1 款，中国—罗马尼亚双边投资条约第 4 条第 1 款，世界银行《外国直接投资待遇指南》第 4 条第 1 款。

④ 参见 Katia Yannaca-Small, "Indirect Expropriation" and the "Right to Regulate" in International Investment Law, in OECD, *International Investment Law: A Changing Landscape*, OECD Publications, 2005, pp. 53~54.

⑤ 2004 年美国双边投资条约范本附件 B 第 4 条。

可见,上述关于间接征收的认定标准主要有三:(1)政府措施的性质,亦即政府措施的目的和背景;(2)对财产权的干预程度;以及(3)对合理投资期待的干预程度。① 这些标准为间接征收提供了一个一般性的识别框架,并为后续诸多国家的双边投资条约或自由贸易协议实践所效仿。② 因此,在检视一项强制许可是否可能构成间接征收时,上述规定可以作为一个重要的参照标准。

关于第一项标准(政府措施的性质),它回应了实践中关于间接征收认定的"目的标准"和"效果标准"之争,通过中和二者合理成分的方法,采取了近似于比例原则的"目的与效果兼顾标准"。③ 有学者主张区分出于保护主义的意图与为人类、动物的健康而采取的政府措施——如果一项政府措施是出于创设国内产业、保护本国产品的经济目的,那么该措施很可能被视为构成征收的证据。④ 同样,如果一项强制许可的授权是为了保护人类免受健康危机或大规模爆发的疾病的困扰,就可以用来证明其行为的正当性;反之,如果是为了增加处于竞争地位的国内同类制药公司的市场份额,其动机的公共性质显然存疑。然而,值得进一步考虑的问题是,如果一国政府并不面临保护公共健康的紧迫性危机,而是着眼于长远,为提升未来国内公共健康的保护水准而颁发强制许可,鼓励本国制药公司生产相关药品并发展类似产业,这种措施是否仍然属于公共目的呢?双边投资条约的文本和实践

---

① 参见 Katia Yannaca-Small,"Indirect Expropriation" and the "Right to Regulate" in International Investment Law, in OECD, *International Investment Law: A Changing Landscape*, OECD Publications, 2005, pp. 53—54.

② 例见美国以上述范本为基础的条约实践,如 2004 年美国—澳大利亚 FTA 附件 04,11-B 第 4(b)条,2003 年美国—智利 FTA 附件 10-D,2005 年美国—乌拉圭双边投资条约附件 B 等,以及中国—印度双边投资条约议定书第 3 条第 1 款,中国—新西兰 FTA 附件第 13 条,2004 年加拿大双边投资条约范本附件 B.13(1)等。

③ 参见蔡从燕:《效果标准与目的标准之争:间接征收认定的新发展》,载《西南政法大学学报》2006 年第 6 期。

④ 参见 Andrew Newcombe, The Boundaries of Regulatory Expropriation in International Law, *ICSID Review—Foreign Investment Law Journal*, 2005, Vol. 20, No. 1, p. 30.

均未作出明确回答。①

就第二项标准(对财产权的干预程度)而言,一般认为,仅仅对财产权施加限制并不足以构成征收,只有一项管制措施使所有权的享有、使用或商业运作归于无效,从而实质性地损害投资者的经济权利时,方可认定为征收。② 而一项强制许可措施在多大程度上对专利权人的财产权造成损害,这取决于相关权利人在专利关系链条中的位置、专利本身的经济价值以及强制许可的具体方式等因素,需要依据相关事实进行个案考察。③ 科里(Carlos María Correa)教授甚至认为,强制许可并不必然给专利权人带来经济损失,其理由是,强制许可并不具有排他性,因此,专利权人可以继续进行研发和创新并保持其在品牌和市场方面的竞争优势,而被许可人在这方面所能获得的市场份额并不会很大,消费者也更容易接受知名度高的占据主导地位的产品。④

至于第三项标准(对合理投资期待的干预程度),它是指政府措施不得对投资者的合理预期造成影响。为此,投资者需证明其据以投资的情势并不包括潜在的政府措施,而且这种预期并非基于投资者自身的主观预期,而应具有客观合理性。⑤ 就强制许可而言,要判断外国投资者是否应当合理

---

① 对此,林彩瑜教授认为,只要是出于公共健康方面的关注,即便对国内产业具有偶然的保护主义效果,这种强制许可措施仍然不足以构成征收。参见 Lin Tsai-Yu, Compulsory Licenses For Access To Medicines, Expropriation And Investor-State Arbitration Under Bilateral Investment Agreements—Are There Issues Beyond The Trips Agreement?, *International Review of Intellectual Property and Competition Law*, 2009, Vol. 40, No. 2, p. 158.

② 关于国际仲裁庭在这方面的实践综述,参见 Katia Yannaca-Small, "Indirect Expropriation" and the "Right to Regulate" in International Investment Law, in OECD, *International Investment Law: A Changing Landscape*, OECD Publications, 2005, pp. 68~69,55~61.

③ 关于专利强制许可补偿费的计算,详见林秀芹:《TRIPS 体制下的专利强制许可制度研究》,法律出版社 2006 年版,第 64~66、第 301~355 页。

④ 参见 Carlos M. Correa, Investment Protection in Bilateral and Free Trade Agreements: Implications for the Granting of Compulsory Licenses, *Michigan Journal of International Law*, 2004, Vol. 26, pp. 350~351.

⑤ 参见 Katia Yannaca-Small, "Indirect Expropriation" and the "Right to Regulate" in International Investment Law, in OECD, *International Investment Law: A Changing Landscape*, OECD Publications, 2005, pp. 68~69.

地预期到其受专利保护财产的经济价值可能会因东道国的强制许可措施而受影响,应当区分具体情况进行考察。因为,对一个理性人来说,他在作出投资决策前理应考虑潜在的各种风险,包括法律风险在内。因此,如果在投资者作出投资决策之前或之时,东道国的国内法或其参加的国际条约中已经规定了强制许可制度,那么,该投资者就应当合理预见到强制许可制度适用的可能性,并对其实施效果或影响有所准备;相反,如果国内法或相关条约实践中的强制许可制度是投资者在投资行为发生以后或正在进行的过程中新设的一项制度,那么,后来发生的强制许可措施就可能损害了投资者的合理预期,进而构成间接征收。①

综上,从应然层面上看,与《TRIPS 协定》相一致的强制许可措施完全可以享受双边投资条约项下的征收豁免;然而,鉴于当前绝大多数双边投资条约仍缺乏关于间接征收的认定标准,而既有的少数双边投资条约在此方面的规定仍有待明晰,因此,并不足以排除强制许可措施构成征收的现实可能性。事实上,早在 1998 年,MAI 草案就一致确认,应有相关规定以确保某些知识产权管理及法律规定不构成征收,但谈判方之间关于具体规定却无法达成一致。② 此后,美国 2004 年双边投资条约范本第 6 条第 5 款首次明确:"本条(指关于征收与补偿的规定——笔者注)不适用于与《TRIPS 协定》相一致的知识产权强制许的颁发、撤销、限制或创设行为,只要这些颁发、撤销、限制或创设行为与《TRIPS 协定》相一致。"③ 从表面上看,这一规

---

① 林彩瑜教授甚至认为,即便在此情况下,也并非所有的法律变动都会损害投资者的合理预期,因为,面对不断变化的经济社会环境,对国内法律和规章进行立、改、废乃是正常和必要之举,而强制许可更是几乎所有国家都接受的一项制度。参见 Lin Tsai-Yu, Compulsory Licenses For Access To Medicines, Expropriation And Investor-State Arbitration Under Bilateral Investment Agreements—Are There Issues Beyond The Trips Agreement?, *International Review of Intellectual Property and Competition Law*, 2009, Vol. 40, No. 2, pp.157~158.

② MAI 的谈判方之间存有分歧的条款是:"关于知识产权的创设、限制、撤销、废除、法定许可、强制许可与强制集体管理,负责知识产权集体管理的实体授权折扣的预提,以及知识产权不同持有者之间报酬的分享,只要不违反知识产权专门公约的规定,均不构成本协定项下的征收。"参见 OECD, *The Multilateral Agreement on Investment: Commentary to the Consolidated Text*, OECD, 1998, p.50.

③ 类似规定,参见加拿大 2004 年双边投资条约范本附件 B.13(1)条。

定只是澄清了《TRIPS 协定》关于强制许可的规定与双边投资条约的征收保护具有一致性,但进言之,这一规定本身就反证了这样一种事实,即征收规则完全适用于强制许可措施,而该措施是否与《TRIPS 协定》相一致,也完全可以成为国际投资仲裁庭的审查对象。上述规定被认为体现了 WTO 与双边投资条约相挂钩的新动向。①

(三)强制许可与间接征收的合法性

尽管发展中国家普遍主张征收权是国家主权的天然派生,反对"合法征收"与"非法征收"的区分,②但在双边投资条约中对征收权施加一定的约束已是 1995 年以来普遍的国家实践——合法的征收行为应具备四要素,即公共利益,非歧视,正当程序,以及充分、及时、有效(adequate, prompt and effective)的补偿。③ 因此,对于那些可能采取强制许可措施以提供国内药物的国家来说,上述四要件是否以及在多大程度上超越了《TRIPS 协定》的规定,这个问题对于其强制许可行为合法性的判断至关重要。下文将结合公共利益、正当程序和补偿标准三个要素加以分析。

1. 公共利益

公共利益是一个弹性很大的概念。④ 就强制许可而言,公共利益的界定较为宽泛,不仅局限于健康、教育、安全等公共政策目标,甚至促进本国经济与社会发展也可能构成公共利益的题中之意。⑤ 例如,加拿大 2004 年双

---

① 参见曾华群:《外资征收及其补偿标准:历史的分野与现实的挑战》,载《国际经济法学刊》2006 年第 1 期。

② 参见姚梅镇:《国际投资的法律保护》,《中国国际法年刊》1982 年卷。相反观点,例见陈大刚、魏群:《国有化及其赔偿法律与实践的发展》,载《中国国际法年刊》1989 年卷。

③ 参见 UNCTAD, *Bilateral Investment Treaties* 1995—2006: *Trends in Investment Rulemaking*, United Nations, 2007, p.47.

④ 参见 Patents S. Ladas, *Trademarks and Related Rights: National and International Protection*, Harvard University Press, 1975, p.30.

⑤ 参见 Carlos M. Correa, Investment Protection in Bilateral and Free Trade Agreements: Implications for the Granting of Compulsory Licenses, *Michigan Journal of International Law*, 2004, Vol. 26, p.349. 关于各国在强制许可制度中对公共利益的界定,详见林秀芹:《TRIPS 体制下的专利强制许可制度研究》,法律出版社 2006 年版,第 64~66、229~235 页。

边投资条约范本就明确公共福利目标包括了健康、安全和环境等内容。①

传统上,对于何种情况构成公共利益或公共目标这一问题,通常由采取强制许可措施的国家自行判断,而且,除非明显缺乏合理基础,这种判断在实践中一般很少受到质疑。② 这种做法也得到了《多哈宣言》的确认。该宣言规定,每一成员有权决定发放强制许可所依据的理由,也有权决定何种情况构成了国家紧急情况或其他极端紧急情况,③从而为成员提供了足够的政策灵活性。

然而,这种各成员对公共利益自行判断权并没有得到双边投资条约及其仲裁实践的认可。以根本安全为例,即便一些条约中明确了根本安全例外的自行判断性质,④但国际实践表明,相关情势是否真正构成根本安全所允许的例外,仲裁庭仍有职权进行审查,并不足以排除其可仲裁性。⑤ 换言之,某些《TRIPS 协定》中认可的公共利益很可能无法通过双边投资条约项下投资仲裁庭的严格审查。

2. 正当程序

所谓正当程序,是指应给予当事人在独立的法庭公平的听审机会,在审理前得到应有的信息以及合理地处理当事人的案件。⑥

根据《TRIPS 协定》第 31 条的规定,在颁发与强制许可有关的任何决定的法律效力,应经过司法审查或经过该成员中上一级主管机关的独立审查;任何与强制许可的补偿有关的决定,应经过司法审查或该成员中上一级主管机关的独立审查。⑦ 可见,专利权人所享有的正当程序包括两个方面,

---

① 参见加拿大 2004 年双边投资条约范本附件 B.13(1)。

② UNCTAD, *Taking of Property*, United Nations, 2000, p.25.

③ 参见《多哈宣言》第 5 条(b)、(c)款。

④ 例如,美国 2004 年双边投资条约范本第 18 条规定:"本条约的任何内容都不得被解释为:……(2)阻止一方为履行其维护或恢复国际和平与安全的职责,或保护本国根本安全利益而采取其认为必需(it considers necessary)的措施。"

⑤ 参见 William W. Bruke-White & Andreas Von Staden, Investment Protection in Extraordinary Times: The implication and Application of Non-Preclude Measures Provisions in Bilateral Investment Treaties, *Virginia Journal of International Law*, 2008, Vol.48, No.2, pp.377~378,以及本书第三章第三节的论述。

⑥ 徐崇利:《公平与公正待遇标准:何去何从?》,载曾华群主编:《国际经济新秩序与国际经济法新发展》,法律出版社 2009 年版,第 328 页。

⑦ 参见《TRIPS 协定》第 31 条第(i)、(j)项。

既要审查强制许可决定本身的合法性,也要审查强制许可补偿额的大小。但在双边投资条约中,较为普遍的规定是,受影响的投资者权有权要求采取征收措施的缔约一方的司法机构或行政机构根据其国内程序就征收补偿的金额进行审查,而且这一审查程序是应投资者的要求才启动,并非作出征收决定之前的前置程序。① 可见,双边投资条约关于正当程序的要求要、低于《TRIPS 协定》。

但值得注意的是,与此前多数双边投资条约仅要求征收应当依照国内法律或国内正当法律程序进行的规定不同,②一些双边投资条约开始笼统地要求征收应依照"合法程序"或"法律程序"进行,甚至直截了当地要求符合正当程序的"国际标准"。③ 鲁道夫·多尔泽(Rudolf Dolzer)教授等学者对此表示赞许,并认为,国内法不应成为决定征收合法性的最终标准,而不明确提及国内法恰好真实反映了双边投资条约的宗旨。④ 从这个角度看,双边投资条约关于征收正当程序的要求似乎又高于《TRIPS 协定》关于强制许可的规定。

3. 补偿标准

关于强制许可的补偿标准,《TRIPS 协定》第 31 条(h)项要求在考虑相关授权经济价值的基础上,向权利持有人支付充分(adequate)报酬。这种措辞是微妙的,因为所要考虑的经济价值仅与"授权"有关,而非根据专利权

---

① 例如,2003 年中国—德国双边投资条约第 4 条规定:"征收措施的合法性和补偿款额的估价,应投资者的要求,仍可由国家法院进行审查。"另见 2004 年中国—荷兰双边投资条约第 4 条,2005 年中国—西班牙双边投资条约第 4 条,2007 年中国—韩国双边投资条约第 4 条等。

② 例见 1984 年和 2005 年分别签署的中国—比利时—卢森堡经济联盟双边投资条约第 4 条,1992 中国—西班牙双边投资条约第 4 条,2001 年中国—荷兰双边投资条约第 5 条等。

③ 例见 1992 年中国—乌克兰双边投资条约第 4 条,1998 年中国—也门双边投资条约第 4 条,2007 年中国—韩国双边投资条约第 4 条等。

④ 参见 Rudolf Dolzer & Margrete Stevens, *Bilateral Investment Treaties*, Martinus Nijhoff Publisers, 1995, p. 106.

本身的价值来计算。① 在实践中,所需支付的专利特许权使用费的大小通常由国内当局决定。在加拿大,强制许可的补偿标准应根据开发相关技术的合理回报来确定,通常为净销售价的 1% 到 2%,最高不超过 5%;在印度,强制许可使用费一般介于净销售收入的 4% 到 8% 之间。② 而在英国等发达国家的司法实践中,强制许可的补偿额通常达到销售价的 45% 左右。③ 一个总的特点是,专利强制许可制度下的补偿额通常会远低于使专利权人的垄断地位得到"完全"(fully)补偿的标准。④

但是,双边投资条约中的征收补偿却并不限于上述标准。尽管南北国家之间围绕征收补偿额的计算向来存在"适当补偿"和"充分补偿"两大标准之争,但是,囿于发展中国家面临的巨大谈判压力,其自身财产权保护水平和能力的提升,⑤以"充分、及时、有效"为核心的"赫尔公式"(Hull formula)得到了晚近多数双边投资条约的采纳。⑥

就"充分"要求而言,征收的补偿数额通常根据所谓"公平市场价值"来计算。在国际投资仲裁实践中,仲裁庭往往将被征收的外商投资企业界定为"持续经营企业",将预期利润纳入补偿额的计算范围,甚至使用现金流量

---

① 参见 Lin Tsai-Yu, Compulsory Licenses For Access To Medicines, Expropriation And Investor-State Arbitration Under Bilateral Investment Agreements——Are There Issues Beyond The Trips Agreement?, *International Review of Intellectual Property and Competition Law*, 2009, Vol. 40, No. 2, p. 163.

② 参见 O. J. Firestone, *Economic Implications of Patens*, University of Ottawa Press, 1971, p. 186.

③ 参见林秀芹:《TRIPS 体制下的专利强制许可制度研究》,法律出版社 2006 年版,第 64~66,316~342 页。

④ F. M. Scherer, & Jayashree Watal, Post-TRIPS Options for Access to Patented Medicines in Developing Nations, *Journal of International Economic Law*, 2002, Vol. 5, No. 4, p. 922.

⑤ 关于中国双边投资条约实践中征收补偿标准从"适当补偿"向"充分补偿"转向及其原因,详见 JI Ye, Voluntary "Westernization" of the Expropriation Rules in Chinese BITs and Its Implication: An Empirical Study, *The Journal of World Investment & Trade*, 2011, Vol. 12, No. 1, pp. 83~95.

⑥ 参见 UNCTAD, *Bilateral Investment Treaties* 1995—2006: *Trends in Investment Rulemaking*, United Nations, 2007, p. 48.

折现(discount cash flow,DCF)的估价方法,①使得投资者获得"天价"补偿。此外,在计算征收补偿额时,仲裁庭往往不考虑公共目的对于征收补偿的性质或估算的影响。② 而在出现国家紧急状况或健康危机的情况下,普遍认为,仲裁庭享有自由裁量权对特许权使用费进行合理调整,以为专利药品的及时传播提供便利。③

关于补偿的"及时性"要求,《TRIPS 协定》并未明确提及。在实践中,专利特许权使用费的支付通常是伴随被授权产品的销售而支付的。④ 在这方面,双边投资条约也提出了更高的要求,规定补偿应"毫不延迟地"支付。⑤

总之,虽然双边投资条约本身并不禁止强制许可,却为强制许可的实施确立了比《TRIPS 协定》更高的条件,这突出地表现在公共利益的界定、正当程序要求和补偿标准等三方面。只有在强制许可的实施违反了双边投资条约关于合法征收的"四要件"时,投资东道国才构成对双边投资条约的违反。从国家责任的角度看,这种违反的法律后果并非使强制许可归于无效,而是应补偿相应的损失。如果强制许可行为使知识产权彻底丧失经济价值,则可认为财产权被间接征收,并应给予相当于该财产当前全部市场价值的充分补偿。⑥ 可见,双边投资条约比《TRIPS 协定》提供了更为严格的知识产权实体保护,这也从一个层面解释了发达国家竭力将知识产权纳入双边投资条约保护框架的动因。

---

① 参见徐崇利:《外资征收中的补偿额估算》,载《国际经济法学刊》2006 年第 1 期。

② 参见 Compañia del Desarrollo de Santa Elena S. A. v. Republic of Costa Rica, ICSID Case No. ARB/96/1 February 17, 2000.

③ 参见, Carlos Correa, *Integrating Public Health Concerns into Patent Legislation in Developing Countries*, South Centre, 2000, p. 108.

④ 参见 Carlos M. Correa, Investment Protection in Bilateral and Free Trade Agreements: Implications for the Granting of Compulsory Licenses, *Michigan Journal of International Law*, 2004, Vol. 26, p. 351.

⑤ 例见 2004 年加拿大双边投资条约范本第 13 条第 1 款。

⑥ 参见 Tillmann Rudolf Braun & Pascal Schonard, The New Germany-china Bilateral Investment Treaty: A Commentary and Evaluation in Light of the Development of Investment Protection under Public International Law, *ICSID Review—Foreign Investment Law Journal*, 2007, Vol. 22, No. 2, p. 274.

本章小结

当前呈蓬勃发展之势的双边投资条约已经在多个层面上侵蚀了 WTO 的多边贸易纪律。对 GATS 而言，双边投资条约覆盖并超越了通过"商业存在"形式提供的服务贸易，并通过以"否定清单"为主的承诺方式，在涵盖部门和国民待遇等方面提供了比 GATS 更为自由化的准入方式和实体待遇。就《TRIPS 协定》而言，双边投资条约的递增效应主要体现为对知识产权保护范围的扩张，对强制许可设定了比《TRIPS 协定》更为严格的实施条件和补偿标准。正是从这个角度看，就对跨国私人投资者和贸易商的保护而言，双边投资条约在实体方面具备了 WTO 递增效应——尽管这种递增效应有时可能会因过于偏重个人利益而忽视公共政策目标进而引发正当性方面的疑问。

第三章 双边投资条约对 WTO 体制程序机制的影响

> 一个更为有效的"国际法"……只能通过强制性的争端解决程序促使国际法更为有效的方式得以实现。
>
> ——彼德斯曼(Ernst-Ulrich Petersmann)[①]

尽管有学者对于将国际法和国内法相提并论的做法颇有微词,认为这种不恰当的类比忽略了二者赖以生成的社会基础,[②]而国际法的"弱法"属性却是无可争议的事实。但一个值得关注的事实是,新兴国际法,尤其是在经济领域,国际法实施机制的孱弱属性有了极大改观。不仅国家间的争端解决机制在 WTO 体制下运转顺畅,外国私人投资者与东道国政府间的"跨国行政诉讼机制"更是在 ICSID 体制下得到了一定程度的实现。然而,在投资与贸易一体化的背景下,政府管制措施的定性和识别难度攀升,国际贸易领域和投资领域截然不同的争端解决程序发生冲突的可能性也大大增加。更重要的是,国际贸易和投资法制实施机制有效性的差异,更将极大刺激乃至诱导以逐利为不二法门的跨国公司"挑选法院",从而加剧国际贸易和投资法制的结构性失衡。

---

① Ernst-Ulrich Petersmann, How to Promote the International Rule of Law?: Contributions by the World Trade Organization Appellate Review System, *Journal of International Economic Law*, 1998, Vol. 1, No. 1, p. 47.

② 参见[意]安东尼奥·卡塞斯:《国际法》,蔡从燕译,法律出版社 2009 年版,第 3~15 页。

第一节　ICSID 与 WTO 争端解决机制的有效性

对于处于无政府状态的国际社会而言,执行力的强弱一直是国际法是否为法的激辩焦点之一,而强化条约义务的履行及其救济则是国际法学者们孜孜以求的目标,也是衡量国际社会组织化、法律化的指标之一。① 就国际贸易和投资争端而言,去政治化的第三方争端解决机制成为晚近相关条约机制不约而同的选择,最具典型意义的便是双边投资条约体制中广泛采用的 ICSID 仲裁机制和 WTO 体制中自成体系的争端解决机制。②

然而,20 世纪 70 年代以来的贸易与投资一体化浪潮并未得到法学界的充分重视,因而 WTO 和双边投资条约的两套争端解决机制在绝大多数时候都呈现出并行不悖的运行状态,③学者们在其论述中也很少将其相提并论。直到 1995 年 1 月 1 日正式生效的《WTO 协定》首次将与贸易有关的投资措施、服务贸易以及与贸易有关的知识产权等投资议题纳入其中,"与贸易有关的投资纠纷"才开始进入 WTO 争端解决机制的视野,并进而引发了其与双边投资条约中的 ICSID 仲裁机制在此类争端中的交叉。

一、对 ICSID 与 WTO 争端解决机制既有评价

从历史背景上看,WTO 争端解决机制是以 GATT 第 23 条为核心,经

---

① 参见蔡从燕:《私人结构性参与多边贸易体制》,北京大学出版社 2007 年版,第 152 页。

② 需要说明的是,ICSID 仲裁机制并非中外双边投资条约包含的绝对性或唯一性条款,但就目前全球范围而言,ICSID 仲裁机制已经成为当前双边投资条约中普遍采用的争端解决方式之一。截至 2014 年 12 月 31 日,ICSID 受理的全部案件的 63.1% 是依据双边投资条约中的 ICSID 仲裁条款提出的。鉴此并基于本文的写作目的,下文所称的"双边投资条约争端解决机制"也仅指双边投资条约中规定的投资者利用 ICSID 仲裁机制这一方式。参见 ICSID, The ICSID Caseload: Statistics (Issue 2015-1), https://icsid.worldbank.org/apps/ICSIDWEB/resources/Pages/ICSID-Caseload-Statistics.aspx,访问日期:2015 年 2 月 20 日。

③ 作为例外,"美国—加拿大《外国投资审议法》案"是 GATT 时代贸易争端解决机制处理的屈指可数涉及投资的争端。

过 GATT 体制 40 多年的争端解决实践和乌拉圭回合谈判的创新而得以确立,①并完整地体现在《关于争端解决规则与程序的谅解》(Understanding on Rules and Procedures Governing the Settlement of Disputes,DSU)之中,它是当前 WTO 成员解决相互间贸易争端的主要场所。相较而言,在外国私人与东道国之间的投资争端解决问题上,则经历了东道国当地救济、母国外交保护和国家间仲裁等传统方式,②并最终通过世界银行主持制定的《华盛顿公约》确立了颇具特色的 ICSID 仲裁机制。③

关于 WTO 与 ICSID 两种争端解决机制各自的运行机理,国内学者已有详细介绍,④笔者在此无意赘述。但从组织法的角度观察,WTO 专家组程序与 ICSID 仲裁机制无疑存在诸多共同点。尽管学界普遍将 WTO 争端解决机制称为一种"司法"机制,但这更多是从裁判主体的中立性或独立性

---

① 关于 GATT 争端解决机制的一般性论述,详见 William J. Davey, Dispute-settlement in GATT, *Fordham International Law Journal*, 1987, Vol. 11, p. 51;[美]约翰·H. 杰克逊:《国家主权与 WTO——变化中的国际法基础》,赵龙跃、左海聪、盛建明译,社会科学文献出版社 2009 年版,第 163~173 页。

② 关于外国私人与东道国之间投资争端解决机制的演进,参见石慧:《投资条约仲裁机制的批判与重构》,法律出版社 2008 年版,第 1~4 页。

③ 关于《华盛顿公约》的由来及 ICSID 机制的确立,详见曾华群主编:《国际投资法学》,北京大学出版社 1999 年版,第 570~572 页。

④ 例见陈安主编.:《国际投资争端仲裁——"解决投资争端国际中心"机制研究》,复旦大学出版社 2001 年版;赵维田:《世贸组织(WTO)的法律制度》,吉林人民出版社 2000 年版。

角度而言的。① 如果采取严格的标准来衡量,②WTO 争端解决机制,特别是其专家组程序,只是一种有组织的仲裁程序,这突出地表现为专家组的非常设性和专家组成员的临时性,这些特点与 ICSID 仲裁机制如出一辙。

尽管如此,评论人士似乎更多地将溢美之词授予了集 GATT 四十年实践之大成的 WTO 争端解决机制。例如,刘笋教授认为,"国际投资领域缺乏一个像 WTO 争端解决机制那样具有完整的条文结构、完善的审案规则、严格的审案时限、裁决和建议反向一致通过的运作机制、强有力的执行保证的多边程序法规则",而 ICSID 仲裁机制"在处理国际投资争端方面发挥的作用并没有人们预期的那么高",具体表现为 ICSID 受理案件数量有限,存在着竭力扩大仲裁管辖权、过多受到发达国家法学家的影响、片面维护私人投资者的利益倾向等。③ 陈安和曾华群教授领衔的"ICSID 成案研究"课题组进一步指出,ICSID 案件的仲裁时间长,费用较高,被申请撤销的案件较多,来自发达国家的仲裁员和调解员占绝大多数,且发展中国家在案件审理中处于相当被动的地位。④ 梁开银教授甚至认为:"正是 ICSID 体制和其他传统方式的不足,才进一步推动了发达市场经济国家竭力将国际投资问题

---

① 例如,赵维田教授认为,虽然 WTO 争端解决机构属于政治机构性质,但就 DSU 绝大多数规定而言,"显然具有相对独立的司法性质,WTO 争端解决机构的职能多半属于司法管理"。参见赵维田:《WTO 司法机制的主要特征》,《北大国际法与比较法评论》2002 年第 1 卷。

② 在论及司法和仲裁两种争端解决方式的区别时,我国权威的国际法教科书指出:(1)法院或法庭是固定的和事先组成的,而不是像仲裁法庭那样临时组成的;(2)法院或法庭的法官不取决于争端当事国的选择,是由有关国家事先和定期选举产生的,在一段时间内保持不变;而仲裁法庭的仲裁员则是争端当事国为特定的案件而逐案专门选任的;(3)法院或法庭审判案件适用国际法,而仲裁庭所使用的法律则需要争端当事国的一致同意,有较大的任意性;(4)法院或法庭的判决对争端当事国具有法律约束力,争端当事国有义务必须执行和服从,而仲裁裁决则需要有关当事国的善意遵守和执行。参见王铁崖主编:《国际法》("九五"规划高等学校法学教材),法律出版社 1995 年版,第 587 页。

③ 刘笋:《WTO 法律规则体系对国际投资法的影响》,中国法制出版社 2001 年版,第 277~278、290~294 页。

④ 曾华群主编:《国际投资法学》,北京大学出版社 1999 年版,第 572~573 页。以上述结论为核心的研究报告还于 1997 年 8 月呈报对外贸易经济合作部(现商务部的前身)条约法律司以供决策参考。

纳入世界贸易体系进行调整的尝试。"①

与国内学者近乎"一边倒"的评价相比,尽管不乏一些批评的声音,但总体而言,外国学者对于 ICSID 机制的讨论则更为多元。例如,ICSID 前任秘书长希哈塔(Ibrahim F. I. Shihata)就将 ICSID 的主要优势归结为自愿性、灵活性和有效性三个方面。② 智利著名国际投资法专家魏克纳(Francisco Orrego Vicuña)教授则从私人参与国际法运作的角度,主张《华盛顿公约》是国际争端解决方面的一个"关键转折点","标志着国家在外交保护方面干预的最小化,并突出了私人在此类机制中的自主性角色"。③

西方学者对 ICSID 机制迥异的评价,固然是由于双方的不同重心使然——西方学者更多地强调私人参与国际法实践的意义和必要性,其逻辑前提便是承认个人的国际法主体地位。然而,这一理论预设显然无法得到中国学者的普遍认同,因为在后者看来,个人只能是国际法的客体或受益者,④但这也提醒我们,在审视国际经济争端解决机制的运作和发展问题上应有新视角。详言之,在 WTO 体制取得重大制度性创新、甚至被誉为"皇冠上的明珠"⑤的同时,应审慎对待一种正在逐步蔓延的取向,即将 WTO 争端解决机制视为未来国际争端解决方式的"样板"。相反,无论是在争端解决的启动、裁判过程以及裁决的执行方面,WTO 争端解决机制既存在若

---

① 梁开银:《论 ICSID 与 WTO 争端解决机制的冲突及选择——以国家和私人投资争议解决为视角》,载《法学杂志》2009 年第 8 期。

② Ibrahim F. I. Shihata, Towards a Greater Depoliticization of Investment Disputes: The Role of ICSID and MIGA, *ICSID Review—Foreign Investment Law Journal*, 1986, Vol. 1, pp. 6~13.

③ Francisco Orrego Vicuña, *International Dispute Settlement in an Evolving Global Society*, Cambridge University Press, 2004, pp. 64~65. 此前,个人在国际争端解决机构的诉权或者昙花一现,或者胎死腹中。详见蔡从燕:《私人结构性参与多边贸易体制》,北京大学出版社 2007 年版,第 161 页。

④ 晚近,这种传统观点也引起了少数中国学者的反思。参见蔡从燕:《私人结构性参与多边贸易体制》,北京大学出版社 2007 年版,第 35~51 页。

⑤ 据杰克逊教授考证,这种说法最早由 WTO 首任总干事雷纳托·鲁杰罗(Renato Ruggiero)提出,并在随后在学界和官方场合广为援用。参见[美]约翰·H. 杰克逊:《国家主权与 WTO——变化中的国际法基础》,赵龙跃、左海聪、盛建明译,社会科学文献出版社 2009 年版,第 98 页。

干先天不足,①其近二十年来的运作也凸显其存在进一步改革和完善的必要。② 考虑到 ICSID 仲裁机制在解决跨国私人投资争端方面的独特性,其与 WTO 争端解决机制在解决"与投资有关的贸易争端"方面存在重合的可能,因此,结合二者晚近的最近发展重新评估其争端解决的有效性,将是下文旨在探讨的问题。

二、ICSID 与 WTO 争端解决机制的晚近发展

尽管国内学者对 WTO 和双边投资条约这两种争端解决机制已作深入考察,但不可否认的是,相对于晚近二者迅猛发展的实践而言,以往以文本分析为中心的分析局限性也日益显现。

以双边投资条约中的 ICSID 仲裁机制为例,虽然陈安教授等领衔的"ICSID 成案研究"课题组曾在国内率先以实证的方法对 ICSID 仲裁体制进行了开创性的系统研究并作出了中肯的评估,但遗憾的是,由于该课题研究的实践较早,所搜集的数据样本只是从 ICSID 成立至 1997 年 2 月期间由

---

① 多数论者认为,诸如"欧共体—美国 301 条款案"这样的典型案件对于衡量 WTO 争端解决机制的有效性至关重要。例如,通过分析该案中专家组的表现,陈安教授认为专家组自我设限,貌擒实纵,显属袒护和纵容霸权,有亏职守。参见 An Chen, The Three Big Rounds of U. S. Unilateralism Versus WTO Multilateralism During The Last Decade: A Combined Analysis of The Great 1994 Sovereignty Debate Section 301 Disputes (1998~200) and Section 201 Disputes (2002—2003), *South Centre Working Papers*, 2004, pp. 35~47. 韩国学者张升和(Seung Wha Chang)也认为专家组裁决的法律依据是虚弱而摇摆不定的。参见 Seung Wha Chang, Taming Unilateralism under the Trading System: Unfinished Job in the WTO Panel Ruling on United States Sections 301~310 of the Trade Act of 1974, *Law and Policy in International Bussiness*, 2000, Vol. 31, No. 4, pp.1151~1226. 张林春博士更是直言,这体现了 WTO 争端解决机制从"规则取向"到"原则取向"的异化。张林春:《从"欧共体—美国'301'条款争端案"的审断看 WTO 争端解决机制的规则取向之异化》,《国际经济法学刊》2002 年第 8 卷。但徐崇利教授则从区分"法律性争端"和"政治性争端"的角度出发,对专家组的上述做法表示认可。参见徐崇利:《"政治性国际贸易争端"的裁判解决》,载《法商研究》2009 年第 3 期。

② 关于多哈回合谈判中 WTO 成员对 WTO 争端解决机制的改革建议,参见纪文华、姜丽勇:《WTO 争端解决规则与中国的实践》,北京大学出版社 2005 年版,第102~136 页。

ICSID 仲裁庭受理的 43 起案件。① 从现在看来,这样的时间跨度和样本数据无疑显得单薄,因此,有必要结合其最新发展情势对其争端解决机制的有效性进行重新评估。

不得不承认,自 ICSID 成立起最初的 30 多年中,ICSID 仲裁机制基本上处于"休眠"状态——尽管早在 1966 年《华盛顿公约》生效后,ICSID 便正式组建,但直到 1972 年它才受理第一起争端(即 *Holiday Inns S. A. and others v. Morocco* 案)。截至 1994 年底,ICSID 累计受理 29 起仲裁申请,年均受理案仅 1 起。这种现象引发了观察人士对于 ICSID 仲裁机制有效性的质疑,认为其没有发挥预期目的。②

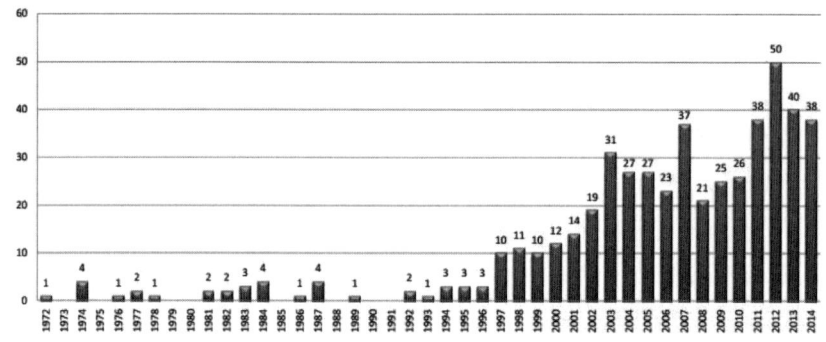

图 3-1　ICSID 逐年受理案件数量示意图(单位:个)

数据来源:ICSID

但从 1997 年开始,ICSID 一改往日颓势,仅当年受理案件就比 1996 年(3 个)增长了两倍之多,达到了 10 个。此后,ICSID 受理案件数量稳步增长,在 2003 年至 2010 之间年均受理约 27 个案件,2011 年至今更是攀升至年均 42 个案件的较高水平。ICSID 仲裁机制的普及程度还体现在以下几方面:首先,从受案总量上看,到 2014 年底,ICSID 秘书处依据《华盛顿公

---

①　尽管如此,该团队的研究人员还是敏锐地观察到 ICSID 受理案件逐年明显上升的趋势,这一结论亦为 ICSID 体制的后续发展所印证。参见曾华群主编:《国际投资法学》,北京大学出版社 1999 年版,第 572 页。

②　参见 Ibrahim F. I. Shihata, The Settlement of Disputes Regarding Foreign Investment: The Role of the World Bank, with Particular Reference to ICSID and MIGA, *American Journal of International Law*,1986,Vol. 11, pp.1104~1061.

约》以及《ICSID 附加便利规则》(*ICSID Additional Facility Rules*)累计受理仲裁申请 497 个,其中 92.4% 是在 1997 年之后提出的;其次,从 1997 年至今,ICSID 秘书处年均受理案件 26 个,2012 年当年受理案件甚至达到 50 个;最后,从所占比例角度看,截至 2009 年底,在已被披露的 608 个投资争端中,有 488 个(约 80.3%)是依据《华盛顿公约》及其附加便利规则提出的。① 虽然受理案件的数量与某个争端解决机制的有效性和公正性并不能建立直接的关联,但作为一种常设性的直觉判断却具有合理性。② 而上述数据恰恰可以表明,ICSID 仲裁机制已经越来越多地受到了跨国私人投资者的青睐,并在解决私人与东道国之间的跨国投资争端中扮演者日益重要的角色。

反观 WTO 争端解决机制,尽管根据 DSU 第 1 条,③DSU 适用于与贸易有关的投资措施,从而使得 WTO 争端解决机构成为国际社会投资争端解决的重要场所之一。然而,迄今为止的实践表明 WTO 在该领域的进展有限。首先,如图 3-2 所示,截至 2014 年底,WTO 共受理与投资有关的争端 94 个,仅占其全部受理案件(488 个)的 19.3%。其次,相关争端的所涉协定显得极为分散。在全部 94 个与投资有关的争端中,涉及 GATS 的 22 个,涉及《TRIPS 协定》的 33 个,涉及《TRIMs 协定》的 39 个(参见图 3-3)。其中,5 个案件同时涉及其中的两个协定,但真正涉及投资问题的案件少之又少。以涉及 GATS 的争端为例,有 3 个案件主要属于货物贸易争端,只是其辅助层面涉及服务贸易;在其余 2 个与 GATS 直接相关的案件中,仅墨西哥电信案对以商业存在形式提供的服务进行了分析,但本案争议焦点

---

① 参见 ICSID, The ICSID Caseload: Statistics (Issue 2015-1), https://icsid.worldbank.org/apps/ICSIDWEB/resources/Pages/ICSID-Caseload-Statistics.aspx,访问日期:2015 年 2 月 20 日。

② 参见 Donald Mcrae, Measuring The Effectiveness of The WTO Dispute Settlement System, *Asian Journal of WTO & International Health Law and Policy*, 2008, Vol. 3, No. 1, p.3.

③ DSU 第 1 条"范围和适用"第 1 款的规定如下:"本谅解的规则和程序应适用于按照本谅解附录 1 所列各项协定(本谅解中称'适用协定')的磋商和争端解决规定所提出的争端。本谅解的规则和程序还应适用于各成员间有关它们在《建立世界贸易组织协定》(本谅解中称《WTO 协定》)规定和本谅解规定下的权利和义务的磋商和争端解决,此类磋商和争端解决可单独进行,也可与任何其他适用协定结合进行。"

却主要是跨境贸易。① 最后,上述争端的年度分布也非常稀少。相对于年均受案量达 24.5 个案件的 WTO 争端解决机构而言,涉及投资的争端年均仅 4.7 个。总体而言,目前在 WTO 争端解决方面占据主导的仍然是关于货物贸易的争端,而涉及服务贸易等有关投资问题的争端仍属于"非主流"。

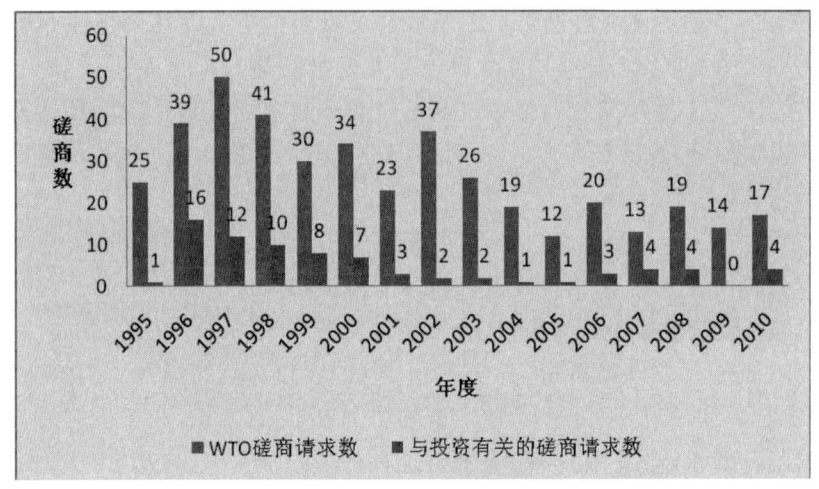

图 3-2　WTO 中与投资有关的磋商请求数量示意图(单位:个)

资料来源:WTO

上述数据对比表明,无论是受理案件的总数,还是年均案件的增长方面,ICSID 仲裁机制均占据绝对优势。面对这种悬殊,个中缘由无疑是复杂的,可能同时存在法律之内以及法律之外的原因。例如,就规则制定层面而言,龚宇曾预言:"由于 WTO 体制处于动态发展之中,……数量越来越多、涉及范围越来越广的投资性规范将随着多边贸易谈判陆续进入 WTO 体制,而 WTO 争端解决机制对投资争端的管辖范围亦将不断扩大。"②但是,截至目前的 WTO 实践表明,由于 WTO 体制内投资议题谈判的搁浅,

---

① 参见 Martín Molinuevo, *Can Foreign Investors in Services Benefit from WTO Dispute Settlement? Legal Standing and Remedies in WTO and International Arbitration*, National Centres of Competence in Research(Working Paper No. 2006/17), p. 1.

② 参见龚宇:《从 ICSID 到 WTO——多边投资争端解决机制之演进与比较》,载《商业经济与管理》2003 年第 3 期。

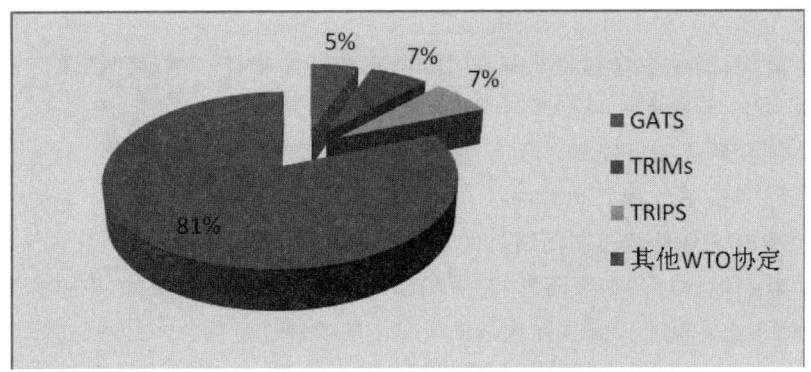

图 3-3　WTO 主要协定所涉争端比例示意图(单位:个)

数据来源:WTO

WTO 争端解决机构并未如学者所预想的那样成为更多类型的投资争端解决的场所。这至少提供了一种表面证据,即在解决跨国投资争端方面,ICSID 可能更受私人投资者的青睐,或者说,ICSID 可能是一个比 WTO 机制更有效的场所。就本书的写作目的而言,这种从实证统计得出的初步感性认识虽然粗糙却至关重要,因为它很可能扭转当前国内学者对于 ICSID 仲裁机制和 WTO 争端解决机制的普遍认识,因而也是下文思考的起点和动因。

三、ICSID 与 WTO 争端解决机制的有效性再探

20 世纪以来的经济全球化对国际社会的结构以及国际法的作用具有潜在的决定性影响。在这股市场化浪潮中,以经济行为体为代表的私人利益得到了前所未有的重视。正如希哈塔(Ibrahim F. I. Shihata)所言:"在指令性计划经济向市场经济转型的大背景下,通过适当的机构顺利解决争端极为重要。……(经济行为体)长远商业战略的成功取决于一个稳定而可预见的环境,从而有助于其理性评估商业风险,降低交易成本,克服市场失灵和政府专断的缺陷。在这种情况下,公正而有效的争端解决机构必须成

为一个法律框架不可或缺的组成部分。"①

无疑,这一理念与演进中的国际法实践高度契合。考虑到在经济全球化背景下,跨国私人经济体所面临的商业及非商业风险将远大于一国境内的本国贸易商和投资者,并承受着更大的不确定性和不可预测性,晚近的国际经济条约不约而同地建立了自成体系的争端解决机制,WTO 争端解决机制和 ICSID 仲裁机制便颇具代表性。

就制度设计的初衷而言,有效的争端解决机制对于条约义务的实施至关重要,它有助于锁定并强化条约所赋予的各种优惠利益,对涉嫌违反条约义务的行为进行中立的裁判并为受损方提供救济,从而为贸易商和投资者提供稳定的合法期待,即相关贸易政策不会在进口方的自由裁量之下变得越来越具有限制性。② 然而,WTO 与 ICSID 争端解决机制是否实现了上述预期呢?

下文拟从三个方面——包括第三方裁判程序的可及性,裁决承认与执行的有效性,以及损失救济的有效性入手,从文本和实证两个维度对 WTO 与 ICSID 争端解决机制的有效性进行比较分析。鉴于 WTO 争端解决的专家组程序和 ICSID 仲裁机制在组织法层面的相似性,下文也主要围绕上述程序展开,而并未涵盖 WTO 争端解决的上诉机制和 ICSID 仲裁撤销制度。

(一)第三方裁判程序的可及性

在部分从事学科交叉研究的国际关系学者看来,"授权性"(delegation)是国际法律规则的内在要素,也是国际关系法律化(legalization)的标志之一。所谓"授权性",指独立的第三方(包括司法机关、仲裁机构及行政组织

---

① 参见 Ibrahim F. I. Shihata, *Complementary Reform: Essays on Legal, Judicial and Other Institutional Reforms Supported by the World Bank*, Kluwer Law International, 1997, pp. 33～24.

② 参见 Carsten Fink & Martín Molinuevo, East Asian Free Trade Agreements in Services: Key Architectural Elements, *Journal of International Economic Law*, 2008, Vol. 11, No. 2, p. 286.

等)有权执行、解释或在争端解决过程中适用规则,以及可能有权进一步制定规则。① 在国际社会组织化的浪潮中,国际争端解决机制的扩散化态势充分彰显了国际法的授权性。

1. 管辖权的确立

(1)WTO 争端解决机制管辖权的确立

尽管学者之间对 WTO 争端解决机制的司法或政治性质仍有歧见,②但一个基本的共识是:WTO 争端解决机制对 WTO 成员方之间涉及涵盖协定的争端具有强制管辖权(compulsory jurisdiction)。这种强制管辖权首先是源于 WTO 争端解决程序的制度设计。根据 DSU,当一个成员认为另一成员的措施与《WTO 协定》不符并提出磋商请求时,如果另一个成员在规定时间内未予答复,或拒不磋商,或通过磋商未能解决争端,则可应前者请求而进入专家组程序,③除非 WTO 争端解决机构经协商一致决定不设立专家组。④ 可见,在专家组的管辖权问题上,WTO 争端解决机构采取

---

① 2000 年,国际关系学界的权威刊物《国际组织》曾以特刊的形式围绕"法律化与世界政治"这一主题,集中探讨机制主义下的国际关系法制化问题。与会学者提出,界定国际法律规则的三要素包括义务性(obligation)、确定性(precision)和授权性(delegation)等三方面。详见 K. W. Abbott et al, The Concept of Legalization, *International Organization*, 2000, Vol. 54, No. 3, pp. 401~419.

② 曾令良教授认为,WTO 争端解决机制"绝不是一种司法性的体制或准司法性的体制,而是一种集各种政治方法、法律方法和准法律方法的综合性争端解决体制"。参见曾令良:《世界贸易组织法》,武汉大学出版社 1996 年版,第 134 页。余敏友教授等进一步指出,WTO 争端解决机构仍然是一个政治性机构。参见余敏友等:《WTO 争端解决机制概论》,上海人民出版社 2001 年版,第 83 页。但赵维田教授认为,就 DSU 绝大多数规定而言,"显然具有相对独立的司法性质,WTO 争端解决机构的职能多半属于司法管理"。参见赵维田:《WTO 司法机制的主要特征》,载《北大国际法与比较法评论》2002 年第 1 卷。

③ DSU 第 4 条第 3 款规定:"……如该成员未在收到请求之日起 10 天内作出答复,或未在收到请求之日起不超过 30 天的期限内或双方同意的其他时间内进行磋商,则请求进行磋商的成员可直接开始请求设立专家组。"第 4 条第 7 款规定:"如在收到磋商请求之日起 60 天内,磋商未能解决争端,则起诉方可请求设立专家组。如磋商各方共同认为磋商已不能解决争端,则起诉方可在 60 天期限内请求设立专家组。"

④ DSU 第 6 条第 1 款规定:"如起诉方提出请求,则专家组应最迟在此项请求首次作为一项议题列入争端解决机构议程的会议之后的争端解决机构会议上设立,除非在此次会上争端解决机构经协商一致决定不设立专家组。"

了"反向协商一致"(negative consensus)的方式,并对各个环节都设立了硬性的时限,从而有效避免了案件的久拖不决。

但就本书的研究目的而言,WTO争端解决机制在管辖权方面更重要的特色在于,它摆脱了以往国际争端解决方式的任择性局限,真正实现了WTO所有成员对其争端解决机制的概括性的普遍同意。得益于乌拉圭回合的一揽子谈判方式,WTO成员共同承诺,《WTO协定》应"供所有参加方……作为一个整体予以接受",①WTO成员"不得对本协定的任何条款提出保留"。② 换言之,除非根据WTO的规定程序退出协定,③每一WTO成员在批准WTO协定时,就已经表示了接受WTO争端解决机构强制管辖的意愿。④ 这种赋予WTO成员单方强制提交第三方解决的权利也被誉为乌拉圭回合对多边贸易体制最重要的改进。⑤

(2) ICSID仲裁庭管辖权的确立

而就ICSID仲裁机制的管辖权而言,它仍然停留在以合意为基础的传统范式上。《华盛顿公约》第25条规定,争端当事双方以书面形式同意将争端提交ICSID仲裁或调解是ICSID受理案件的前提。任何缔约国在没有表示同意之前,不因其批准、接受或认可《华盛顿公约》的事实,而被认为负有义务将任何特定的争端提交ICSID解决。⑥ 由于《华盛顿公约》并未规定"同意"的具体形式,实践中主要有三种:外国投资者与东道国政府在投资合

---

① 《乌拉圭回合多边贸易谈判结果最后文件》第4段。

② 《WTO协定》第16条第5款。

③ 参见《WTO协定》第15条。事实上,正是有忌于这种普遍性的强制管辖制度,美国在其国内法中引入了所谓的"事不过三"规则,即由5名联邦法官组成的专门委员会如果认定5年内有3份违反特定标准并对美国不利的专家组报告,美国国会就应考虑讨论退出WTO。参见 Gary Horlick, WTO Dispute Settlement and the Dole Commission, *Journal of World Trade*, 1995, Vol. 29, No. 6, pp. 45~48.

④ 参见赵维田:《迈进"世界贸易法"的新里程——从GATT到WTO》,载《国际贸易问题》1995年第2期。

⑤ 参见 Hoee Akman Bernard & Petros Mavroidis, WTO Dispute Settlement, Transparency and Surveillanc, *The World Economy*, 2000, Vol. 23, No. 4, pp. 527~542.

⑥ 参见《华盛顿公约》第25条。《ICSID执行董事会报告》进一步确认:"'同意'是ICSID管辖权的基石。"参见 ICSID, *ICSID Reports*, Vol. 1, Cambridge University Press, 1993, p. 28.

同中达成的 ICSID 仲裁条款；东道国外资法中的规定；以及双边投资条约中的 ICSID 仲裁条款。①

值得注意的事实是，随着晚近国际投资自由化浪潮的推进，在投资合同中纳入 ICSID 仲裁条款这种曾经"较为普遍的表达方式"已经式微；相反，自 20 世纪 90 年代以来，在双边投资条约中单方一次性概括同意 ICSID 仲裁成为几乎所有缔约国的政策取向。以中国为例，据笔者统计，2000 年之后几乎所有中国对外双边投资条约（41 份）均承诺，允许投资者将"因投资产生或因履行双边投资条约义务所产生的任何争端"提交国际仲裁；2003 年之后中国签订的双边投资条约更是无一例外对 ICSID 仲裁管辖权予以接受——只要双边投资条约缔约另一方是《华盛顿公约》的成员国。② 这也是当前 ICSID 仲裁同意的最主要方式——根据 ICSID 统计，截至 2014 年 12 月底，在 ICSID 登记受理的案件中，有 72.3% 是根据双边投资条约等条约中的概括性同意而提交 ICSID 管辖的，相对而言，根据东道国的外资法和投资者与东道国之间的投资合同中的同意方式提交仲裁的比例分别仅占 9.4% 和 18.3%。③

与《华盛顿公约》授予东道国"逐案审批权"采取个案同意的方式相反，④双边投资条约中的 ICSID 仲裁条款这种日趋广泛的同意方式不仅一次性地授权外国投资者可以将争端单方面提交国际仲裁，而且东道国不可随意撤销。尽管《华盛顿公约》的规定，只有在"当双方表示同意后"，这种合意才是不得单方撤销的；⑤换言之，在投资者做出同意之前，东道国撤回其

---

① 参见 ICSID, *ICSID Reports*, Vol. 1, Cambridge University Press, 1993, p. 28.
② 详见季烨：《中国双边投资条约政策与定位的实证分析》，载《国际经济法学刊》2009 年第 3 期。
③ ICSID, The ICSID Caseload: Statistics (Issue 2015-1), https://icsid.worldbank.org/apps/ICSIDWEB/resources/Pages/ICSID-Caseload-Statistics.aspx，访问日期：2015 年 2 月 20 日。
④ 参见陈安：《中外双边投资协定中的四大"安全阀"不宜贸然拆除——美、加型 BITs 谈判范本关键性"争端解决"条款剖析》，载《国际经济法学刊》2006 年第 1 期。
⑤ 《华盛顿公约》第 25 条第 1 款规定："中心的管辖适用于缔约国（或缔约国向中心指定的该国的任何组成部分或机构）和另一缔约国国民之间直接因投资而产生并经双方书面同意提交给中心的任何法律争端。当双方表示同意后，任何一方不得单方面撤销其同意。"

单方同意在理论上是可能的。然而,考虑到此类意思表示已经明确载于缔约国费尽周章才达成的双边投资条约中,其单方撤回或修改的现实可行性并不大。① 此外,考虑到晚近国际投资法的演进趋势,东道国撤回双边投资条约中的概括同意仲裁条款而回到逐案授权的方式亦不妥当:在技术层面,一国撤回其同意仲裁范围的行为,其法律后果在学理层面仍有争论,实践中亦无确定先例;② 在政策层面,鉴于双边投资条约的规定被认为是一国对外国投资者及其投资发出的信号——即其晚近采取的自由化经济改革措施不会出现反复,③ 上述突变很可能被理解为该国投资政策的紧缩和对外资的不友好态度,并对其吸引外资的努力产生负面影响。④ 可见,以概括同意为基石的 ICSID 仲裁管辖权在法律上已有相当程度的强制性因素,而且在政治层面还具有"锁定并逐步前进"的功能。

(3)分析与评论

对比前述两种争端解决机制关于管辖权的规定,必须承认,WTO 争端

---

① 正是有鉴于此,这种全盘接受 ICSID 管辖权的做法,在阿根廷紧急危机引发如潮官司的背景下,引发了国内学者的反思甚至激烈批评。有论者认为,这种做法对面临转型期政策变动可能产生的不利后果未予充分考虑,"放权过快、弃权过多",即便对比美国、加拿大等发达国家的实践,也是一种"超前之举"。详见陈安:《中外双边投资协定中的四大"安全阀"不宜贸然拆除——美、加型 BITs 谈判范本关键性"争端解决"条款剖析》,载《国际经济法学刊》2006 年第 1 期。王海浪:《"落后"还是"超前"?——论中国对 ICSID 管辖权的同意》,载《国际经济法学刊》2006 年第 1 期;蔡从燕:《不慎放权,如潮官司——阿根廷轻率对待投资争端管辖权的惨痛教训》,载《国际经济法学刊》2006 年第 1 期。

② Andrea K. Bjorklund, Private Rights and Public International Law: Why Competition among International Economic Law Tribunals Is Not Working?, *Hastings Law Journal*, 2007, Vol. 59, pp. 269~270; Guglya Leonila, The Interplay of International Dispute Resolution Mechanisms-the Softwood Lumber Controversy, *Journal of International Dispute Settlement*, 2011, Vol. 2, No. 1, pp. 198, 200.

③ Pierre Sauvé, Scaling Back Ambitions on Investment Rule-Making at the WTO, *Journal of World Trade & Investment*, 2001, Vol. 2, No. 3, p.529.

④ 例如,蔡从燕教授认为,包括跨国投资在内的私人财产权是国际法运行的内在逻辑。虽然晚近私人在国际投资领域都对于主权国家规制经济活动的权威构成严重挑战,但 2007 年起厄瓜多尔相继退出《华盛顿公约》、废除所签署的部分双边投资条约的做法"未必是明智的",而仍应坚持增进与保护私人财产权的基本方向。参见蔡从燕:《国际法的财产权逻辑》,载《法律科学》2001 年第 1 期。

解决机制比 ICSID 更具强制性因素。这种对强制管辖的同意直接与国际组织或法律体制的成员资格挂钩,而审判程序通常自一方争端当事人提交案件开始就正式启动,真正实现了国际裁判机制管辖权从"合意范式"(consensual paradigm)向"强制范式"(compulsory paradigm)的转变。①

但应予注意的是,ICSID 仲裁机制事实上的强制性亦不可小觑。用尽当地救济曾被国际法院称为"国际法业已确立的规则",②在传统的用尽当地救济规则中,"条约争端解决条款中没有规定当地救济并不意味着东道国默示地放弃了用尽当地救济"。③ 包含这思想的"卡尔沃主义"曾于 20 世纪上半叶在拉美国家乃至全球新兴国家大放异彩,④但如今却被虚化甚至否认。⑤ 取而代之的主流实践是,东道国政府普遍地在双边投资条约中单方发出同意国际仲裁的"要约",从而是否诉诸国际仲裁的主动权就操之于私人之手。与 WTO 那样的国家间争端解决程序相比,私人的诉求更加单纯而直接地指向其经济利益。正如蔡从燕教授所言,"国家在实施国际法过程中会综合考虑全体公民乃至国际社会的整体或普遍利益,私人参与国际法

---

① Cesare P. R. Romano, The Shift from the Consensual to the Compulsory Paradigm in the Adjudication: Elements for a Theory of Consen, *New York University Journal of International Law and Politics*, 2007, Vol. 39, pp. 795~596.

② [英]詹宁斯、瓦茨修订:《奥本海国际法》(第一卷第一分册),王铁崖等译,中国大百科全书出版社 1995 年版,第 414 页。

③ 但《华盛顿公约》第 26 条的规定却意味着,如果缔约国不明确要求,则视为放弃了这项权利。而 1995—2006 年间缔结的多数双边投资条约都没有规定用尽当地救济规则。参见 UNCTAD, *Bilateral Investment Treaties* 1995—2006: *Trends in Investment Rulemaking*, United Nations, 2007, pp. 108~109.

④ Wenhua Shan, Is Calvo Dead?, *American Journal of Comparative Law*, 2007, Vol. 55, No. 1, pp. 123~133

⑤ [英]詹宁斯、瓦茨修订:《奥本海国际法》(第一卷第一分册),王铁崖等译,中国大百科全书出版社 1995 年版,第 414 页。但《华盛顿公约》第 26 条的规定却意味着,如果缔约国不明确要求,则视为放弃了这项权利。而 1995~2006 年间缔结的多数双边投资条约都没有规定用尽当地救济规则。参见 UNCTAD, *Bilateral Investment Treaties* 1995—2006: *Trends in Investment Rulemaking*, United Nations, 2007, pp. 108~109.

实施机制的目的只能是个体或局部的"，① 自然也更容易产生诉诸国际仲裁的冲动。② 数据显示，2005 年至 2014 年十年间，ICSID 的年均受案量已达 32.5 个，而上一个十年的年均受案量仅为 15 个。相较而言，WTO 则有下降趋势，1995 至 2004 十年间年均受理案件 32.4 个，而此后十年年均受案仅 16.4 个。

借用哈耶克提出的概念，③ 如果将 WTO 争端解决机制中的强制管辖权视为一种与其成员资格相挂钩的"强制的秩序"，那么，ICSID 仲裁以合意为基石的管辖权则可视为是一种"自发的秩序"。④ 种种迹象表明，ICSID 仲裁管辖权所要求的合意，并未成为当事方寻求第三方争端解决的真正障碍；相反，正是由于私人可以如此容易地绕过东道国而直接诉诸 ICSID 国际仲裁，这才引起了相关国家乃至 ICSID 本身的隐忧。例如，自 20 世纪 90 年代末以来，ICSID 的受案量的爆炸式增长加剧了其在效率方面的挑战，以至于 ICSID 不得不呼吁投资者积极利用 ICSID 调解机制或辅助谈判

---

① 蔡从燕：《外国投资者利用国际投资仲裁机制新发展反思——国际法实施机制与南北矛盾的双重视角》，载《法学家》2007 年第 3 期。

② 这也是 ICSID 仲裁机制相对于传统外交保护方式的比较优势之一，后者被普遍认为可能夹带过多的国家利益考量，这种政治化的解决方式甚至可能激化国家间矛盾，并不利于对投资者的有效保护。参见刘笋：《WTO 法律规则体系对国际投资法的影响》，中国法制出版社 2001 年版，第 282~283 页。

③ 参见[英]弗里德利希·冯·哈耶克：《法律、立法与自由》（第一卷），邓正来等译，中国大百科全书出版社 2001 年版，第 54~57 页。

④ 当然，双边投资条约的缔约国在缔约过程中是"自发"还是无意识，甚至是被迫地全盘接受 ICSID 管辖权，则是可探讨的另一个问题。一方面，原美国国务院双边投资条约谈判小组成员阿尔瓦雷斯（Alvarez）坦言："对于许多国家来说，缔结双边投资条约几乎不是自愿、没有强制的交易。……迄今美国双边投资条约范本普遍被认为是一种'要么接受，要么放弃'的建议，……双边投资条约谈判不是平等主权国家之间的谈判。它更像是一场由美国根据其规矩开设的密集的培训班。"参见 Andrew T. Guzman, Why LDCs Sign Treaties that Hurt Them: Explaining the Popularity of Bilateral Investment Treaties, *Virginia Journal of International Law*, 1998, Vol. 38, pp. 666~667. 但另一方面，如果据此一般性地认为双边投资条约都是大国意志强加的产物，这并不客观，否则就无法解释南南国家之间的双边投资条约也普遍全盘接受 ICSID 管辖权的现状。

(assisted negotiation)制度自行解决争端。① 此外,美国于 2004 年发布的新双边投资条约范本也规定,仲裁庭应当对疑似骚扰性申诉(frivolous claim)作为先决问题先行决定并让败诉方承担相关费用,这也被视为对投资者滥用诉权的一种回应。② 从这个意义上说,以"合意范式"为基础的 ICSID 仲裁机制的有效性至少并不逊色于以"强制范式"闻名的 WTO 争端解决机制,这也从侧面印证了自发秩序相较于强制秩序的比较优势。

2.专家组/仲裁庭的组成

在国际争端解决过程中,第三方裁判程序的实现不仅取决于相关制度设计能够保证法庭或仲裁庭能够获得管辖权,还在于法庭或仲裁庭是否能够顺利组成以便实际行使管辖权。考虑到无论是 WTO 专家组程序还是 ICSID 仲裁程序的裁判主体都是针对个案临时设立的非常设机构,③这一点至关重要,因为从普通商事仲裁的实践经验来看,故意拖延仲裁庭的组成已经成为一种应诉策略。

(1)文本与实践

从文本规定看,WTO 专家组成员和 ICSID 仲裁庭仲裁员的挑选都贯彻了意思自治原则。在 WTO 专家组程序中,WTO 秘书处应向争端各方建议专家组成人员的提名,经争端当事方一致选定。④ 在 ICSID 仲裁程序中,仲裁庭的人数和成员亦由争端当事方决定,如不能达成协议,则由每一方各任命仲裁员一名,第三人由双方协议任命,并担任首席仲裁员。⑤

同时,WTO 争端解决机构对 WTO 专家组遴选程序的控制力比 ICSID 更强,在仲裁庭组成的时效要求也更为严格。为了防止争端双方因积怨而

---

① 参见 Roberto Dañino, Opening Remarks, in ICSID, OECD & UNCTAD, *Making the Most of International Investment Agreements: A Common Agenda*, OECD, 2005, p.3.

② 参见美国 2004 年双边投资条约范本第 28 条第 4、5、6 款。

③ 根据规定,WTO 和 ICSID 秘书处都备有一份专家指示性名单或仲裁员名册,以供争端当事方或 WTO 争端解决机构主席/ICSID 行政理事会主席挑选。参见 DSU 第 8 条第 4 款,以及《华盛顿公约》第 3 条。此外,《华盛顿公约》第 40 条还明确,仲裁员不一定要从名册中挑选。至于 WTO 专家组成员是否可以从指示性名单以外挑选,DSU 并无明文规定,但曾令良教授认为不能排除这种可能性。参见曾令良:《WTO:一种自成体系的国际法治模式》,载《国际经济法学刊》2011 年第 4 期。

④ 参见 DSU 第 8 条第 6、7 款。

⑤ 参见《华盛顿公约》第 37 条第 2 款。

有意无意在专家组成员挑选方面久拖不决,DSU 规定,如果争端双方自决定设立专家组之日起 20 天内未能就专家组成员达成协议,WTO 总干事应在任何一方请求后的 10 天内,自行决定专家组的组成。① 尽管 DSU 规定总干事指定人选时应与争端各方磋商,②但在实践中,其指定的人选无须争端各方的同意,即使争端方存在不同意见也不能反对。③ 换言之,即便因争端当事方的不合作而导致专家组"难产",这种裁判者缺位的现象最长只会延续 30 天。相较而言,《华盛顿公约》虽然也赋予了行政理事会主席指定仲裁员的职权,但或许是为了尊重争端当事方,尤其是私人投资者的意思自治,公约并未明确相应的时限,这也导致了实践中,ICSID 仲裁庭组成大多需要半年以上时间,甚至长达 1 年多之久。④

此外,WTO 秘书处对专家组组成的控制力还体现在,在既往案件中,由于争端双方难以达成一致,"多数"专家组都是由总干事指定而组成的,⑤而这一比例明显高于 ICSID:据时任 ICSID 秘书长罗伯特·丹尼诺(Roberto Daniño)透露,ICSID 仲裁员只有在特殊情况才由行政理事会主席指定,这一比例在 2005 年仅为 23%。⑥ 这也是《华盛顿公约》允许争端方之间、行政理事会主席与争端双方之间就仲裁员充分协商的自然结果。

(2) 分析与评论

可见,WTO 专家组程序和 ICSID 仲裁机制均有相应的制度设计,以避

---

① 参见 DSU 第 8 条第 7 款。

② 参见 DSU 第 8 条第 7 款。

③ DSU 第 8 条第 6 款规定:"……争端各方不得反对(秘书处的——笔者注)提名,除非由于无法控制的原因。"在极少数案件中,争端一方认为自身利益可能严重受损并试图挑战 WTO 总干事在指定专家组成员方面的适当性,但均以失败告终。参见纪文华、张侃:《2009 年 WTO 争端解决活动及中国参与情况述评》,载《国际经济法学刊》2011 年第 3 期。

④ Amco Asia Corporation and others v. Republic of Indonesia,ARB/81/1,该案于 1981 年 2 月 27 日被 ICSID 秘书处登记受理,但直到 1982 年 3 月 31 日才完成仲裁庭的组成程序。

⑤ 参见纪文华、张侃:《2009 年 WTO 争端解决活动及中国参与情况述评》,载《国际经济法学刊》2011 年第 3 期。

⑥ 参见 Roberto Daniño, Opening Remarks, in ICSID, OECD & UNCTAD, *Making the Most of International Investment Agreements: A Common Agenda*, OECD, 2005, p. 3.

免争端方主观恶意拖延或客观上无法就裁判人选达成一致而导致的程序死结（procedural deadlock），但前者在时效方面的要求更为明确和严格，因而也更加快捷。尽管有学者认为，充分赋予当事方指定仲裁员有助于未来的仲裁庭澄清技术性问题并作出更加全面、充分的判决，①但实践中并无证据表明，WTO 在专家组成员挑选方面的严格时限和 WTO 总干事在这方面的积极作用阻碍了上述目标的实现。因此，笔者认为，WTO 在专家组组成方面体现的效率并未损害其正当性，值得借鉴。

(二)损失救济的有效性

无救济则无权利。救济的功能主要表现在两个方面，即对事后对违法行为的纠正，以及对潜在违法的预防和威慑作用。② 在国际法上，根据联合国国际法委员会起草的 2001 年《国家对国际不法行为的责任条款草案》(Draft Articles on Responsibility of States for Internationally Wrongful Acts，下文简称《国家责任草案》)，国际不法行为的责任形式包括继续履行、停止不法行为、赔偿（包括恢复原状、补偿和抵偿）、保证不重犯等。③ 其中，停止不法行为和保证不重犯这两种责任形式是预期性的（prospective），着眼于保证今后行为的合法性；赔偿则具有回溯性（retroactive），目的在于消除已经发生的不法行为的不良后果。因此，对某一不法行为的救济似应同时具有上述两种功能方显完备。

然而，这一理想在国际法律实践中却存在诸多限制。一方面，现代国际法上的责任在很大程度上具有内在等级先后顺序。以赔偿为例，如果不法行为造成了物质损害，只有在恢复原状具备现实可能性，并且从中得到的利益不致与所引起的负担完全不成比例的情况下，受害国方可要求恢复原状；如果恢复原状不可能或不能完全弥补损失，且损失可以通过经济方法评估，

---

① 参见 Olga K. Byrne, A New Code of Ethics for Commercial Arbitrators: The Neutrality of Party-Appointed Arbitrators on a Tripartite Panel, *Fordham Urban Law Journal*, 2003, Vol. 30, pp. 18～19; Richard M. Mosk, Role of Party-Appointed Arbitrators in International Arbitration: The Experience of the Iran-United States Claims Tribunal, *Transnational Law*, 1988, Vol. 1, p. 253.

② 参见张光杰主编：《法理学导论》，复旦大学出版社 2006 年版，第 203～204 页。

③ 参见《国家责任草案》第 29 条至第 31 条、第 34 条至第 39 条。对于严重违背国际强行法的行为，各国还可以进行合作制止该不法行为，不承认其行为合法，不得予以协助或援助以及其他可能的后果。参见《国家责任草案》第 42 条。

受害国才能要求补偿;对于不法行为造成的精神损害,只能以抵偿的方法进行弥补,且不得与损失不成比例,亦不得采取羞辱责任国的方式进行。① 另一方面,尽管国际法允许受害国根据情况合并使用恢复原状、补偿和抵偿等责任方式,但受制于国际争端解决机构的管辖权,其所能采取的救济方式也可能是有限的。这意味着,争端当事人可能不得不同时求助于多个裁判机构方可得到完整的救济。相对于国家当事方而言,私人所能运用的资源或途径更为有限,因为他们只在有限的国际性争端裁判机构中享有诉权。

1. WTO 争端解决机制的损失救济

早在 GATT 时代,尽管一些专家组在一些案件中采取了回溯性救济(包括撤销并给予补偿),但这一做法并非主流,而只是出现在 5 个涉及反倾销、反补贴的案件中。② WTO 争端解决机制也被普遍认为继承了这一习惯做法,所提供的救济在很大程度上属于停止不法行为。根据 DSU 第 3 条第 7 款的规定,撤销违反措施、补偿和授权中止减让或其他义务是 WTO 争端解决机制的三种法律救济手段,但他们之间存在一定的等级关系,即撤销不符措施是首要手段,补偿是临时措施,中止减让则是最后手段。③ 将撤销不符措施作为首要救济手段而限制使用其他措施,这一规定表明,WTO 争端解决机制只能提供预期性救济,而无权施加回溯性救济。这一点也得到了

---

① 参见《国家责任草案》第 35 条至第 37 条。

② 参见 P. C. MAVROIDIS, Remedies in the WTO Legal System: between a Rock and a Hard Place, *European Journal of International Law*, 2000, Vol. 11, No. 4, pp. 774~777.

③ 参见 DSU 第 3 条第 7 款,以及 Patricio Grane, Remedies under WTO Law, *Journal of International Economic Law*, 2001, Vol. 4, No. 4, pp. 760~761.

WTO 判例法的不断确认。①

此外,补偿和中止减让这两种救济途径也存在局限性。就补偿式救济而言,如果 WTO 成员未能及时纠正其与协定不符的措施,或者相关建议和裁决未能在合理期限内得以执行,WTO 也允许争议双方进行"双方均可接受的补偿"。②然而,该救济方式的选择并不具有强制性,而要争端方在短短 20 天内达成一个可行的补偿方案难度极大。此外,虽然补偿的具体形式包括贸易赔偿和货币赔偿两种——前者指被诉方降低申诉方出口产品的关税水平,后者则是在被诉方的不符措施仍然继续存在时向申诉方或代表产业团体支付一定数量的货币,③但实践中更多是以贸易减让的形式进行。④

与此同时,被誉为 WTO 救济中"最后一招"(last resort)的授权报复也越来越被认为存在制度缺陷:一方面,从政策取向上看,该种报复性的贸易限制措施与贸易自由化这一更大的 WTO 宗旨背道而驰;另一方面,从经济

---

① 例如,欧共体香蕉案(厄瓜多尔)第 21 条第 5 款程序的专家组报告指出,DSU 第 3 条第 7 款要求在合理期限届满后,WTO 争端解决机构所通过的建议和裁定应不溯及既往地执行。参见 European Communities—Regime For The Importation, Sale And Distribution Of Bananas—Recourse To Article 21.5 By Ecuador, Report Of The Panel, WT/DS27/RW/ECU, 12 April 1999, para. 6.10. 同样,欧共体香蕉案第 22 条第 6 款程序的仲裁报告也认为,利益丧失和损害的水平应以合理期限结束时的水平为准。参见 European Communities—Regime For The Importation, Sale And Distribution of Bananas—Recourse To Arbitration By The European Communities Under Article 22.6 of The DSU, Decision By The Arbitrators, WT/DS27/ARB/ECU, 24 March 2000, para. 171.

② 参见 DSU 第 22 条第 2 款。

③ 参见 DAVIES, ARWEL. Reviewing Dispute Settlement at the World Trade Organization: a Time to Reconsider the Roles of Compensation? [J]. World Trade Review, 2006, 5 (1): 38.

④ 参见杨国华、李咏箑:《WTO 争端解决程序详解》,中国方正出版社 2004 年版,第 120 页。值得注意的是,美国对外签署的一些 FTA 规定,只要被诉方向申诉方发出愿意支付货币补偿的书面通知,申诉方就不得采取中止利益的方法。双方应在被诉方发出书面通知后的 10 天内就货币赔偿的数量进行磋商。如果在磋商开始后的 30 天内双方没有达成一致协议,赔偿数量应相当于专家组确定的利益水平的 50%;在没有经过专家组确定的情况下,应为申诉方拟议中止的利益水平的 50%。例见美国—澳大利亚 FTA 第 21 条第 11 款,美国—巴林 FTA 第 19 条第 11 款,美国—智利 FTA 第 22 条第 15 款。

互补的角度看,这种限制的事实也很容易使实施报复的申诉方"搬起石头砸自己的脚"(shoot yourself in the foot)。① 在相互依赖不断加深的全球化世界中,不同成员的产业链相互交织,如何"可行"而"有效"地选择实施交叉报复的部门,对受损方成员而言,无疑是一个棘手的问题。相较而言,虽然补偿式救济有助于减少贸易扭曲,在适用顺位上也优先于中止减让,但由于合意难以达成,实践中争端当事方往往直接跳过而适用中止减让。②

可见,WTO救济机制的实质在于,它不是决定当事国在有关案件中的胜败或制裁某一当事方,而是求得有关争端的即时解决,维持和恢复争端当事国依照有关协定的权利和义务之间的平衡,③并利用贸易制裁的可能性来引导成员方对WTO义务的遵守。④

正是因为如此,WTO争端解决机制运行近二十年来,纠正不符措施始终是违反WTO成员承担责任的主要形式,实施补偿的案件只有3起;⑤而通过DSU第22.6条仲裁实施报复的案件也是少之又少:截至2010年底,

---

① 例见 Mavroidis Hoekman, WTO Dispute Settlement, Transparency and Surveillance, *The World Economy*, 2000, Vol. 23, No. 4, pp. 527~42; Pauwelyn Joost, Enforcement and Countermeasures in the WTO: Rules are Rules, *American Journal of International Law*, 2000, Vol. 94, No. 2, pp. 335~347.

② 参见 Kym Anderson, Peculiarities of Retaliation in WTO Dispute Settlement, *World Trade Review*, 2002, Vol. 1, No. 2, p. 126.

③ 参见曾令良:《世界贸易组织法》,武汉大学出版社1996年版,第134页。

④ 参见 Steve Charnovitz, Rethinking WTO Trade Sanctions, *American Journal of International Law*, 2001, Vol. 95, p. 831; Chi Carmody, Remedies and Conformity Under the WTO Agreement, *Journal of International Economic Law*, 2002, Vol. 5, No. 2, pp. 309,316.

⑤ 包括(1)WT/DS8/19,WT/DS10/19,WT/DS11/17,WT/DS8/20,WT/DS10/20,WT/DS11/18:日本的酒税法;(2)WT/DS34:土耳其纺织品案;(3)WT/DS160/23:美国著作权法第110(5)节案。其中,唯有美国著作权法第110(5)节案采取了货币补偿的救济方式。

申请报复的仅有 18 个案件,涉及争端 22 个,①其中有 11 个争端以双方达成临时协议并中止或撤销仲裁。换言之,真正实施报复的争端仅占 WTO 目前 120 个已决案件的 15%。

2. ICSID 仲裁机制的损失救济

国际投资仲裁的一大创举,就是赋予私人独立的诉讼地位,并对跨国投资中的受损利益直接求偿。相对于 NAFTA 所规定的两种有限的救济方式而言,②《华盛顿公约》的规定更为开放和多样。尽管公约并未规定具体的救济方式,其谈判史却明确,仲裁庭有权要求被诉东道国履行非金钱上的

---

① 这些案件分别是(1)WT/DS/27:欧共体—香蕉进口、销售和分销体制案;(2)WT/DS/26 和 WT/DS/48:欧共体—关于肉类及肉类制品的措施(荷尔蒙)案;(3)WT/DS/18:澳大利亚—影响鲑鱼进口的措施案;(4)WT/DS/46:巴西—飞机出口融资项目案;(5)WT/DS/108:美国—"外销公司"税收待遇案;(6)WT/DS/103 和 WT/DS/113:加拿大—影响牛奶进口和奶制品出口的措施案;(7)WT/DS/136 和 WT/DS/16:美国—"1916 年反倾销法"案;(8)WT/DS/222:加拿大—区域航空器出口信贷和贷款担保案;(9)WT/DS/217 和 WT/DS/234:美国—"2000 年持续倾销和补贴抵消法"案;(10)WT/DS/245:日本—影响苹果进口的措施案;(11)WT/DS/257:美国—对加拿大软木材最终反补贴措施案;(12)WT/DS/277:美国—美国国际贸易委员会对加拿大软木材调查案;(13)WT/DS/264:美国—对加拿大软木材最终反倾销裁定案;(14)WT/DS/268:美国—对阿根廷石油国管状产品反倾销措施日落复审案;(15)WT/DS/267:美国—高地棉花补贴案(SCM 4.11 和 SCM 7.10);(16)WT/DS/285:美国—影响跨国提供赌博服务的措施案;(17)WT/DS/322:美国—有关归零和日落复审措施案;(18)WT/DS/291:欧共体—影响生物技术产品的批准和销售的措施案。其中,欧共体香蕉案(DS27)中,美国和厄瓜多尔是案件的共同起诉方,属于同一案件(编号),但报复水平的仲裁分别进行,形成两个仲裁裁决;在欧共体荷尔蒙案(DS26;DS28)、美国"2000 年持续倾销和补贴抵消法"案(DS217;DS234)中,多个成员方针对同一成员方同一措施起诉,属于不同案件(编号),但在报复阶段,多个成员方共同提出授权报复请求,仲裁合并进行,但形成多个裁决。参见 http://www.worldtradelaw.net/reports/226awards/suspensionawards.asp.,下载日期:2014 年 12 月 20 日。

② 根据 NAFTA 第 1135 条的规定,仲裁庭作出的裁决只能采取两种救济方式:(1)金钱赔偿及其利息;(2)恢复原状。但后一种措施只适用于有限的情形,即投资者的裁判被完全非法征收,并且返还具有现实可能性。如果东道国并没有转移对财产的占有,而只是违反了有关待遇标准,则不能采取此种救济方式。参见 Martin Molinuevo, Can Foreign Investors in Services Benefit from WTO Dispute Settlement? Legal Standing and Remedies in WTO and International Arbitration, *National Centres of Competence in Research* (Working Paper No. 2006/17), p.21.

义务(如执行仲裁庭签发的禁令,或要求给投资者发放签证或居留证)。① 但鉴于对主权国家强制执行非金钱义务存在现实困难,《华盛顿公约》只要求缔约国履行裁决中的金钱义务,②包括支付预定违约金、罚款等。③ 正是由于货币赔偿式救济具有条约机制的保障,它也成为实践中仲裁庭采取的通行做法。④

这种赔偿既可能是为既有损失的赔偿,还可能包括对未来预期损失的赔偿,后者则是常态。以最为常见的征收补偿为例,无论是学术界还是实务界,多数观点都主张区分合法征收和非法征收,对于前者只补偿(compensation)投资者的直接损失,而对后者还需赔偿间接损失(damage),即预期利润。⑤ 英国著名国际法学者劳特派特和希金斯甚至主张,不论是非法征收还是合法征收,东道国的补偿都应包括间接损失在内。⑥ 由于在计算间接损失方面仲裁庭所采纳的估值方法普遍偏向投资者,⑦晚近投资仲裁案件的补偿额动辄上亿,*Methanex* 公司诉美国案中申请人的求偿额达 10 亿美元,创下了 NAFTA 项下单个案件求偿金额的最

---

① 参见 Aron Broches, Awards Rendered Awards Rendered Pursuant to the ICSID Convention: Binding Force, Finality, Recognition, Enforcement, Execution, *ICSID Review—Foreign Investment Law Journal*, 1987, Vol. 2, p. 315.

② 参见《华盛顿公约》第 54 条第 1 款。

③ 参见 Aron Broches, Awards Rendered Awards Rendered Pursuant to the ICSID Convention: Binding Force, Finality, Recognition, Enforcement, Execution, *ICSID Review—Foreign Investment Law Journal*, 1987, Vol. 2, p. 316.

④ 参见 Campbel Mclachlanl, Laurence Shore & Matthew Weiniger, *International Investment Arbitration: Substantive Principles*, Oxford University Press, 2007, pp. 341~343.

⑤ 参见 W. Micheal Reisman & Robert D. Sloane, Indirect Expropriation and Its Valuation in the BIT Generation, *The British Year Book of International Law*, 2003. p. 137. Ian Brownlie, *Principles of Public International Law*, 5th ed., Oxford University Press, 1998, p. 541. M. Sornarajah, *The International Law on Foreign Investment*, 2nd ed., Cambridge University Press, 2004, p. 487.

⑥ 参见 p. E. Comeaux & N. S. Kinsella, *Protecting Foreign Investments under International law: Legal Aspects of Political Pisk*, Oceana Publications Inc., 1997, pp. 89~91.

⑦ 关于征收补偿额的计算方法,详见徐崇利:《外资征收中的补偿额计算》,载《国际经济法学刊》2006 年第 1 期。

高纪录,在美国的征收史上亦属空前。①

3. 分析与评论

事实上,即便不考虑传统的私力救济,法律化的报复依然是以实力为后盾的,即受损方应有能力去精确界定自己的利益,合理选择报复的对象,以免伤及自身。从这个意义上看,金钱赔偿无疑是对利益受损者最有效的救济方式。与中止减让相比,金钱赔偿具有更大和更直接的经济意义,并在一定程度上解决了发展中国家因贸易量小而面临的报复能力弱的问题;②与贸易赔偿相比,货币赔偿不容易招致国内相关产业的反对,也不会波及其他无辜产业,更不会受最惠国待遇义务的约束。③

正因为如此,对于跨国投资者和贸易商而言,WTO 所采取的以纠正不符措施为主的救济无法弥补其在不符措施得以纠正前所受到的经济损失和机会的丧失,甚至被极端地指责为"未能对实际受到损害的人提供任何救济",④而 ICSID 却很好地弥补了这方面的缺陷。或许是认识到 WTO 争端解决机制只提供预期性救济的不足,WTO 专家组在个别案件中还是有意无意地授权实施带有回溯性色彩的救济。例如,在"澳大利亚皮革案"第 21 条第 5 款程序中,专家组认为:"《SCM 协定》第 4 条第 7 款中规定的'撤销补贴'并不仅仅限于预期行为,还包括偿还(——笔者注)禁止性补贴。"换言

---

① Joel C. Beauvais, Regulatory Expropriations under NAFTA: Emerging Principles & Lingering Doubts, *New York University Environmental Law Journal*, 2002, Vol. 10, p. 245.

② Joost Pauwelyn, Enforcement and Countermeasures in the WTO: Rules Are Rules—Towards a More Collective Approach, *American Journal of International Law*, 2000, Vol. 94. p. 346.

③ 有学者认为,贸易赔偿虽然是建立在双边协议的基础上,但必须遵循最惠国待遇而对争端方之外的第三国实施。参见 Yuka Fukunage, Securing Compliance through the WTO Dispute Settlement System: Implementation of DSB Recommendations, *Journal of International Economic Law*, 2006, Vol. 9, No. 2, p. 415.

④ Marco Bronckers & Naboth Van Den Broek, Financial Compensation in the WTO: Improving the Remedies of WTO Dispute Settlement, *Journal of International Economic Law*, 2005, Vol. 8, No. 1, p. 103.

之,专家组的建议具有回溯性,因而被认为是一种"超前现象"而备受争议。[①] 而在正在进行的新一轮多哈回合谈判中,不少 WTO 成员,尤其是不发达成员,更是极力建议增强回溯性金钱补偿方式,[②]并加强报复手段的有效性。[③]

(三)裁决承认与执行的有效性

任何法律制度都需要特别关注执行问题,否则,法律权利就会成为幻影,这一点对于仍普遍缺乏直接实施机制的国际法而言更为重要。[④] 而 20 世纪的重大转变之一,便是国际社会努力以国际组织取代单个国家或国家集团来实施国际法。[⑤] 相对于过去由不法行为的加害国出于良心自愿履行或受害国自助执行国际法而言,这种依靠第三方的政治权威和潜在强制来保证国际裁决得以承认和执行的制度安排,要先进和合理得多。

1. WTO 专家组裁决的承认与执行

虽然 DSU 中并没有像《联合国宪章》那样明确要求会员国在作为国际法院受理案件的当事方时"承诺遵行国际法院之判决",[⑥]但鉴于 WTO 争端解决机制的宗旨是"澄清……协定的现有规定",[⑦]而保证其法律、法规和行政程序与这些规定义务的一致性又是 WTO 成员不得保留的义务,[⑧]因

---

① 尽管如此,专家组还是承认了撤销补贴"并非一种旨在完全恢复原状的救济,亦非任何提供补偿或赔偿的救济",并以此为由,驳回了美国进一步要求偿还补贴利息的要求。参见 Australia—Subsidies Provided to Producers and Exporters of Automotive Leather, Recourse to Article 21.5 of the DSU by The United States, Report of The Panel, WT/DS126/RW, 21 January 2000, paras.6.39~49.

② TN/DS/W/17,9 October 2002. 在这份提案中,赞比亚建议,补偿应优先选择金钱补偿的方式,并应与被指控措施所直接产生或可预见的损失或损害相等。损失或损害量应自该成员违法地采取被指控措施之日起计算。

③ TN/DS/W/17,9 October 2002. 在提案中,发展中国家成员主张有权自行选择报复的部门(古巴等九国)和方式(牙买加),增加集体报复(赞比亚),转让报复权(墨西哥)。

④ Jeff Waincymer, *WTO Litigation: Procedural Aspects of Formal Dispute Settlement*, Cameron May International Law & Politics, 2002, p.631.

⑤ Benjamin B. Ferencz, *Enforcing International Law: A Way to World Peace—A Documentary History and Analysis*, Oceana Publications, 1983, p.xii.

⑥ 参见《联合国宪章》第 94 条第 1 款。

⑦ 参见 DSU 第 3 条第 2 款。

⑧ 参见《WTO 协定》第 16 条第 4、5 款。

此,由争端解决机构采取反向一致方式通过的报告毫无疑问具有法律约束力。① 换言之,WTO 成员或许可以质疑争端解决机构报告的正当性和合理性,却没有任何空间去否认争端解决机构报告的法律约束力。

随着越来越多的专家组报告或上诉机构报告的通过,争端解决机构报告的执行成为人们的关注焦点。作为 GATT 时代后的新生事物,DSU 第 21 条和第 22 条规定(强制)执行机制更是考察 WTO 争端解决机制的重心。目前,包括 WTO 自身和一些评论人士在内的多数观点都认为"WTO 争端解决机制运行良好"。② 一则广为引用的数据是,80% 的 WTO 裁决均得以执行,远超 GATT 时代 63% 的执行率。③ 另据曾担任 WTO 秘书处法律司官员的戴维(William J. Davey)教授所作的统计,在截至 2005 年 9 月争端解决机构通过的 58 个因被诉方败诉而需要执行的争端中,得到执行的有 48 个,成功执行率高达 83%。④ 然而,麦克雷(Donald McRae)指出,上述统计方法存在缺陷,因为戴维教授将那些争端当事方并没有执行争端解决机构的建议而是私下达成谅解的案件归入完全执行,也没有排除那些不完全执行的案件,并不妥当。⑤

常景龙对 WTO 裁决的执行情况做了更为细致的考察。他指出,截至 2009 年年底 WTO 争端解决机构通过的 111 个案件报告中,需要执行的有 98 个。其中,立即执行率仅为 10.20%(10/98),在合理期间内执行的案件

---

① John H. Jackson, Editorial Comment: International Law States of WTO Dispute Settlement Reports: Obligation to Comply or Option to "Buy-Out", *American Journal of International Law*, 2004, Vol. 98, No. 1, p.115.

② Peter Sutherland et al. *The Future of the WTO: Addressing Institutional Challenges in the New Millennium*, World Trade Organization, 2004, p. 50. [美]约翰·H. 杰克逊:《国家主权与 WTO——变化中的国际法基础》,赵龙跃、左海聪、盛建明译,社会科学文献出版社 2009 年版,第 189 页。

③ 参见 Sharyn O'Halloran, U. S. Implementation of WTO Decisions, in Columbia University, *WTO at 10: Governance, Dispute Settlement and Developing Countries*, Columbia University, 2006.

④ 参见 William. J. Davey, The WTO Dispute Settlement System: The First Ten Years, *Journal of International Economic Law*, 2005, Vol. 8, No. 1, p. 47.

⑤ 参见 Donald Mcrae, Measuring The Effectiveness of The WTO Dispute Settlement System, *Asian Journal of WTO & International Health Law and Policy*, 2008, Vol. 3, No. 1, p. 10.

占应当在合理期间内执行的40.54%(30/74),这说明,争端解决机构报告的执行缺乏及时性。同时,在根据DSU第21条第5款进入执行相符性审查程序并经完结的17个案件中,①有15个案件的执行审查报告均裁决有关成员的执行存在瑕疵,瑕疵执行案件占争端解决机构通过的执行审查报告总量的88.24%(15/17),占应当执行案件的15.31%(15/98),这意味着WTO裁决的相符执行率极低。②

2. ICSID仲裁裁决的承认与执行

相较而言,《华盛顿公约》对于ICSID仲裁裁决的承认和执行作出了更为有力的规定。根据公约第54条,每一缔约国应承认ICSID仲裁裁决的约束力,如同该裁决是该国法院的最后判决一样。从执行的主体看,有义务承认和执行ICSID裁决的不仅包括争端当事国,而且还包括任何第三方缔约国。换言之,无论败诉方(主要是东道国)在何处有可供执行的财产,胜诉方(主要是私人投资者)均可依照公约向作为财产所在地的任何公约缔约国申请执行,从而有利于裁决的实现。③ 从裁决的效力看,ICSID裁决应受法院地国适用于最后判决的所有规则的支配,任何缔约国既不能进行实质性或程序性的审查,也不能以任何理由(包括以违反公共政策为由)拒绝承认与执行。

实践证明,ICSID独立自主的机制有效地保障了裁决的承认与执行。截至2010年底,ICSID秘书处根据公约累计受理仲裁案件296个,④其中已

---

① DSU第21条第5款规定:"为实施建议和裁决而采取的措施的存在与否及其与适用协定的一致性发生分歧,此类争端应通过诉诸争端解决程序予以解决,包括可能的情况下诉诸原专家组。"

② 参见常景龙:《WTO争端解决机构报告执行制度——理念与变革》,载曾华群主编:《国际经济新秩序与国际经济法新发展》,法律出版社2009年版,第649~650页。关于1995年至2007年1月5日之间WTO裁决的执行情况,参见常景龙:《WTO争端解决机构报告执行制度的实施现状与实质缺陷》,载《厦门大学法律评论》2008年第1期。

③ 参见周成新:《国际投资争议的解决方式》,中国政法大学出版社1989年版,第231页。

④ 本文仅统计根据《华盛顿公约》中的仲裁程序所做的裁决,而不包括根据《附加便利规则》(Additional Facility Rules)所做出的仲裁裁决,因为后者并不适用《华盛顿公约》规定的裁决承认与执行机制。参见《华盛顿公约》第53条至第55条。

决案件 189 个。在这些已决案件中,投资者主动撤诉或案件因某种原因未继续进行的有 16 个,双方和解(包括双方自行和解后撤诉,双方和解后由仲裁庭根据和解协议做出裁决,以及进入撤销程序后双方和解)的案件的有 61 个。在剩余仲裁庭裁决的 112 个案件中,被申请人(通常是东道国)败诉的案件约 40 个,从而涉及裁决的执行问题。然而,迄今为止,被披露的败诉方拒不履行裁决而胜诉方请求强制执行裁决的仅有 4 起。① 换言之,近乎 90% 的案件中,败诉的东道国均主动履行了裁决:要么支付金钱赔偿,要么与投资者谈判并就其他履行方式达成一致。②

3. 分析与评论

之所以 ICSID 仲裁裁决的履行率大大超过 WTO 的执行率,个中缘由是复杂的。首先,从败诉国的角度看,ICSID 旨在解决单个外国私人投资者与东道国之间的争议,而 WTO 则往往牵涉两个国家间整个行业的利益,二者涉及的经济利益不可同日而语,主动履行不利裁决的难度自然较小。其次,从投资者的角度看,虽然《华盛顿公约》赋予其独立的诉讼地位,但相对于东道国而言,其弱势地位通常也是显而易见的。为了能够长久地在东道国从事经营活动,维持双方良好的商业关系,不在万不得已的情况下,投资者可能并不会在赔偿问题上与东道国斤斤计较,这也是 ICSID 仲裁裁决有很大一部分通过金钱赔偿以外的方式得以解决的原因。最后,这也跟 ICSID 与世界银行同属世界银行集团的成员有关。因为在决定向一个国家发放新的贷款时,世界银行可能会考虑该国未解决的征收和补偿方面的纠纷,③这也从一个侧面敦促涉诉的国家积极履行 ICSID 仲裁裁决。

---

① 分别是班弗努蒂和邦芬特公司诉刚果案(Benvenuti and Bonfant Srl v. The Government of the People's Republic of the Congo,ICSID Case No. ARB/77/2),西非混凝土工业公司诉塞内加尔案(Societe Ouest Africaine des Betons Industriels v. State of Senegal,ICSID Case No. ARB/82/1),利比里亚东方木材公司诉利比亚里案(The Liberian Eastern Timber Corporation v. Government of the Republic of Liberia,ICSID Case No. ARB/83/2),以及 AIG 诉哈萨克斯坦案(AIG Capital Partners, Inc. and CJSC Tema Real Estate Company v. Republic of Kazakhstan,ICSID Case No. ARB/01/6)。

② 上述分析框架源自陈辉萍教授的研究成果,参见陈辉萍:《ICSID 仲裁裁决承认与执行机制的实践检视及其对中国的启示》,载《国际经济法学刊》2011 年第 2 期。相关数据由作者根据 ICSID 网站的信息自行整理而成。

③ World Bank, *Operational Policies and Bank Practice*, Sec. 7, p. 40.

综上所述，从衡量国际争端解决机制有效性的三个指标来看，在第三方裁判程序的可及性方面，尽管 WTO 争端解决机制具有不可保留的强制性，而 ICSID 仲裁仍以传统的合意为基础，但鉴于贸易和投资争端的"重复博弈"(repeated game)属性，[①]国家在这方面越来越采取开放的立场，并不亚于 WTO 争端解决机制在管辖权方面的强制性。就损失救济而言，与 ICSID 普遍采取金钱赔偿的方法不同，WTO 争端解决机制着眼于未来，主要采取纠正不符措施，而无法为受损方提供充分的补偿。在裁决的承认与执行方面，WTO 成员之间执行争端解决机构报告的有效性和相符性存在明显不足，而私人在 ICSID 仲裁机制下的利益更容易得以实现。

第二节　ICSID 与 WTO 争端解决机制的审查标准

晚近，私人诉东道国的国际投资争端不断涌现，这极大地冲击了东道国在经济、社会等公共利益方面的管制权。鉴此，一些双边投资条约中长久以来处于"休眠"状态的例外条款不断被激活，也催生越来越多的双边投资条约引入了类似于 GATT 那样的例外条款。此类例外条款在实践中是如何被解释和适用的？这是比较 WTO 和 ICSID 争端解决机制宽严的一个重要指标。

一、审查标准与例外条款的关联

所谓"审查标准"(standard of review)，涉及的是一个法院或仲裁庭对另一政府当局及下级法院或仲裁庭的判决进行审查的性质。[②] 它本质上是实现权力分立的一种制度设计：在国内法中，审查标准体现了司法权和行政权之间的制衡，即司法机关应在多大程度上尊重行政主体的最终决定权；而

---

　　① 参见 Carsten Fink & Martín Molinuevo, East Asian Free Trade Agreements in Services: Key Architectural Elements, *Journal of International Economic Law*, 2008, Vol. 11, No. 2, p.288.

　　② 参见 Jon Bohanes &, Nickolas Lockhart, Standard of Review in WTO Law, in Daniel Bethleham ed., *The Oxford Handbook of International Trade Law*, Oxford University Press, 2009, p.379.

在国际法层面,它旨在确定国际机构应在多大程度上遵从成员方的决定和判断。[1] 由于后者往往涉及政府行为与国际法的合规性判断,亦即国际机构与主权国家之间的权力配置,因此,国际争端解决中的审查标准问题始终是一个敏感而复杂的问题。

如果说国际争端解决过程中的审查标准是一个规制主权的程序性机制,那么,国际条约中普遍存在的例外条款则是围绕该问题设置的一个实体性条款。鉴于条约宗旨和内容的单一性很可能导致在条约未能涵盖的方面力所不逮,越来越多的条约纳入了所谓"不排除措施"(non-precluded measures)条款,具体表现为一般例外和根本完全例外两种类型。[2] 作为一种例外规定或免责条款,不排除措施条款一方面解除了缔约方行为在特定情形下的不法性,并为条约机制的顺利运行充当"安全阀"的作用,另一方面,也存在着被滥用从而损害条约纪律严肃性的可能。因此,条约义务承担者在多大程度上可以援引此类条款的问题,在很大程度上与国际争端解决机构运用审查标准的过程重合了。下文将以 GATT1994 第 21 条一般例外条款与双边投资条约中的根本安全例外条款为例,比较争端解决机构和 ICSID 仲裁庭对于不排除措施的审查力度。

二、GATT/WTO 对一般例外条款的审查标准

GATT1994 第 20 条一般例外规定如下:

在遵守关于此类措施的实施加工不在情形相同的国家之间构成任意或不合理歧视的手段或构成对国际贸易的变相限制的要求前提下,本协定的任何规定不得解释为阻止任何缔约方采取或实施以下措施:

(a)为保护公共道德所必需的措施;

(b)为保护人类、动物或植物的生命或健康所必需的措施;

---

[1] 参见 Steven p. Croley & John H. Jackson, WTO Dispute Procedures, Standard of Review, and Deference to National Governments, *American Journal of International Law*, 1996, Vol. 90, pp.194~195.

[2] 参见 William W. Bruke-White & Andreas Von Staden, Investment Protection in Extraordinary Times: The implication and Application of Non-Preclude Measures Provisions in Bilateral Investment Treaties, *Virginia Journal of International Law*, 2008, Vol. 48, No. 2, p.318. 据这两位学者统计,截至 2008 年年底,在全球 2676 个双边投资条约中,有 200 多个纳入了根本安全例外条款。

(c)与黄金或白银进出口有关的措施;

(d)为保证与本协定规定不相抵触的法律或法规得到遵守所必需的措施,包括与海关执法、根据第2条第4款和第17条实行有关垄断、保护专利权、商标和版权以及防止欺诈行为有关的措施;

(e)与监狱囚犯产品有关的措施;

(f)为保护具有艺术、历史或考古价值的国宝所采取的措施;

(g)与保护可用尽的自然资源有关的措施,如此类措施与限制国内生产或消费一同实施;

(h)为履行任何政府间商品协定项下义务而实施的措施,该协定符合提交缔约方全体且缔约方全体不持异议的标准,或该协定本身提交缔约方全体且缔约方全体不持异议;*

(i)在作为政府稳定计划的一部分将国内原料价格压至低于国际价格水平的时期内,为保证此类原料给予国内加工产业所必需的数量而涉及限制此种原料出口的措施;但是此类限制不得用于增加该国内产业的出口或增加对其提供的保护,也不得偏离本协定有关非歧视的规定;

(j)在普遍或局部供应短缺的情况下,为获取或分配产品所必需的措施;但是任何此类措施应符合以下原则:即所有缔约方在此类产品的国际供应中有权获得公平的份额,且任何此类与本协定其他规定不一致的措施,应在导致其实施的条件不复存在时即行停止。缔约方全体应不迟于1960年6月30日审议对本项的需要。

从文本结构看,GATT1994第20条延续了此前GATT1947第20条的样式,①其规定包括两部分:第一部分是序言(chapeau),其核心是要求WTO成员所采取的例外措施不应构成"任意的"歧视、"不合理的"歧视以及对国际贸易的"变相限制";第二部分以非穷尽的方式列举了作为WTO纪律例外的10种情形。

就WTO争端解决的实践而言,专家组和上诉机构也普遍采取"两层

---

① 关于GATT1994第20条的起草背景,详见龚柏华、费秀丽:《涉及中国争端解决案中GATT第20条"一般例外"的援引述评》,载龚柏华主编:《WTO争端解决与中国》(第二卷),上海人民出版社2010年版,第31~40页。

次"(two-tier test)的审查方法,①在第一步,即审查系争措施是否符合第 20 条下第(a)、(b)、(d)款项的必需(necessity,或称"必要性")要求时,重点审查成员是否采取了与 GATT 第 20 条允许的目的相符的可合理获得的最少贸易限制方式(the least-trade restrictive means)。这一审查标准最早见于 GATT 时代的"美国 1930 年关税法第 337 节案"。在该案中,专家组指出:

> 如果一项可以获得的替代措施在合理期待范围之内,且不会与其他 GATT 规定不一致,那么,某缔约方以第 20 条(d)项下的"必需"为由违反 GATT 其他条款的措施就不能成立。同理,如果无法合理获得与 GATT 其他条款相符的措施,那么,在那些可以合理获得的与 GATT 其他条款不符的措施中,该缔约方应适用不符程度最低(the least degree of inconsistency)的那一个。②

"泰国香烟案"延续了对 GATT 第 20 条项下"必需"一词的上述解释。在该案中,泰国政府以禁止进口和提高消费税的方法限制外国香烟的销售,其所持的理由是这些限制系"保护人类健康所必需的"。对此,GATT 专家小组未予认可,并指出:泰国所实施的进口限制,只有不存在其他与 GATT 相符的替代措施,或者不存在其他与 GATT 更少抵触的替代措施,而且泰国采用这种措施实现其健康政策目标在合理期待的范围内,上述限制才会

---

① 在 WTO 正式成立后上诉机构受理的第一个案件"美国汽油案"中,上诉机构首次明确提出了这一方法,即应首先审查系争措施是否符合第 20 条下(a)项至(j)项中的某个具体款项的要求,然后进一步审查该措施是否符合第 20 条序言要求。参见 United States—Standards for Reformulated and Conventional Gasoline, Appellate Body Report, WT/DS2/AB/R, 29 Apr. 1996, p.22. 在随后的"美国虾和海龟案"中,上诉机构纠正了该案专家组试图颠倒上述分析次序的做法,并指出,"美国汽油案"次序"并非漫不经心或随便作出的,而是按照第 20 条的基本逻辑和结构作出的选择"。参见 United States—Import Prohibition of Certain Shrimp and Shrimp Products, Report of the Appellate Body, WT/DS58/AB/R, 12 October 1998, paras. 119~120.

② United States—Section 337 of the Tariff Act of 1930, Panel Report, L/6439—36S/345, 7 November 1989, para.5.26.

被认为是 GATT 第 20 条(b)项中规定的"必需"。① 换言之,只有当泰国的限制措施属于为达到正当政策目标而可以合理期待的最低限制方式时,才获得 GATT 框架下的必要性。此后,"美国酒精案"和"美国汽油案"均确认了"最少贸易限制"这一审查标准的可适用性。②

在 WTO 时代,"最少贸易限制"这一审查标准尽管得以继续援引,但却呈现出进一步软化的趋势。1999 年"韩国牛肉案"被认为是解释 GATT1994 第 20 条必要性标准的权威性案件。③ 本案的上诉机构指出:

"必需"一词的范围并不限于"不可或缺"、"绝对必要"或"不可避免"("indispensable"or "of absolute necessity" or "inevitable")的。旨在确保所遵循的"不可或缺"、"绝对必要"或"不可避免"的措施,当然符合第 20 条(d)项的要求,但其他措施也可能属于该例外的范围。我们认为,第 20 条(d)项中"必需"一词指的是一系列不同程度的"必需":在这个系列体的一端,"必需"意味着"不可或缺";在另一端,"必需"意味着"有助于"(making a contribution to)。④

换言之,在 GATT 第 20 条(d)项下衡量一项措施是否"必需",是在每一个案件中对一系列因素进行权衡(weighing and balancing)的过程:

这些因素主要包括遵循措施对系争法律或规章执行的贡献度(贡献度越大,这项措施就越可能被认为是"必需的"),这些法律和规章所保护的共

---

① Thailand—Restrictions on Importation of and Internal Taxes on Cigarettes, Report of the Panel, DS10/R, 5 October 1990, para. 75. 此外,专家组还指出了泰国可以采取的与 GATT 一致的方法来限制香烟供应,从而达到维护公共健康的目的。这些方法包括:设立烟草专卖垄断机构来管制烟草供应、价格和零售;提高烟草实际价格;采取抑制烟草使用的财政措施等。

② United States—Measures Affecting Alcoholic and Malt Beverages, Panel Report, DS23/R, 19 June 1992, para. 5.52; United States—Standards for Reformulated and Conventional Gasoline, Panel Report, WT/DS2/R, 20 May 1996, paras. 6.26 and 6.28.

③ 参见 Panagiotis Delimatsis, Determining the Necessity of Domestic Regulations in Services: The Best Is Yet to Come, *European Journal of International Law*, 2008, Vol. 19, No. 2, p.372.

④ Korea—Measures Affecting Imports of Fresh, Chilled an d Frozen Beef, Appellate Body Report, WT/DS161/AB/R & WT/DS169/AB/R, 11 December 2000, para. 161.

同利益或价值的重要性(共同利益或价值越是重要,作为实施办法的措施就越可能被接受为"必需的"),以及法律和规章对进出口的附随影响(相对于那些具有更深或更宽泛的限制效应的措施而言,一项措施对进口产品的影响越小,就越可能被认为是"必需的")。①

可见,相对于此前多个专家组关于必要性的审查标准而言,该案上诉机构裁决的重大价值在于,它进一步明确了"必需"的含义,即一项措施或许并非"不可或缺",却仍然可能是"必需的";即便存在其他替代措施,一项措施也仍然可能是"必需的"。换言之,"必需"并非"唯一",而应根据个案的具体情况来判断必要性的标准。正因为如此,多数评论人士认为,WTO 争端解决机构关于 GATT1994 第 20 条的审查标准出现了从"最少贸易限制"(least-trade restrictive)到"较少贸易限制"(less-trade restrictive)的转向,其中的一个重要因素是纳入了权衡多个因素的"比例性测试"(proportionality test),②这有利于为成员措施必要性的审查提供了更大的政策空间。

争端解决机构的后续实践也证明了上述论断的正确。在 2001 年审结的"欧共体石棉案"中,上诉机构照搬了"韩国牛肉案"中关于必要性的审查标准,认定法国对石棉的禁令是为了"保护人类生命和健康"这一"最重要的价值","不存在合理可得的替代措施"。专家组指出,替代措施应当是可合理获得的,对合理获得的判断不应仅仅停留在理论上或是绝对化,而应结合成员方的经济状况和行政管理的可行性进行评估,并同时考虑成员方应有

---

① Korea—Measures Affecting Imports of Fresh, Chilled an d Frozen Beef, Appellate Body Report, WT/DS161/AB/R & WT/DS169/AB/R, 11 December 2000, para. 164.

② 参见 WTO Secretariat, WTO, GATT/WTO Dispute Settlement Practice Relating to GATT Article XX, paras (b), (d), and (g), WT/CTE/W/203, 2002, para. 42; Panagiotis Delimatsis, Determining the Necessity of Domestic Regulations in Services: The Best Is Yet to Come, *European Journal of International Law*, 2008, Vol. 19, No. 2, p.374;韩秀丽:《WTO 法中的比例原则》,厦门大学出版社 2007 年版,第 129~130 页。

采取一定措施实施某项政策的权利。① 在 2003 年"美国博彩案"中，上诉机构在分析 GATS 第 14 条中的"必要性"问题时，再次确认了前述审查标准，并进一步指出，如果"有关成员无法采取，或对其施加了不适当的负担"，这种替代措施也不是合理可得的。这种替代性措施还应当能够维持成员方为实现 GATS 第 14 条(a)项的政策目标而进行相应程度的保护的权利。②

从 GATT 时代到 WTO 时代，专家组和上诉机构对 GATT 第 20 条项下"必要性"的审查标准呈现出宽松的特点。一个事实是，GATT 时期与 GATT 第 20 条有关的案件无一通过专家组的必要性审查，而 WTO 成立后，通过此类审查的案件已有 3 个，③其中，"欧共体石棉案"更是成为 GATT 以来第一例援引 GATT 第 20 条获得全面成功的案件。这说明，健康、环保等非经济价值的重要性日益提升，以往的"最少贸易限制"这一审查标准过于僵化的弊端凸显，而适度纳入比例原则的"较少贸易限制"标准则较好地弥补了上述缺陷，也暗含着争端解决机构不再局限于传统的文本解释方法，转而更多地关注约文的目的解释方法。④

三、ICSID 仲裁庭对根本例外条款的审查标准

以危急情况(ètat de necessitè)为由解除国家行为的不法性，这已得到

---

① European Communities—Measures Affecting Asbestos And Asbestos—Containing Products, Report of the Panel, WT/DS135/R, 18 September 2000. para. 8. 207.

② United States—Measures Affecting the Cross-border Supply of Gambling and Betting Services, Appellate Body Report, WT/DS285/AB/R & corr. 1, 20 Apr. 2005, para. 308. 值得注意的是，针对该案专家组和上诉机构简单地"全盘照搬"GATT1994 第 20 条项下"必要性"审查标准的做法，房东提出质疑，认为其并未说明如此"澄清"的法律依据，因而缺乏合法性。参见房东：《WTO〈服务贸易总协定〉法律拘束力研究》，北京大学出版社 2006 年版，第 172～173 页。

③ 包括"美国虾案"(DS58)、"阿根廷牛皮和皮革案"(DS155)以及"欧共体石棉案"(DS135)。

④ Deborah Akoth Osiro, GATT/WTO Necessity Analysis: Evolutionary Interpretation and its Impact on the Autonomy of Domestic Regulation, *Legal Issues of Economic Integration*, 2002, Vol. 29, No. 2, p.140.

一系列国家实践和司法判决"有力的权威性支持",①并经编撰纳入联合国国际法委员会《国家责任草案》第 25 条。在国际投资法中,虽然早在上个世纪 40 年代,美国就在其对外签订的《友好航海通商条约》中规定了含有根本安全例外条款的不排除措施,②但由于传统的投资争端主要涉及投资者待遇和东道国对投资者的保护问题,涉及根本例外条款的投资仲裁并不多见。

根本例外条款长期处于休眠状态而无用武之地的窘境直到 2001 年阿根廷经济危机才得以改变。为应对危机,阿根廷政府采取的中止相关投资协议、调整汇率制度等紧急措施被认为损害了投资者的利益,进而招致外国投资者在 ICSID 内的"围攻":2011 年至今,阿根廷政府因此次危机而面临的仲裁案件达 44 起,③其累计被诉次数高居 ICSID147 个成员国之首,这也是 ICSID 仲裁机制实际运转近 40 年来绝无仅有的现象。在学者们看来,这些案件虽然没有改变阿根廷的成文宪法,却在事实上重塑着其经济社会的运作方式,因而谓之曰"准宪法性争端"。④

这场突如其来的危机也引发了相关国际组织对于国家根本安全例外问题的关注。OECD 先后于 2007 年和 2009 年发表了两份研究报告,分别为《投资法中的根本安全利益》(Essential Security Interests under Investment Law)和《国际投资法与国家安全战略中与安全相关的问题》(Security Related Terms in International Investment Law and in National Security Strategies)。此外,UNCTAD 也于 2009 年发布了题为《国际投资协定中国家安全的保护》(The Protection of National Security in International Ivestment Agreements)的研究报告。两大权威国际组织如此密集而共同

---

① 参见 ILC, *Commentaries to the draft articles on Responsibility of States for internationally wrongful acts*, adopted by the International Law Commission at its Fifty-third session, Official Records of the General Assembly, Fifty-sixth session, Supplement No. 10(A/56/10), chp. IV. E. 2), November 2001, Art. 25, para. 3 下文简称"《国家责任草案评注》"。

② 例见 Treaty of Friendship, Commerce and Navigation between the United States of America and the Republic of China, November 4, 1946, Art. XXVI.

③ 关于 ICSID 受理的仲裁案件清单,参见 ICSID, ICSID Cases, http://icsid.worldbank.org/ICSID/FrontServlet,下载日期:2014 年 12 月 20 日。

④ 参见 William W. Bruke-White & Andreas Von Staden, Private Litigation in a Public Law Sphere: The Standard of Review in Investor-State Arbitrations, Pennsylvania Law School, 2009, p. 7.

的关注,凸显了根本安全例外问题的重要性。

在阿根廷经济危机引发的涉及根本安全例外且已有初步结论的五个案件中,其直接法律依据均为1991年美国—阿根廷双边投资条约第11条。该条规定:

> 本条约不应该限制任一缔约方实施必要的措施以维护公共秩序,履行义务以维持或恢复国际和平与安全,或者保护其根本安全利益。

然而,在评价阿根廷政府为应对经济危机而采取的相关措施的合法性时,各个仲裁庭所采取的审查方法和结论却呈现出截然相反的两类:一类是早期的三个案件,包括 CMS v. Argentine 案,Enron v. Argentine 案,以及 Sempra v. Argentine 案;另一类则是包括 LG&E v. Argentine 案和 Continental Casualty v. Argentine 案在内的两个案件。

在早期的三个案件中,仲裁庭对阿根廷政府的应对措施采取了严苛的审查标准。在审查美国—阿根廷双边投资条约第11条中的"必要性"标准时,仲裁庭不约而同地引入了《国家责任草案》第25条,[①]要求阿根廷政府证明其所采取的措施是其"保护根本利益、对抗某项严重迫切危险的唯一办法"。[②]例如,在 CMS v. Argentine 案中,仲裁庭在引用《国家责任草案评

---

① 《国家责任草案》第25条规定:危急情况

1. 一国不得援引危急情况作为理由解除不遵守该国所负某项国际义务的行为的不法性,除非:

(a)该行为是该国保护基本利益、对抗某项严重迫切危险的唯一办法;而且

(b)该行为并不严重损害作为所负义务对象的一国或数国的基本利益或整个国际社会的基本利益。

2. 一国绝不得在以下情况下援引危急情况作为解除其行为不法性的理由:

(a)有关国际义务排除援引危急情况的可能性;或

(b)该国促成了该危急情况。

② 仲裁庭的理由是,1991年美国—阿根廷双边投资条约并未涉及合法援引危急情况的法律要件,因此只能从习惯法中去寻找相关规则,而《国家责任草案》第25条正是习惯国际法的表达。参见 Sempra Energy International v. The Argentine Republic, ICSID Case No. Arb/02/16, Award of 28 September 2007, paras. 378. 而 *Enron v. Argentine* 案仲裁庭直接认为美国—阿根廷双边投资条约"第11条规定的要件与习惯法没有什么区别"。参见 Enron Corporation Ponderosa Assets, L. p. v. The Argentine Republic, ICSID Case No. Arb/01/3, Award of 22 May 2007, para. 333.

注》关于"唯一办法"的说明之后,①径直否认了阿根廷所采取的措施是保护本国根本利益的唯一可行方法,却对具体理由未置一词。与此相类似,在 Enron v. Argentine 案中,仲裁庭认定:"世界上其他国家对待更加严重的经济危机时的可比经验表明,在处理和纠正这场严重事件方面,还存在许多方法,也很难证明这些方法对阿根廷无一适用。"② Sempra v. Argentine 案的仲裁庭甚至几乎逐字照抄了 Sempra v. Argentine 案仲裁庭的裁决。③ 值得注意的,尽管两个案件的首席仲裁员均为智利人魏克纳(Francisco Orrego Vicuña),但鉴于其仲裁庭的组成并不完全一致,这种逐字照抄的做法也是值得商榷的。

可见,在判断阿根廷应对经济危机的措施是否符合"必须"要求时,上述三个案件的仲裁庭均直接采纳了《国际责任草案》第 25 条所规定的"唯一性"审查标准,即只是从数量角度强调阿根廷的政策选择是否具有其他替代性,却对替代方案的可行性和有效性未置一词。尽管阿根廷政府及相关专家证人提出了多种替代措施,但 CMS v. Argentine 案仲裁庭似乎认为实属多此一举:"去评判这些替代政策中的哪一项更好,这超出了仲裁庭的任务范围,仲裁庭只需判定相关措施是唯一还是有多个,从而认定排除不法性的要件是否具备"。④ Enron v. Argentine 案仲裁庭以同样的理由拒绝回答是否存在其他替代措施的问题,并煞有介事地指出自己"不能代替政府进行经济决策而越俎代庖"。⑤

与上述三个案件的裁决相反,稍后 LG&E v. Argentine 案和 Continental Casualty v. Argentine 案的仲裁庭在处理类似问题时,采取了更为宽松也更为合理的审查标准。在 LG&E v. Argentine 案中,申请人

---

① 《国家责任草案评注》指出:"如果可采用其他办法,即使是代价可能较高或较不方便的办法,则不得援引此种情况。"参见《国家责任草案评注》第 25 条第 15 段。

② Enron Corporation Ponderosa Assets, L. p. v. The Argentine Republic, ICSID Case No. Arb/01/3, Award of 22 May 2007, para. 308.

③ Sempra Energy International v. The Argentine Republic, ICSID Case No. Arb/02/16, Award of Sept. 28, 2007. Sempra Award, at paras. 347~248.

④ CMS Gas Transmission Co. v. The Argentine Republic, ICSID Case No. ARB/01/8, Award of 12 May 2005, para. 323.

⑤ Enron Corporation Ponderosa Assets, L. p. v. The Argentine Republic, ICSID Case No. Arb/01/3, Award of 22 May 2007, para. 309.

LG&E 公司以存在其他替代为由,反对阿根廷政府的应对措施具有必要性。对此,仲裁庭明确表示反对,并认定,1991 年美国—阿根廷双边投资条约第 11 条所指的是"一国除了采取行动,其他别无选择的情形",此时,该国可能有多种应对方案以保护其根本安全利益,而阿根廷所采取的正是一种"正当的方式";即便考虑到《国家责任草案》第 25 条的规定,"在这种情况下,经济复苏计划……是应对危机的唯一办法。尽管可能存在其他一些制定经济复苏计划的手段,但是仲裁庭所能得到的证据表明,一个全盘的(复苏)手段是必需的。"[①]而在 Continental Casualty v. Argentine 案中,仲裁庭直接援引了 WTO 上诉机构在"韩国牛肉案"中对"必要性"的审查标准,结合案件事实肯定了阿根廷政府经济应对措施的必要性。[②] 仲裁庭指出,总体而言,阿根廷政府的应急措施"有些是不可避免的,有些是不可或缺的,但无论如何,他们对积极应对危机都具有实质性或决定性的影响",二者之间"毫无疑问地具有目的和效果间的真实联系"。[③]

综合上述五起案件对于根本安全例外条款中必要性要件的分析可知,ICSID 仲裁庭在这个问题上并未形成一致的审查标准。早期的三个案件普遍采取了"唯一性"标准,换言之,只要存在其他可替代的方法,哪怕代价更大或更不方便,一国也不能援引根本例外以解除其行为的不法性。然而,这一审查标准受到了案件当事人以及后续案件仲裁庭的质疑。

值得欣慰的是,在审查标准方面备受质疑的 CMS v. Argentine 案并未就此画上句点,而是进而根据《华盛顿公约》第 52 条成立了专门委员会,启动了裁决撤销申请程序。专门委员会认为,原审仲裁庭错误地解释了美国—阿根廷双边投资条约第 11 条及其与《国家责任草案》第 25 条的关系,[④]并"可能对裁决的实体部分产生决定性影响";"如果本委员会可以像

[①] LG&E Energy Corp., LG&E Capital Corp. and LG&E International Inc. v. Argentine Republic, ICSID Case No. ARB/02/1, Award of 25 July 2007, paras. 239, 257.

[②] 参见 Continental Casualty Company v. Argentina, ICSID Case No. ARB/03/9, Award of 5 September 2008, paras, 201~222.

[③] Continental Casualty Company v. Argentina, ICSID Case No. ARB/03/9, Award of 5 September 2008, para. 197.

[④] CMS Gas Transmission Co. v. Argentina, ICSID Case No. ARB/01/8, Decision on Annulment, 21 August 2007 paras. 139~140.

上诉法庭那样行事,必将重新考虑原审裁决在这个问题上的论断"。① 虽然受制于自身职权,专门委员会最终并未撤销仲裁庭的判决,但鉴于专门委员会对初审裁决的严厉批评,以及专门委员会组成人员的权威性和影响力,② 我们似乎有理由认为,其倾向性甚明的判断极有可能撼动初审裁决可能产生的先例效应。

四、分析与评论

虽然一般例外与根本例外都是为保护非经济价值而实施的例外条款,但从文本看,二者的差异显而易见:首先,GATT1994 第 20 条一般例外的序言并不适用于根本安全例外,亦即在援引根本安全例外时,没有"不构成任意或不合理歧视"以及"不构成对国际贸易的变相限制"等条件;其次,某些双边投资条约的根本安全例外还保留了援引方自行判断的措辞(it considers),从而比一般例外更具主观色彩。正因为如此,GATT1994 第 20 条的援引条件被认为理应更加宽松。③

但 GATT/WTO 和 ICSID 的争端解决实践表明,在审查例外措施的必要性方面,ICSID 仲裁庭在总体上坚持了比 WTO 争端解决机构更为严格的审查标准。具体而言,GATT/WTO 的专家组和上诉机构在一般例外问题上经历了从"最少贸易限制"(least-trade restrictive)到"较少贸易限制"(less-trade restrictive)的转向,其核心是在个案审查的基础上,综合考虑多个因素以决定替代措施的合规性,从而为援引国灵活采取例外措施提供政策空间。然而,在 CMS v. Argentine 案等 3 个早期涉及根本安全例外的案件中,仲裁庭无一例外地坚持了"唯一性"审查标准。一个基本的事实是,一国在遭遇任何问题时,都会面临一系列的政策选择,这些政策有轻重缓急之

---

① CMS Gas Transmission Co. v. Argentina, ICSID Case No. ARB/01/8, Decision on Annulment, 21 August 2007 paras. 135, 136.

② 审理 CMS v. Argentine 案撤销程序的专门委员会由三位资深的国际法专家组成,包括国际法院前任院长尧姆大法官(Gilbert Guillaume)、国际法院前任大法官阿拉比(Nabil Elaraby),以及《国家责任草案》特别报告员克劳福德(James Crawford)教授。

③ 参见陈卫东:《WTO 例外条款解读》,对外经济贸易大学出版社 2002 年版,第 535 页。

分,有有效无效之别。换言之,尽管设身处地从采取应对措施的当时具体案情来看,①应对根本安全危机的有效措施很可能是唯一的,但如果不加辨识,实现根本安全这一目标的措施从数量上看绝不可能是唯一的,因而根本安全例外条款也自然成为"镜中花、水中月",事实上丧失了被成功援引的可能性。就 ICSID 以及《华盛顿公约》的宗旨而言,其保护私人投资者和贸易商利益的有效性自然大为增强。

从更深层次上看,这种保护私人利益的有效性却是以牺牲国家的管制权为代价的,同时也损害了 ICSID 仲裁机制乃至双边投资条约的正当性。

首先,在审查是否存在替代措施时,ICSID 仲裁庭固然可能是受到了《国家责任草案》第 25 条的误导,②但更大程度上乃是仲裁庭忽视了《国家责任草案》第 25 条与美国—阿根廷双边投资条约第 11 条的差异所致。③即便针对《国家责任草案》第 25 条所提出的唯一性标准本身,伯克—怀特(William W. Burke-White)等学者也认为,这种对于"必要性"的要求只是对国家责任方面的习惯国际法的"片面的描述"(a narrow carve out),不能被放大为一种普遍性的公法性争端的审查标准。而仲裁庭的立场似乎表明"只有投资者的权利才是根本性的,他们全然不顾(阿根廷政府与投资者之间合同的)公法背景,仿佛只是在执行一个单纯的私人合同",④阿根廷政府

---

① 在"欧共体轮胎案"中,上诉机构指出,特定行为所产生的结果只能结合获益时的情形去评价。换言之,对评估一项措施是否是应对危机而采取的合理可行的唯一措施时,不能做"事后诸葛亮"。参见 Brazil—Measures Affecting Imports of Retreaded Tyres, Appellate Body Report, WT/DS332/AB/R, 12 April 2007, para. 151

② 针对《国家责任草案》第 25 条规定的"唯一性"标准,伯克—怀特等学者提出了严厉批评,认为其规定得"异乎寻常地严厉,几乎无意使其具有被满足的可能性"。参见 William W. Bruke-White & Andreas Von Staden, Private Litigation in a Public Law Sphere: The Standard of Review in Investor-State Arbitrations, Pennsylvania Law School, 2009, p. 13.

③ CMS v. Argentine 案撤销程序的专门委员会指出,《国家责任草案》第 25 条与美国—阿根廷双边投资条约第 11 条在文本和适用条件等方面存在诸多差异,以至于可能对案件的实体裁决产生决定性影响。参见 CMS Gas Transmission Co. v. Argentina, ICSID Case No. ARB/01/8, Decision on Annulment, 21 August 2007, paras. 139~140.

④ 参见 William W. Bruke-White & Andreas Von Staden, Private Litigation in a Public Law Sphere: The Standard of Review in Investor-State Arbitrations, Pennsylvania Law School, 2009, p. 13.

进行任何政策选择的空间被无情剥夺。

其次,从案件的推理过程看,ICSID 仲裁庭也与 WTO 的专家组和上诉机构存在明显差距。实践中,在审查一项替代措施是否属于具有较少贸易限制的措施时,GATT 专家组和上诉机构往往采取"三步走":首先,专家组应决定相关措施是否事实上是为了保护相关条约所保护的政策目标;其次,专家组会在权衡相关因素的基础上决定该措施是否必要;最后,专家组应在系争措施和其他可能的替代措施之间进行权衡。① 可见,GATT1994 第 20 条中的"必要性"测试仅仅是整个第 20 条三步审查程序的一个组成部分。即便如此,WTO 争端解决机构通过的报告关于"必要性"的审查也少则几页,多则十几页。然而,在 CMS v. Argentine 案和 Enron v. Argentine 案中,ICSID 仲裁庭的审查过程极为单薄,只用一段话轻描淡写地带过,寥寥数语之后便是阿根廷政府的措施不符合必要性标准的残酷结论,这样的做法甚至在两个案情截然不同的案件中以近乎一致的措辞出现,令人匪夷所思。

最后,尽管 LG&E v. Argentine 案和 Continental Casualty v. Argentine 案仲裁庭试图纠正此前一些仲裁庭对于根本安全例外条款的审查过于严苛的倾向,其对比例原则的引入有助于 ICSID 仲裁庭在此问题上形成新的审查标准,但考虑到 ICSID 仲裁缺乏 WTO 上诉机构那样的二审监督机制,此后仲裁庭是否会延续这一标准仍充满不确定性,而既有的两种对立的审查标准也在拷问 ICSID 仲裁机制的正当性。②

---

① 参见 United States—Measures Affecting the Cross-border Supply of Gambling and Betting Services, Appellate Body Report, WT/DS285/AB/R & corr. 1, 20 April 2005, paras. 294, 206~308.

② 仲裁裁决的不一致被认为是导致晚近投资仲裁"正当性危机"的一个重要方面。例见 Susan D. Franck, The Legitimacy Crisis in Investment Arbitrations: Privatizing Public International Law through Inconsistent Decisions, *Fordham Law Review*, 2005, Vol. 73, p. 1521。参见刘笋:《国际投资仲裁引发的若干危机及应对之策述评》,载《法学研究》2008 年第 6 期。

第三节　ICSID 与 WTO 争端解决机制的管辖权冲突

传统上，国际法层面的管辖权冲突较多地指向国际私法中的国际民事诉讼管辖权冲突，即与同一国际民商事案件相关联的国家根据本国国际民事诉讼管辖权制度的规定，竞相要求对案件行使管辖权，或者都放弃对案件的管辖权。前者称为积极冲突，后者指消极冲突。① 晚近，国家之间贸易争端频发的现实，使得公法层面的管辖权冲突问题成为学界讨论的热点。②

一、关于国际裁判机构管辖权冲突的一般问题

(一)管辖权冲突的原因

尽管国内司法中同样存在管辖权冲突问题，但由于国内社会具有一个统一的裁判系统和最高位阶的裁判机关，这一难题并不难以化解。但鉴于国际社会的特殊性，类似的困境不但十分棘手，而且似有愈演愈烈之势。

自 1899 年第一次海牙和会到一战期间，国际社会对于强制性仲裁和司法的态度一直没有大的改观。两次世界大战给人类带来的惨痛经历敦促各国加快在这方面的政治努力。一战结束后，在国际联盟的框架下，人类历史上第一个严格意义上的司法解决国际争端的机构——常设国际法院（the Permanent Court of International Justice）正式成立。《常设国际法院规约》第 36 条第 2 款虽然不强迫所有国家接受法院的强制性管辖，却允许国联会员国以声明的方式自愿接受。在此之前，奉国联行政院之命起草法院规约

---

① 参见肖永平：《国际私法原理》，法律出版社 2003 年版，第 344 页；刘力：《国际民事诉讼管辖权研究》，中国法制出版社 2004 年版，第 184 页。

② 例见 Cesare p. Romano, The Proliferation of International Judicial Bodies: the Pieces of the Puzzle, *New York University Journal of International Law and Politics*, 1999, Vol. 31. K. Kwak, & G. Marceau, Overlap and Conflicts of Jurisdiction between the World Trade Organization and Regional Trade Agreements, *The Canadian Yearbook of International Law*, 2003, Vol. XLI；纪文华、黄萃：《WTO 与 FTA 争端解决管辖权的竞合与协调》，载《法学》2006 年第 7 期。

的法学家委员会关于授予法院强制管辖权以解决法律性质争端的建议胎死腹中,①但类似的规定却以一种模糊的面孔出现在《国际联盟规约》之中——虽然《国际联盟盟约》第 12 条第 1 款赋予会员国以选择权,既可将其间争端提交仲裁或司法解决,也可以提交国联行政院审查,但第 13 条第 1 款规定:"无论何时联盟会员国间发生争议认为适于仲裁或司法解决,而不能在外交上圆满解决者,将该问题完全提交仲裁或司法解决。"其措辞明显倾向于前者,以至于波利蒂斯教授认为"仲裁的义务是无可争议的"。②

这种以自愿为基础的强制性司法管辖制度逐渐得到了国际社会的认可和接受,并二战后成立的联合国及国际法院所继承。冷战结束以后,国际社会在相互依赖程度加深的同时面临着更多的危机,而各国也"正确地相信由独立、中立的第三方对争端作出具有约束力的决定是消除国际分歧的有益途径"。③ 在此背景下,接受国际法院强制管辖权的国家数量明显增长,④常设性或准常设性国际法院或国际法庭的数量也不断增多。这种拥有强制性

---

① 法学家委员会起草的《常设国际法院规约草案》第 33 条规定:"当国家之间发生争端,不能通过外交手段解决,且不同意选择其他司法解决时,原告方可将案件提交常设国际法院。"

② 参见[希腊]尼古拉斯·波利蒂斯:《国际法的新趋势》,原江译,云南人民出版社 2004 年版,第 78 页。

③ [意]安东尼奥·卡塞斯:《国际法》,蔡从燕等译,法律出版社 2009 年版,第 277 页。

④ 截至 2010 年 7 月 31 日,在国际法院的三种对事管辖权中(包括自愿管辖、协定管辖和任择性强制管辖),已有其中有 66 个国家根据《国际法院规约》第 36 条第 2 款承认了国际法院的强制管辖权。参见联合国:《国际法院的报告》(2009 年 8 月 1 日至 2010 年 7 月 31 日,大会正式记录第 65 届会议补编第 4 号),联合国 2010 年版,第 1 页。

管辖权"国际法庭与裁判机构的扩散化"引发了一些学者的隐忧,①但也从侧面表明了国际司法机制的兴起,从而对国际法实施机制软弱的批评给予有力回应。

值得注意的是,不断勃兴的国际裁判机构在很大程度上都属于一种封闭的法律体系。詹克斯(C. Wilfred Jenks)早在20世纪50年代初就前瞻性地指出:"造法性条约往往有助于促进一系列历史性、功能性和区域性团体的发展,这些团体彼此分离,它们之间的相互关系在某些方面类似于独立的国内法律体系之间的相互关系。"②晚近国际争端解决机构的发展无疑证明了上述论断的预见性。为了应对越来越多的全球共同问题,新兴的具有强制性因素的国际争端解决机制也逐渐辐射到人权、③贸易、④海洋开发、⑤

---

① 《纽约大学国际法律与政治杂志》曾于1999年专门组织相关学者围绕国际法庭与裁判机构的扩散化这一主题展开研讨,例见 Benedict Kingsbury, Foreword: Is the Proliferation of International Courts and Tribunals a Systemic Problem?, NYU Journal of International Law and Politics, 1999, Vol. 31, No. 4, p. 679. 甚至有学者建议作为联合国主要司法机构的国际法院在国际法律问题上扮演"宪法性角色"(constitutional role)。参见 Francisco Orrego Vicuña & Christopher Pinto, The Peaceful Settlement of Disputes: Prospects for the Twenty-first Century, Final Report for the Centennial Commemoration of the First Peace Conference, in Frits Kalshoven ed., *The Centennial of the First International Peace Conference: Reports & Conclusions*, Kluwer Law International, 2000, p. 388. 伊莱休·劳特派特也提出,尽管国际司法裁判机构的碎片化有其历史原因和国际法院本身的功能性限制,但出于"不做无用功"这一简单的生活哲学,有必要修改国际法院的制度安排以吸收联合国海洋法法庭的职能。参见 Elihu Lauterpacht, *Aspects of the Administration of International Justice*, Grotious Publications Limited, 1991, pp. 14~22.

② C. Wilfred Jenks, The Conflict of Law-Making Treaties, *British Yearbook of International Law*, 1953, Vol. 30, p. 403.

③ 如欧洲人权法院(the European Court of Human Rights)、非洲人权与民族权法院(the African Court on Human and People's Rights)、美洲国家间人权法院(the Inter-American Court of Human Rights)等。

④ 如世界贸易组织(the World Trade Organization)。

⑤ 如海洋法领域的第一个常设国际海洋法庭(the International Tribunal for the Law of the Sea)、《联合国海洋法公约》第187条所规定的海底争端分庭,以及《联合国海洋法公约》第287条所规定的四种包含有拘束力裁决的强制程序。

雇佣关系、①国际罪行②等诸多领域。另一方面,区域性的争端解决机制也日益勃兴。迄今最为成功而最富影响的实践当属欧盟法院（The Court of Justice of the European Union）。③ 与国际法院不同,欧盟法院受理的诉讼无须当事人之间的协议,在管辖权方面具有强制性。④ 同时,随着区域一体化的发达实践,区域性贸易争端解决机制更是不胜枚举。

然而,上述国际争端解决机构都是建立在特定的条约框架之下,只对涉及该条约的争端享有管辖权,从而导致了不同条约或法律体系之间的互动不足。⑤ 尽管从理论角度分析,国际裁判机构的碎片化并不必然是一件坏事,因为这可能有利于发挥各个裁判机构本身的专业优势,实现职能互补,甚至可能最终加强国际法院的权威,并催生国际法治,⑥然而,一个严峻的现实问题是,处于分散化状态的国际裁判机构各自为政,平行诉讼和连续性的程序所产生的结论往往针锋相对,从而预示着全球国际争端解决体系与日俱增的危机。联合国国际法委员会也坦陈:国际法不成体系确实有产生

---

① 如联合国行政法庭、国际劳工组织行政法庭、美洲国家组织行政法庭等。参见邓烈:《国际组织行政法庭》,武汉大学出版社2002年版,第203页。

② 如针对大规模反人道主义罪行的两个联合国特设法庭（前南斯拉夫国际刑事法庭和卢旺达国际刑事法庭）和三个混合型法庭（东帝汶特别法庭、塞拉利昂特别法庭、柬埔寨特别法庭）,以及第一个常设性国际刑事法院（the International Criminal Court, ICC）,后者甚至在一片质疑声中将条约义务延伸至未签署或加入《罗马公约》的第三国。参见朱文奇:《中国是否应加入国际刑事法院（上）》,载《湖北社会科学》2007年第10期。

③ 欧盟法院脱胎于1952年建立的欧洲煤钢共同体法院,目前由初审法院（the General Court）、复审法院（the Court of Justice）和公务员法庭（the Civil Service Tribunal）三个机关共同组成。作为欧盟的最高司法机关,欧盟法院负责审查欧盟机构行为的合法性以及欧盟法的统一解释和适用。

④ [法]德尼·西蒙:《欧盟法律体系》,王玉芳等译,北京大学出版社2007年版,第441页。

⑤ 参见 Jonathan I. Charney, Is International Law Threatened by Multiple International Tribunals?, *Recueil des Cours*, Vol. 271, Martinus Nijhoff Publisher, 1998, p.130. 作者指出,专门性仲裁庭越来越倾向于援引常设国际法院和国际法院的裁决,对其他仲裁庭的裁决却很少提及。

⑥ 参见 Jonathan I. Charney, Is International Law Threatened by Multiple International Tribunals?, *Recueil des Cours*, Vol. 271, Martinus Nijhoff Publisher, 1998, p.135.

各种相互冲突和不相同的规则、原则、规则体系和体制惯例的危险。①

(二)管辖权冲突的标准

传统上,界定管辖权冲突主要有两个关键性指标,即相同当事方和相同争议。② 根据国际争端解决的实践,当事方相同是指两个争端解决程序的当事方"几乎一致"(virtual identity)或"实质上相同"(essentially the same),换言之,两个程序的当事方可以是完全相同,也可以不一致,但必须在行动的身份或利益方面具有可代表性。至于争议相同,则包含客体相似(similar object)和诉由相似(similar grounds)两个方面,如果两个争端解决程序针对的是相似的事实模式和法律指控,就满足了这一标准。③

然而,随着国际争端解决实践的发展,上述判断管辖权冲突的标准不断受到质疑,并不约而同地指向了第二个标准。论者认为,如果采取传统的诉由相似标准,那么只要争端当事方在不同的争端解决机构中以不同的理由提起诉讼,那么,不同机构就完全可以进行管辖,进而可能对同一事项作出不同的裁判结论,这也不利于争端的有效解决。因此,应当放松管辖权冲突的传统认定标准,只要不同争端解决程序是由基本上相同或实质上相同的当事方基于同一事实发起,就可能发生管辖权的冲突。④

这一观点也逐渐得到国际争端解决实践的认可。例如,在一份关于合

---

① International Law Commission, Report of the Study Group on Fragmentation of International Law: Difficulties Arising From the Diversification and Expansion of International Law, U. N. Doc. A/CN. 4/L. 682(Apr. 4, 2006)(prepared by Martti Koskenniemi), p. 14.

② Certain German Interests in Polish Upper Silesia (Germany v. Poland), 1925 PCIJ (Series. A), No. 6. pp. 19~20; Benvenuti and Bonfant srl v. Congo, Case No. ARB/77/2, 1 ICSID Reports, 1980. pp. 330, 340; Henry Campbell Black, Black Law's Dictionary, 6th ed., West Publishing Company, 1990, p. 1312. 1968 年欧共体《布鲁塞尔公约》第 21 条。

③ Gubisch Maschinenfabrik v. Palumbo, Case 144/86,[1987]ECR4861, 4867. 侯幼萍:《WTO 协定与区域贸易协定的管辖权冲突研究》,厦门大学 2007 年博士学位论文,第 8~9 页。

④ 参见刘力:《国际民事诉讼管辖权研究》,中国法制出版社 2004 年版,第 192 页;徐运良:《论 WTO 争端解决机制与 RTAs 争端管辖机制的冲突与协调》,厦门大学 2007 年博士学位论文,第 22 页;Leonila Guglya, The Interplay of International Dispute Resolution Mechanisms-the Softwood Lumber Controversy, *Journal of International Dispute Settlement*, 2011, Vol. 2, No. 1, p. 177.

并仲裁程序的裁定中,仲裁庭就指出:"涉及不同当事方的案件也可能产生于相同的事件,或与同一措施相关,并涉及相同的法律争议。在两个或更多的案件中,如果对这些争议作出截然不同的事实认定,便可能引发裁判结果的冲突。"①此外,在晚近的国际投资仲裁中,正是因为国际仲裁庭在解释诉由标准方面过于严格,导致了原本为防止投资者滥用国际诉权的"岔路口条款"形同虚设,②甚至成为投资者寻求国内救济和国际仲裁双重收益的突破口。③

二、ICSID 与 WTO 争端解决管辖权冲突的理论分析

囿于国际贸易法制和国际投资法制相互独立的演进轨迹,国际贸易争端和国际投资争端的解决机制也截然迥异。国际贸易争端普遍适用国家间的争端解决机制。当前,得益于 WTO 的一揽子谈判成果,涉及 WTO 涵盖协定项下权利和义务的争端,均可由 WTO 成员诉诸 WTO 争端解决机制予以解决。④ 与此不同,《华盛顿公约》为私人投资者与东道国政府之间的国际投资争端创设了一种新的解决模式,即允许私人投资者直接起诉东道国政府,并交由特设的国际仲裁庭解决。对此,《华盛顿公约》第 25 条规定:"中心的管辖适用于缔约国(或缔约国向中心指定的该国的任何组成部分或

---

① Consolidated Arbitration Pursuant to Art 1126 of NAFTA and the UNCITRAL Arbitration Rules, *Canfor Corporation v United States of America*; *Tembec et al. v United States of America*; *and Terminal Forest Products Ltd. V United States of America*. Order of the Consolidation Tribunal, 7 September 2005 para 133.

② 所谓"岔路口条款",是在当地救济和国际仲裁机制之间,外国投资者有权进行选择;但一旦选定其中一种争端解决方式,便不能再使用另外一种。例如,2002 年中国—波斯尼亚和黑塞哥维纳双边投资条约第 8 条第 2 规定:"一旦投资者将争议提交给相关缔约方的司法机构或'中心',对这两种程序中任何一种程序的选择都是终局的。"

③ 详见徐崇利:《国际投资条约中的"岔路口条款":选择"当地救济"与"国际仲裁"权利之限度》,载《国际经济法学刊》2007 年第 3 期。

④ DSU 第 7 条第 2 款规定:"专家组应处理争端各方引用的任何适用协定的有关规定。"第 11 条进一步规定:"专家组的职能是协助争端解决机构履行本谅解和适用协定项下的职责。"

机构)和另一缔约国国民之间直接因投资而产生并经双方书面同意提交给中心的任何法律争端。"

可见,国际贸易和投资争端的解决具有"双轨制"特征。鉴于二者在管辖权的性质(强制管辖 v. 合意管辖)、当事人的身份(国家之间 v. 国家与私人之间)以及适用对象(贸易争端 v. 投资争端)等方面存在差异,两种争端解决机制本应并行不悖,平行发展。然而,晚近国际经济争端本身以及争端解决机制的发展,却使得二者的管辖权存在重叠和冲突的可能。

首先,由于国际贸易与投资一体化的不断深入,贸易和投资争端之间的界限日益模糊,WTO 和 ICSID 争端解决机制的适用对象出现重叠和交叉。例如,与贸易有关的投资措施不但会因其投资属性而成为 ICSID 仲裁机制的审查对象,也可能被视为与《TRIMs 协定》不符而成为 WTO 争端解决机构的裁判目标;如果一国未能履行其在《TRIPS 协定》项下的知识产权保护义务,其不但可能被诉诸 WTO 争端解决机构,也可能因违反双边投资条约项下的待遇标准而被诉诸 ICSID 仲裁机制;此外,关于"商业存在"这种典型的国际直接投资形式的争端,不但可能引发 GATS 项下的国家间争端解决机制,提供服务的服务提供者也可能以跨国投资者的身份诉诸 ICSID 项下的私人诉东道国政府这一投资争端解决机制。总之,在国际贸易与投资一体化的背景下,一项管制措施很可能具有投资和贸易的双重属性,受影响的主体也可能具有服务提供者和投资者的双重属性,从而同时触及 WTO 与 ICSID 这两种看似截然不同的争端解决机制。

其次,在国际投资自由化浪潮的推动下,各国的双边投资条约政策普遍趋向于放松管制,对于国际仲裁管辖权也由原来的"逐案同意"转变为单方一次性概括同意,从而使得 ICSID 对于投资争端享有事实上的强制管辖权。在这种情况下,私人投资者既可以以违反双边投资条约为由,将一项与贸易有关的投资措施提交 ICSID 仲裁庭裁决,也可以与此同时或在此之后策动其母国将同一争议提交 WTO 争端解决机构处理,通过"挑选法院"(forum shopping)实现双重获利的目的。

最后,尽管 WTO 与 ICSID 这两种争端解决机制具有不同的当事方——前者是在国家之间展开,后者则涉及私人作为当事一方,但这同样可能引发管辖权冲突,其核心在于私人与国家的核心利益和身份代表上的一致性。就 WTO 争端解决机制而言,尽管享有正式当事方身份的只能是 WTO 成员政府,然而,私人却是国家间贸易争端的主要推动力量,例如,美国的私人团体通常依据美国贸易法中的"301 条款"策动政府提起 WTO 诉讼,而欧共体(欧盟)的利益团体则主要根据《欧共体贸易壁垒条例》(EC Trade Barrier Regulation)进行类似操作。① 许多 WTO 争端都是以所涉及的相关公司的名称命名的,例如"柯达—富士胶卷案"、"巴卡第—马提尼酒案"等,这从一个侧面反映了大多数 WTO 争端的私人根源。② 在一些重要经济部门和关键领域,WTO 所涉及的产业利益实际上就是 WTO 成员内特定或少数居于垄断地位的公司利益。例如,被誉为 WTO 以来"最重大、最复杂的案件"的"欧共体—大型民用飞机案"和"美国—大型民用飞机案"表面上针对的是欧美对其国内大飞机生产商补贴的合法性之争,其实质是空客公司和波音公司这两大飞机制造巨擘的生产能力和市场份额之争。再如,"中国—电子支付服务"也是美国 VISA 公司和中国银联两大企业为争夺中国信用卡服务市场份额而爆发的战争。对此,在"美国 301 条款案"中,专家组直言不讳地指出了 WTO 法纪保护私人经济利益的价值取向:"就整体而言,GATT/WTO 的首要目标之一实际上就是创造某些能够促使私人活动欣欣向荣的市场条件。"③ 正是从这个意义上看,双边投资条约与 WTO 争端解决机制的当事方在实质上是一致的,只不过在后一程序中,由 WTO

---

① 参见 Cándido Tomás García Molyneux, *Domestic Structures and International Trade: The Unfair Trade Instruments of the United States and the European Union*, Hart Publishing, 2001, pp.131~139, 234~260;[美]约翰·H. 杰克逊:《世界贸易体制:国际经济关系的法律与政策》,张乃根译,复旦大学出版社 2001 年版,第 143--150 页。

② 参见侯幼萍:《WTO 和 ICSID 管辖权冲突研究》,载《国际经济法学刊》2007 年第 2 期。

③ Panel Report of Section 301 Case, Part Ⅶ, para. 7.72~73.

成员方政府代表其国内私人利益团体应诉。①

可见,传统上,国际公法层面的管辖权冲突是在国家间争端的语境下论述的。这种惯性思维源自 1648 年《威斯特伐利亚和约》及其开创的一种以民族国家为权威来源的国际法律秩序。在这种法律秩序中,私人等非国家行为体在国际法中并无一席之地,而只能沦为国际法的客体。② 然而,私人与国家间投资争端解决机制的出现,打破了主权国家对国际法运行机制的垄断,并加剧了国际争端解决机构管辖权冲突的复杂性。就本书的考察而言,尽管 WTO 与 ICSID 争端解决机制在管辖权的性质、当事人以及适用对象等方面存在差异,但在国际贸易与投资一体化的背景下,以及争端解决过程中国家与私人利益的一致性,二者管辖权存在着冲突的潜在可能性。

需要说明的是,WTO 与 ICSID 争端解决机制在管辖权方面的冲突,与当前学界讨论较多的 WTO 与区域贸易协议争端解决机制的管辖权冲突存在差别。后者基本上是针对同一性质的贸易争端而言的,而本书所针对的则是鉴于贸易与投资一体化现象而导致的可能同时引发 WTO 与 ICSID 这两个争端解决机制的争端。尽管在部分学者看来,这两个争端解决机制在

---

① 换言之,由谁来作为政府的代表参与 WTO 诉讼系由该政府自行决定。也正是从这个意义上看,尽管 DSU 并未明确私人律师参与 WTO 争端解决机制的合法性,但 WTO 专家组在这方面的实践具有正当性。在"欧共体香蕉案"中,专家组在参考国际习惯法和其他国际法庭的实践之后,肯定了私人律师的代表资格。专家组指出:"我们从《建立 WTO 协定》、DSU 以及一般国际法和国际法庭的实践中,看不到任何阻止 WTO 成员在 WTO 上诉程序中决定其代表组成的规定,……我们认为,应当由 WTO 成员自己决定谁有资格在 WTO 上诉阶段的口头程序中担任其代表。"参见 European Communities-Regime for the Importation, Sale and Distribution of Banana, Report of the Appellate Body. WT/DS27/AB/R, 9 September 1997. para. 10. 随后,"印尼汽车工业案"也再次确认,私人有权介入专家组程序和上诉程序。参见 Indonesia-Certain Measures Affecting the Automobile Industry, Report of the Panel, WS/DS54, 55, 59, 64/R, 2 July 1998.

尽管如此,笔者并无意否认将私人排除在 WTO 争端解决当事方之外的重大意义。鉴于私人可能为了片面追逐经济价值、忽视一国乃至国际社会整体公共利益,进而引发滥诉的可能性,笔者认为应有一定的程序性防御机制,而要求国家作为争端解决的正式当事方,无疑是可采取的防御性机制之一。关于该问题的进一步分析,详见蔡从燕:《私人结构性参与多边贸易体制》,北京大学出版社 2007 年版,第 174~182 页。

② 参见 Ian Brownlie, *Principles of Public International Law*, 6th ed., Oxford University Press, 2003, pp.57~61.

救济方式上存在差别——WTO 只提供面向未来的以纠正不符措施为主的救济，而 ICSID 则进一步为当事人提供具有溯及力的补偿——并据此认为二者属于互补的关系，①但在笔者看来，如果同一项政府措施引发了这两个争端解决机制，不但会引发当事人（尤其是私人投资者）双重诉讼的可能性并造成司法资源的浪费，还可能在事实认定、法律的适用和解释以及裁决等方面产生冲突，因此，仍然属于理应避免和协调的管辖权冲突现象。

三、ICSID 与 WTO 争端解决管辖权冲突的实践检视

鉴于 NAFTA 较早地在贸易、投资等不同事项设置了不同的争端解决机制，②因此，NAFTA 争端解决实践也较早的凸显了国家之间的贸易争端解决机制和私人—东道国之间的投资争端机制的管辖权冲突问题。

在 S. D. Myers v. Canada 案中，美国 S. D. Myers 公司以加拿大政府的 PCB 废物出口禁令导致自己在加拿大的市场份额减少为由，主张加拿大政府违反了 NAFTA 第 11 章国民待遇、最低待遇标准、业绩要求和征收条款。③ 对此，加拿大政府以及本案的第三方墨西哥政府都主张，加国出台

---

① 参见 Martín Molinuevo，Can Foreign Investors in Services Benefit from WTO Dispute Settlement? Legal Standing and Remedies in WTO and International Arbitration，*National Centres of Competence in Research*（Working Paper No. 2006/17），p. 19. 类似观点，参见 Francisco Orrego Vicuña，*International Dispute Settlement in an Evolving Global Society*，Cambridge University Press，2004，p. 64. 一些学者甚至认为，只有在相关当事方在两种类似程序中获得同等结果的情况下，才构成真正的管辖权冲突；而现状却是，当事方受制于特定裁判机构的管辖权，往往需要同时寻求多种途径方可获得完整的救济。因此，当前所谓的国际裁判机构之间的竞争在很大程度上是一种"幻想"。参见 Andrea K. Bjorklund，Private Rights and Public International Law：Why Competition among International Economic Law Tribunals Is Not Working?，*Hastings Law Journal*，2007，Vol. 59，p. 260. Yuval Shany，*The Competing Jurisdictions of International Courts and Tribunals*，Oxford University Press，2003，p. 21.

② 参见傅明、张讷：《论〈北美自由贸易协定〉之分散型争端解决机制》，载《国际经济法学刊》2006 年第 2 期。

③ 关于本案的案情，参见本文第一章第二节第二目第（三）点。

的禁令属于贸易措施,其引发的争议应诉诸国家之间的争端解决程序。① 但根据 NAFTA 第 11 章成立的投资仲裁庭于 2000 年发布的部分裁决认定,一项与货物贸易有关的措施并不意味着必然排除仲裁庭的管辖权,只要其与投资或投资者相关,就属于 NAFTA 第 11 章的保护范围。NAFTA 投资和贸易章节对缔约方施加了同步义务(cumulative obligations),构成了缔约方在 NAFTA 项下的"一揽子承诺"(a single undertaking),因此,缔约方的一项措施可能需同时承担第 11 章投资章节和第 19、20 章贸易章节项下的责任。② 换言之,相关当事人之间围绕一项措施合法性的争论,很可能同时触及 NAFTA 项下的贸易、投资等多个争端解决机制。

如果 *S. D. Myers v. Canada* 案只是含蓄地暗示了 NAFTA 项下贸易与投资争端解决机制管辖权冲突的潜在可能性,那么,围绕美国和加拿大之间旷日持久的"软木案"则充分展示了二者之间实实在在的冲突。

表 4-1 美国和加拿大之间关于软木贸易争端的进展

阶段	启动者	涉及的争端解决机制	最终结果
软木案(Ⅰ) 1982	美国	美国官方(国际贸易委员会和商务部)的决定	认定构成补贴,但未采取反补贴措施
软木案(Ⅱ) 1986	美国	美国官方(国际贸易委员会和商务部)的决定,GATT	达成谅解备忘录(1986 年 12 月 30 日至 1991 年 10 月 4 日)
软木案(Ⅲ) 1991—1996	美国	美国官方(国际贸易委员会和商务部)的决定,美加 FTA 第 19 章双边审查程序	达成 1996 年《软木贸易协定》(1996 年 2 月至 2001 年 3 月 31 日)
软木案(Ⅳ) 2001—2006	美国 加拿大	美国官方(国际贸易委员会和商务部)的决定,NAFTA 第 19、20 章双边审查程序,WTO,美国国际贸易法院,美国联邦法院	达成 2006 年《软木贸易协定》

资料来源:Leonila Guglya, The Interplay of International Dispute Resolution Mechanisms: the Softwood Lumber Controversy, *Journal of International Dispute Settlement*, 2011, Vol. 2, No. 1, p. 178.

---

① S. D. Myers, Inc. v. Government of Canada, Submission of Mexico, 14 January 2000, Made pursuant to NAFTA Art. 1128.

② S. D. Myers, Inc. v. Government of Canada, First Partial Award, 13 November 2000, paras. 291~296.

所谓"软木案"是指美国和加拿大两国之间肇始于 1982 年并持续了长达近 30 年的软木贸易系列争端,它堪称世界上涉案金额最大的木制品贸易争端,也是两国间持续时间最长的争端。多年来,美国一直指责加拿大政府对软木生产和出口实行补贴,使进口软木价格比美国本土的软木价格便宜很多,造成对美国的倾销,并由此不断加征关税。围绕这一焦点问题,美加两国爆发了四个回合的贸易争端,诉讼阶段横跨 NAFTA 及其前身美国—加拿大自由贸易协议两个阶段。其中,前两个争端根据美—加自由贸易协议得以暂时缓解,而第三个争端则为当时刚刚诞生的 NAFTA 提供了小试牛刀的机会,并最终通过两国政府于 1996 年签订的《软木贸易协定》(Agreement on Trade in Softwood Lumber),以加拿大自愿对美软木出口实施数量限制的方式缓解了两国间紧张的贸易关系。谁知,在两国贸易官员喘息甫定之际,围绕软木出口的第四个争端翩然而至。2001 年 4 月,就在两国于 1996 年达成的《软木贸易协定》有效期届满后的第 3 天,美国"软木公平进口联盟"(the Coalition for Fair Lumber Imports)对源自加拿大的软木进口提起了新的反倾销和反补贴调查请求,从而开启了美加两国之间的第四轮软木贸易争端。

值得注意的是,在这一轮的争端中,除了加拿大政府和加拿大软木生产商首次全面通过 WTO 和 NAFTA 第 19 章反倾销、反补贴争端解决机制这两个渠道进行了反击之外,加拿大投资者也积极应战,并创造性地启动了 NAFTA 第 11 章规定的投资争端解决机制。2002 年,加拿大 Canfor 公司以在美投资者的身份率先根据 NAFTA 第 11 章规定的投资者诉东道国仲裁程序向美国政府发难。随后,另外两家加拿大公司 Terminal Forest Products 和 Tembec 公司分别于 2004 年相继跟进。尽管具体诉求存在细微差别,但三家公司都主张,美国商务部和国际贸易委员会对原产于加拿大的软木进口构成倾销和补贴的决定违反了 NAFTA 第 11 章的国民待遇和最低待遇标准,并构成征收。为此,三家公司分别提出了最低不少于 2.5 亿美元、0.9亿美元和2亿美元的高额补偿。①

鉴于上述三个案件类似的事实背景和诉求,仲裁庭根据 NAFTA 第 1126 条决定合并审理。在关于先决问题的裁定中,仲裁庭首先承认,其正在进行的投资仲裁程序在一定程度上与第 19 章规定的国家间争端解决程序是平行关系,随后却通过解释 NAFTA 第 1901 条第 3 款,②排除了投资仲裁程序的继续进行。③ 然而在学者看来,仲裁庭在此问题上的裁定只是为了追求 NAFTA 争端解决体系的一体性(integrity),其所做的长篇大论本身就意味着上述解释并不十分可靠。④ 笔者也认为,NAFTA 第 1901 条第 3 款只是要求不得为缔约方在其国内贸易救济法之外创设新的法律义务,并不禁止仲裁庭审查相关措施与投资纪律的相符性,换言之,无论是 NAFTA 第 19 章还是 NAFTA 第 11 章,其本身并未明文将涉及反倾销和反补贴的争端排除在外;恰恰相反,如果像 S. D. Myers v. Canada 案仲裁庭那样,将 NAFTA 投资和贸易章节的规定视为对缔约方施加的"同步义务"并构成了缔约方的"一揽子承诺",⑤那么,根据 NAFTA 第 11 章成立的

---

① 关于美国和加拿大之间关于软木贸易争端的进展,详见 Leonila Guglya, The Interplay of International Dispute Resolution Mechanisms: the Softwood Lumber Controversy, *Journal of International Dispute Settlement*, 2011, Vol. 2, No. 1, pp. 177~179; Andrea K. Bjorklund, Private Rights and Public International Law: Why Competition among International Economic Law Tribunals Is Not Working?, Hastings Law Journal, 2007, Vol. 59, pp. 275~284.

② NAFTA 第 1901 条第 3 款规定:"本协定其他任何章节的规定均不得被解释为对缔约方的反倾销法和反补贴法施加了任何义务。"

③ Consolidated Arbitration Pursuant to art 1126 of NAFTA and the UNCITRAL Arbitration Rules, Canfor Corporation v United States of America; Tembec et al. v United States of America; and Terminal Forest Products Ltd. v United States of America. Decision on Preliminary Questions, 6 June 2006, para 273.

④ Guglya Leonila, The Interplay of International Dispute Resolution Mechanisms-the Softwood Lumber Controversy, *Journal of International Dispute Settlement*, 2011, Vol. 2, No. 1, pp. 179~180.

⑤ S. D. Myers, Inc. v. Government of Canada, First Partial Award, 13 November 2000, paras. 291~296.

投资仲裁庭完全可以而且应当审查相关措施在第 11 章项下的合法性。[①]因此,尽管仲裁庭的上述裁决从结果来看有利于避免贸易争端仲裁庭和投资争端仲裁庭的管辖权冲突,但却缺乏法律层面的直接依据,甚至有拒绝裁判之嫌。

美加两国围绕软木进出口爆发的系列争端表明,在投资与贸易一体化的背景下,贸易与投资措施的交互影响很可能同时引发国家之间的贸易争端和涉及私人的投资争端。鉴于两类争端解决机构的组织结构不尽相同,很可能在事实认定或法律适用方面产生冲突或对立裁决。因此,有必要引入适当的国际法规则以协调此类冲突。

本章小结

尽管从制度演进的角度看,WTO 争端解决机制的建立显然是朝向类似于国内正式司法制度方向迈进的重要一步,并初步实现了国际法学者长久以来关于国际法治的梦想。然而,这种国家之间的体制并没有完全摆脱国家政治的傲慢色彩,并突出地表现为对利益受损方的保护不足,对 WTO 争端解决机构报告的执行力不佳。就 WTO 争端解决机制可能涉及的与贸易有关的投资争端而言,上述缺陷将进一步影响跨国私人投资者的利益实现。相较而言,双边投资条约中普遍采取的 ICSID 仲裁机制在保护私人投资者方面更胜一筹。在这种框架下,私人能够直接参与争端解决过程,最大限度地化解跨国经济争端的政治因素,并通过货币补偿的方式获得充分的救济。

这种私人以直面国家的方式参与争端解决的优势还在于,它可以凸显私人在跨国经济活动中相对于国家的弱势姿态,使得相对于旨在实现国家

[①] 可资佐证的一个事实是,在 *Cross-Border Trucking Services* 案中,因美国限制墨西哥国民在美国从事货车运输服务,根据第 20 章设立的仲裁专家组就对美国这一涉及投资措施的限制政策进行了审查,而相关依据正是 NAFTA 第 11 章的国民待遇和最惠国待遇标准等。可见,NAFTA 并不禁止根据第 20 章成立的专家组对第 11 章进行解释,当然,这也表明 NAFTA 第 11 章规定的投资仲裁与第 20 章规定的一般争端解决程序也存在潜在冲突。参见 Secretariat File No. USA-MEX-98-2008-01,6 February 2001,paras 279~294,297.

间贸易平衡的 WTO 专家组和上诉机构而言，ICSID 仲裁庭普遍倾向于采取更严格的审查标准去检视 GATT 和双边投资条约中的例外条款，其利益诉求也更容易得到国际裁判机构的支持。

第四章　双边投资条约与 WTO 体制的制度协调

> 国际司法机构的增加,从程序和实体上都已经影响到了国际法的实施,……增加了管辖权竞合的危险。这会迫使我们面对由此产生的两个法律后果:一个是挑选法院,另一个是对立裁决。
>
> ——吉尔伯特·纪尧姆(Gilbert Guillaume)①

在经济一体化不断深化的当今世界,跨国公司正主导着全球价值链的形成。这就要求国家和国际社会认真考虑以全球价值链为主导的发展战略,发挥贸易和投资政策和制度的协同效应,保证贸易与投资政策的一致性。② 长久以来,在国际法"部门主义"这一认识论的影响下,国际贸易与投资法制之间呈现"临床隔离"状态。由于国际社会的平权结构和国际贸易与投资立法活动的路径依赖,从立法层面协调双边投资条约与 WTO 体制的规范虽是釜底抽薪之举,却难以在短期内完全实现。因此,充分发挥双边投资条约与 WTO 体制下争端解决机构的司法自制性,避免管辖权的积极冲突,并在解释和适用二者的实体规时,全面遵循条约解释的目的解释方法,或许是实现双边投资条约与 WTO 体制制度协调更有效的方式。

---

① Gilbert Guillaume, The Proliferation of International Judical Bodies: The Outlook for the International Legal Order, New York, 2000.

② 参见 UNCTAD, *World Investment Report* 2013: *Global Value Chains: Investment and Trade Development*, United Nations, 2013, pp. 12~14.

第一节 双边投资条约与 WTO 体制实体规范的协调

双边投资条约与 WTO 体制传统上的并行不悖和晚近以来的亦步亦趋,是国际法碎片化和多样化的重要表征。然而,这种部门性国际法律制度的"自给自足"并不必然是国际法律体系本身发展的福音。相反,不同领域的国际法律规则及其实施机制的差异性,很可能导致其法律适用的冲突或抵销,从而对国际法律体系的统一性和稳定性产生负面影响。本节旨在以双边投资条约与 WTO 体制为例,讨论二者实体规范的协调问题。

一、关于国际法律规范协调的一般问题

尽管在相当长一段时期,罕有学者专门论及双边投资条约与 WTO 体制实体规范的协调问题,但这并不意味着此前国际法学者更基础性的研究对此问题的解决毫无积极意义。恰恰相反,早在新世纪之初,国际社会就已经意识到,国际法体系多样化与统一性的对立损害了国际法应有的权威性和可预见性,同时也给国际关系增加了不确定因素。[①]

为此,2002 年,联合国国际法委员会第 54 届会议决定将"国际法的碎片化:国际法的多样化和扩展引发的困难"(Fragmentation of International Law: Difficulties Arising from the Diversification and Expansion of International Law)列为其长期工作专题,并成立了专门的研究组。历经四年的系统性研究,工作组于 2006 年向国际法委员会第 58 届会议提交了同名报告,被认为是此领域最具代表性的研究成果。[②] 在此报告中,工作组认为,

---

[①] 例见 Shane Spelliscy, The Proliferation of Internatinal Tribunals: A Clink in the Armor Source, *Columbia Journal of Transnational Law*, Vol. 40, 2001; G. Hanfer, Risks Ensuring from Fragementation of International Law, http://www.un.org/law/ilc/reports/2000,访问日期:2014 年 12 月 20 日。

[②] Report of the Study Group of the International Law Commission (Finallized by M. Koskenniemi), *Fragmentation of International Law: Difficulties arising from the Diversification and Expansion of International Law*, 13 April 2006, A/CN.4/L.682.

应当重视《维也纳条约法公约》的作用,即它可以作为"冲突国际法"(international law of conflicts)的基础。在此基础上,工作组从体系整合(systematic integration)的角度出发,提出了特别法优于一般法、后法优于前法以及强行法优于一般法等基本原则在条约冲突解释中的适用。①

上述源于国内法的基本法理原则仅仅是从解释论的角度为缓解条约冲突所做的初步尝试,而非一个釜底抽薪的治本之道。为此,另有学者提出,应重视国际组织在解决条约冲突方面的作用。一方面,在"国际立法"阶段,以消极和积极的方式来防范条约冲突,即除非必要,否则,国际组织应恪守职权,尽量避免"侵入"其他国际组织权限的"领地";即便在职权相似的国际组织之间,亦应当以"并入"(incoroperation)等积极方式促成规则的"累加"。另一方面,在条约实施阶段,可善用遵从(deference)、协作(collabration)和自理(autonomy)手段,妥善解决国际条约规范冲突。② 此外,还有学者提出,加大国家间协调力度才是解决国际法碎片化现象的根本办法。在根据善意履行国际义务原则,积极启动协调条约冲突的意愿;根据预约谈判原则(a pactum de negotiando),以达成协议为目标,展开寻求冲突解决的实质性努力;在谈判过程中,以法益衡量为基本方法,并通过对条约规范的修改或终止,重建条约规范之间的和谐关系。③

尽管上述原则或方法已经被广泛认可和运用,但对于纷繁复杂的国际法实践而言,这些努力只是处理条约规范冲突的一个基本框架。尽管加强国际组织之间和国家之间的协调是缓解条约规范冲突的根本出路,但其实际功效不容高估,主要理由在于:第一,从上述研究不难发现,这种协调在很大程度上依赖于国际组织或国家的主观意愿,其成功与否取决于处于相对一方的其他国际组织或国家的配合度。在国际社会条块分割的现实背景下,这种单方协调无疑难度较大;第二,条约规范的冲突往往在出现争端之

---

① Report of the Study Group of the International Law Commission (Finallized by M. Koskenniemi), *Fragmentation of International Law: Difficulties arising from the Diversification and Expansion of International Law*, 13 April 2006, A/CN.4/L.682, pp.115~206.

② 详见徐崇利:《国际经济法律冲突与政府间组织的网络化——以WTO为例》,载《西南政法大学学报》2005年第5期。

③ 详见古祖雪、陈辉萍等:《国际法学专论》,科学出版社2007年版,第133~134页。

时才得以凸显,紧张乃至恶化的双边关系将影响各方的协调意愿;第三,在越来越多的条约倾向于自给自足的背景下,条约规范的实施话语权更多受制于处于第三方地位的争端解决机构,而非争端各方。正是在这个意义上看,以《维也纳条约法公约》为基准来分析条约解释对于缓解条约规范冲突的积极作用,虽然是技术性而非根本性的,却是更重要的。

二、双边投资条约与 WTO 体制实体规范的目的解释

目的和宗旨是条约解释过程中应予综合考虑的要素之一,[①]是影响条约实体规范运作的重要指南。尽管当前国际法实践表明,文义解释才是国际仲裁庭或法庭在进行条约解释时所采用的首要方法,但事实上,鉴于条约规范的高度抽象性,目的解释在辅助文义解释方面发挥着不可忽视的作用。加之目的和宗旨的差异被认为是国际贸易与投资法制的重大区别之一,因此,本书将目的解释作为考察国际贸易与投资法制一体化的首要问题。

在贸易条约与投资条约并行不悖的传统和现实情况下,WTO 和双边投资条约这两个条约的目的和宗旨很少被放在一起相提并论。但有感于投资仲裁机制中贸易争端频发的现实,尼古拉斯·迪马西奥(Nicholas DiMascio)和约斯特·鲍威林(Joost Pauwelyn)两位学者对此问题展开了颇具探索性的讨论。[②] 他们的总体结论是,WTO 是建立在比较优势基础上的国家本位体制,它通过国家之间对市场准入和贸易机会的互换,推动资源的有效配置,以实现一国的整体福利的目标;而双边投资条约则以投资保护为中心的私人本位制,它建立在外国人待遇标准的习惯法基础之上,关乎公

[①] 《维也纳条约法公约》第31条第1款明确规定:"条约应依其用语按其上下文并参照条约之目的及宗旨所具有之通常意义,善意解释之。"

[②] 在此,有必要提及一则颇有价值的学术信息:在《跨国争端管理》(Transnational Dispute Management)于 2010 年发布的关于"投资法与 WTO 的交互影响"的征稿启事中,其列示的研究议题之一便是投资仲裁中的贸易措施问题。参见 TDM Editorial Board, Call for papers: TDM Special Issue covering intersections between investment treaty law and the WTO world, http://www.transnational-dispute-management.com/news.asp? key=345,访问日期:2014 年 12 月 20 日。

平对待而非效率,而缔约国之间的利益并不一致或对等。① 对此观点,笔者不能苟同。下文将结合这两位学者的观点,对此问题展开论述。

首先,在讨论 WTO 和双边投资条约体制的宗旨和目的时,必须厘清目的和手段的关系。

对于 WTO 体制的目的和宗旨,《WTO 协定》在序言中明确规定,协定各参加方认识到,在处理贸易和经济领域的关系时,应以提高生活水平、保证充分就业、保证实际收入和有效需求的大幅稳定增长以及扩大货物和服务的生产和贸易为目的,同时应依照可持续发展的目标,……以保证发展中国家、特别是其中的最不发达国家,在国际贸易增长中获得与其经济发展需要相当的份额,期望通过达成互惠互利安排,实质性削减关税和其他贸易壁垒,消除国际贸易关系中的歧视待遇,从而为实现这些目标做出贡献。②

因此,WTO 这一多边贸易体制的宗旨包括:(1)提高生活水平、保证充分就业、大幅稳定提高实际收入和有效需求;(2)扩大货物和服务的生产和贸易;(3)可持续发展;(4)保证发展中成员的经济发展。③ 与此相呼应,以互惠互利安排的方式实质性削减关税和其他贸易壁垒、消除歧视待遇只是 WTO 为达成上述目标所付诸实施的手段。可见,WTO 是以成员的整体公共福祉为皈依,其手段也主要通过国家层面的关税减让、壁垒削减等公法性安排进行。

同样,关于双边投资条约的目的和宗旨,不妨以颇具代表性的美国 2004 年双边投资条约范本为例,其序言规定,两国政府欲进一步促进彼此间一方国民与企业在缔约另一方领土内进行投资的经济合作;意识到给予此类投资相关待遇的协定将促进缔约方的私人资本流动和经济发展;同意

---

① 参见 Nicholas Dimascio & Joost Pauwelyn, Nondiscrimination in Trade and Investment Treaties: Worlds Apart or Two Sides of the Same Coin?, *American Journal of International Law*, 2008, Vol. 102, No. 1, pp.54~56.

② 参见《WTO 协定》序言。类似的规定亦可见于 GATT1994 序言,其中规定:
认识到在处理它们在贸易和经济领域的关系时,应以提高生活水平、保证充分就业、保证实际收入和有效需求的大幅稳定增长、实现世界资源的充分利用以及扩大货物的生产和交换为目的,期望通过达成互惠互利安排,实质性削减关税和其他贸易壁垒,消除国际贸易中的歧视待遇,从而为实现这些目标做出贡献,……

③ 此外,还有学者将建立一体化的多边贸易体系作为 WTO 的目标。参见曹建明、贺小勇:《世界贸易组织》,法律出版社 1999 年版,第 33~37 页。

一个稳定的投资框架将最大限度地实现经济资源的有效利用并提高生活水平;意识到根据国内法或通过国际仲裁为投资者提供一个主张和实施权利的有效手段的重要性;欲通过与保护健康、安全环境以及促进国际承认的劳工权之目的相一致的方式达到上述目标;……①

可见,双边投资条约的目的同样具有多重性,包括:(1)促进缔约方的经济合作;(2)促进缔约方的国际投资和经济发展;(3)有效利用资源,提高生活水平;(4)提供一个保护权利的有效机制;(5)可持续发展。上述宗旨总体上仍然体现了国家/社会本位的特征,诸多目的都是为了实现公共福祉,而非投资者的私人利益。相应地,加强投资者保护只是实现上述目标的手段。

与此同时,晚近越来越多的投资争端涉及环境、卫生、公共道德等非经济价值,这些管制性争端裁决的影响力也超出了投资保护的单一功能,并对非经济价值产生"溢出效应",从而使得投资仲裁被认为具有鲜明的公法色彩,②甚至被认为是"全球行政法的一种完美表达"(a comprehensive form of global administrative law)。③ 这也从侧面佐证了双边投资条约应当具备的国家/社会本位。

意识到这一点尤为必要。因为在迪马西奥和鲍威林两位学者看来,立足于投资保护的私人本位是双边投资条约区别于WTO的国家/社会本位的关键之处。④ 然而,这种解读显然与二者的文本立场相悖。事实上,正如徐崇利教授所指出的,20世纪80年代以来,国际投资法律关系的重心已开始从传统的投资保护问题向投资自由化转移。⑤ 虽然这一政策转向只是对新自由主义经济思想的体认而采取的路径选择,笔者并不认为它会对双边

---

① 美国2004年双边投资条约范本草案序言。

② 参见 Gus Van Harten, *Investment Treaty Arbitration and Public Law*, Oxford University Press, 2007, p. 70.

③ Gus Van Harten & Martin Loughlin,. Investment Treaty Arbitration as a Species of Global Administrative Law, *European Journal of International Law*, 2006, Vol. 17, No. 1, p. 123.

④ Nicholas Dimascio & Joost Pauwelyn, Nondiscrimination in Trade and Investment Treaties: Worlds Apart or Two Sides of the Same Coin?, *American Journal of International Law*, 2008, Vol. 102, No. 1, pp. 56~58.

⑤ 参见徐崇利:《从南北纷争焦点的转移看国际投资法的晚近发展》,载《比较法研究》1997年第1期。

投资条约的宗旨有何影响——至少在应然层面上如此。但在迪马西奥等学者看来，这种影响却是客观存在的，只不过他们把投资自由化视为美国、加拿大等少数国家的新兴实践，要么是可以忽略的，要么干脆排除在其类型化分析的范围之外。且不论这种观察是否符合当前双边投资条约发展的整体态势，①至少这表明，将投资保护作为双边投资条约的目的并不牢靠，②也不合逻辑。事实上，主张将投资者保护的学者也不得不承认，美、加等国的新型双边投资条约向投资自由化的迈进，以及新兴国家兼具资本输入国与资本输出国双重身份等事实，都会使双边投资条约缔约国的意图发生变化，进而可能影响条约解释。③

晚近国际投资仲裁的实践也表明，忽视或颠倒投资者保护与东道国发展之间的手段与目的关系，往往会造成对双边投资条约实体条款的误读。一些仲裁庭总是习惯性地将投资（者）保护作为双边投资条约的目的，甚至极端地将投资者保护视为一国的根本利益（essential interest）。④ 这种片面的认知在解释公平与公正待遇等弹性条款时大行其道，与此同时，促进经济合作、促进缔约方的经济发展等有利于东道国的字眼反而被有意或无意地

---

① 有观察认为，20世纪90年代国际社会的一系列尝试，包括1992年世界银行发布主要体现发达国家意志的《外国直接投资待遇指南》。1995年OECD启动的MAI谈判，美国、加拿大等国家推动的自由化式范本较之以往获得更多国家的接受，以及以贸易自由化为政策导向的国际贸易体制对类似投资实践的接纳，这些事实都表明当前的国际投资条约将投资自由化置于中心地位。参见陈安主编：《国际投资法的新发展与中国双边投资条约的新实践》，复旦大学出版社2007年版，第1~2页。

② 在肯尼思·J. 范德维尔德（Kenneth J. Vandevelde）教授看来，双边投资条约在促进自由化方面的作用有限，其首要功能仍是投资保护。参见 Kenneth J. Vandevelde, Investment Liberalization and Economic Development: The Role of Bilateral Investment Treaties, *Columbia Journal of Transnational Law*, 1998, Vol. 36, pp. 506~514.

③ 但作者并未进一步对投资自由化导向的双边投资条约与WTO在利益取向方面的关系作出澄清。参见 Nicholas Dimascio & Joost Pauwelyn, Nondiscrimination in Trade and Investment Treaties: Worlds Apart or Two Sides of the Same Coin?, *American Journal of International Law*, 2008, Vol. 102, No. 1, pp. 55~56, 58.

④ 参见 CMS Gas Transmission Company v. The Argentine Republic, Case No. ARB/01/8, 12 May 2005, paras. 274, 357.

忽视了。① 正是在此情势下，南北国家对双边投资条约不同的谈判目标以及双边投资条约实施效果的失衡日益受到学者的关注。② 哈顿博士（Gus Van Harten）更是一针见血地指出，将双边投资条约视为投资者的人权保护条约，反而可能成为实现人权保护的障碍。③

其次，尽管 WTO 与双边投资条约具有不同的实施机制，但他们在保护和实现私人财产权问题方面可谓殊途同归。

诚然，自从 20 世纪 40 年代 GATT 体制诞生以来，它就与双边投资条约分别形成了自己独特的实施机制：WTO 权利义务的实施主要依靠国家之间的争端解决机制，私人诉国家的争端解决机制则被视为确保双边投资条约有效运作的程序。④ 但这并未影响其保护和实现私人利益的价值取向。

就 WTO 而言，其国家间的争端解决机制是为"多边贸易体制提供可靠性与可预见性"的一个核心要素，⑤ 但多边贸易体制可靠性与可预见性的利益攸关者并不限于严格意义上参与 WTO 争端解决程序的 WTO 成员的政府。相反，尼科尔斯教授（Philip M. Nichols）明确指出，争端解决最为明显

---

① 参见季烨：《双边投资条约对发展权的负面影响及对策》，《武大国际法评论》2009 年第 1 期。

② 参见曾华群：《论双边投资条约实践的"失衡"与革新》，载《江西社会科学》2010 年第 6 期。

③ 哈顿指出，认为双边投资条约主要是为投资者创设权利的观点，忽略了政府决策所需关注的非经济价值，因而可能成为实现人权的障碍。参见 Gus Van Harten, *Investment Treaty Arbitration and Public Law*, Oxford University Press, 2007, pp. 140~142. 此外，还有学者对双边投资条约实践中忽视可持续发展的倾向提出了批评。参见 Kenneth J. Vandevelde, Sustainable Liberalism and the International Investment Regime, *Michigan Journal of International Law*, 1998, Vol. 19, pp. 375~398. Andrew Newcombe, Sustainable Development and Investment Treaty Law, *The Journal of World Investment & Trade*, 2007, Vol. 8, No. 3, pp. 367~406.

④ Alan O. Sykes, Public versus Private Enforcement of International Economic Law: Standing and Remedy, *Journal of Legal Studies*, 2005, Vol. 34, p. 632.

⑤ 参见 DSU 第 3 条第 2 款。

地体现了私人与 WTO 运作间的联系。① 在"美国 301 条款案"中,专家组更为明确地指出了 WTO 法纪保护私人经济利益的价值取向:

> 那种认为私人在 GATT/WTO 法律体系中的地位无足轻重的观点是完全错误的。在 GATT/WTO 内,成员方因接受各项纪律而享有的利益中,许多利益的实现需取决于国内及全球市场上个体经济经营者的活动。许多纪律的目的,并且就整体而言,GATT/WTO 的首要目标之一实际上就是创造那些能够促使私人活动欣欣向荣的市场条件。
>
> ……就本质而言,多边贸易体制不仅由国家组成,甚至主要是由个体经济经营者组成。
>
> ……
>
> 在所有 WTO 纪律中,DSU 是保障多边贸易体制的可靠性与可预见性,并由此保障市场及市场上不同经营者的可靠性与可预见性的最重要的工具之一。②

这一结论也得到了《WTO 协定》文本的确证。虽然《WTO 协定》被认为是由成员驱动的条约群,但其很多条款却直接赋予了私人权利,以至于被学者认为完全有理由对私人直接适用。③ 虽然基于条约形式理性和实践理性的区分,并从有效实施条约的角度出发,直接适用《WTO 协定》的建议为部分学者所反对,④也受到 WTO 成员政府近乎一致的拒绝,但从规则本身的内容看,私人权利无疑得到了 WTO 的承认,并成为其制度设计的一个重要指向。

相较于 WTO 而言,双边投资条约的实施机制更直接地彰显了对私人

---

① 参见 Philip M. Nichols, Participation of Nongovernmental Parties in the World Trade Organization: Extension of Standing in World Trade Organization Dispute, *University of Pennsylvania Journal of International Economic Law*, 1996, Vol. 17, pp. 308~309.

② Panel Report of Section 301 Case, Part Ⅶ, para. 7.72—73, 75.

③ 例如,在关于《WTO 协定》在我国适用方式的讨论中,一些学者主张,诸如《TRIPS 协议》中关于保护的范围与标准以及保护执行的程序与方法的有关规定、《反倾销协议》,以及一些针对非关税壁垒的协议,都可以在我国法院的审判实践中直接适用。详见廖益新主编:《共和国六十年法学论争实录·国际法卷》,厦门大学出版社 2011 年版,第 85~89 页。

④ 详见蔡从燕:《私人结构性参与多边贸易体制》,北京大学出版社 2007 年版,第 240~248 页。

权利的保护。一方面，宽泛的投资定义和高标准的待遇条款，使得双边投资条约的保护对象几乎已涵盖直接投资、证券投资及现代有经济价值的合同与其他交易。① 更重要的是，几乎所有的双边投资条约都采纳了1965年《华盛顿公约》所创立的私人诉国家型的投资争端解决机制。② 20 世纪 50 年代一本权威国际法教科书曾指出，"作为国际法的客体"是个人在国际法上的"正常地位"，③这句话客观地反映了当时国际社会对私人国际法地位的主流意见。然而，仅仅不到15年之后，《华盛顿公约》就为私人创设了一种全新的国际法律地位，这也成为国际争端解决过程中发挥私人作用的一个转折点。④ 此外，《华盛顿公约》还授权私人投资者适用国际法规则，⑤进一步肯定了私人与国家平等进行仲裁的程序性权利。⑥

可见，尽管 WTO 和双边投资条约在条约目的上采取了国家/社会本位主义以实现社会整体福利，但在为实现这一目的而选择采取的手段方面，都立足于私人，通过维护和实现私人的贸易和投资权利向公共福祉的整体目标迈进。

最后，应审慎关注 WTO 与双边投资条约不同的实施机制对私人财产权保护的影响，但不宜过度夸大这种程序性差异与二者条约宗旨之间的正向关系。

毫无疑问，WTO 的国家间争端解决机制与双边投资条约普遍采用的

---

① ［英］艾伦·雷德芬等：《国际商事仲裁法律与实践》（第四版），林一飞、宋连斌译，北京大学出版社 2005 年，第 515 页。

② 《华盛顿公约》第 25 条第 1 款规定："中心的管辖适用于缔约国（或缔约国向中心指定的该国的任何组成部分或机构）和另一缔约国国民之间直接因投资而产生并经双方书面同意提交给中心的任何法律争端。当双方表示同意后，任何一方不得单方面撤销其同意。"

③ 参见［英］劳特派特修订：《奥本海国际法》（上卷第二分册），王铁崖、陈体强译，商务印书馆 1971 年版，第 140 页。

④ 参见 Francisco Orrego Vicuña, *International Dispute Settlement in an Evolving Global Society*, Cambridge University Press, 2004, pp. 64~65.

⑤ 《华盛顿公约》第 42 条第 1 款规定："仲裁庭应依照双方可能同意的法律规则对争端作出裁决。如无此种协议，仲裁庭应适用作为争端一方的缔约国的法律（包括其冲突法规则）以及可能适用的国际法规则。"

⑥ Wolfgang Peter, *Arbitration and Renegotiation of International Investment Agreements*, 2nd ed., Kluwer Law International, 1995, pp. 167~168.

私人诉国家争端解决机制存在系统性差异,主要表现为,相对于国家而言,无论是私人的风险承受能力还是参与国际仲裁的能力,都是其维护自身权利的短板,并可能引发其在应诉成本、举证能力和证明标准方面的困境。① 正是基于上述理由,迪马西奥和鲍威林两位学者反对将 WTO 与双边投资条约的宗旨等量齐观,其言下之意或许是担心私人利益受到国家行为体的不当侵害。

在笔者看来,尽管 WTO 与双边投资条约实施机制的上述差异客观存在,两位学者的隐忧也不无理由,但以此否认二者宗旨的一致性,显然过度夸大了这种程序差异的实体影响。事实上,上个世纪末以来国际投资仲裁案件的数量激增,②这一新动向足以说明,跨国投资者在与东道国政府的关系中并非始终处于弱势地位。相反,美国 2004 年双边投资条约范本及其后续实践中针对投资者的一系列防御措施,③从一个侧面反映了实践中存在着投资者滥用仲裁机制的倾向。④

更重要的是,尽管当代法律理念普遍认为,程序不仅具有工具价值,还具备独立价值,但这种独立价值可能更多是就程序本身而言的。例如,季卫东教授在界定"程序的独立价值"时,认为它主要有两层含义,即对程序的评

---

① 参见 Alan O. Sykes, Public versus Private Enforcement of International Economic Law: Standing and Remedy, *Journal of Legal Studies*, 2005, Vol. 34, p. 660.

② 笔者根据 ICSID 网站提供的信息统计,从 1998 年至今,ICSID 秘书处年均受理案件 21.5 个,最高时(2007 年)竟然达到 36 个,目前累计待决案件达 129 个。ICSID 秘书长罗伯特·丹尼诺(Roberto Dañino)也承认,ICSID 业务量的飞速增长,也对 ICSID 的中立性、专业性和效率带来巨大挑战。参见 Roberto Dañino, Opening Remarks, in ICSID, OECD & UNCTAD, *Making the Most of International Investment Agreements: A Common Agenda*, OECD, 2005, pp. 1~2.

③ 参见陈辉萍:《美国投资者与东道国争端解决机制的晚近发展及其对发展中国家的启示》,载《国际经济法学刊》2007 年第 2 期。

④ 鉴于现实中大型跨国商业巨头动辄将东道国诉诸国际仲裁庭的现状,著名国际投资法学者沃德(Thomas W. Wälde)教授甚至意有所指地称,谈判实力孱弱的中小型企业才应当是双边投资条约体制的受惠对象。参见 Thomas W. Wälde, The "Umbrella" Clause in Investment Arbitration: A Comment on Original Intentions and Recent Cases, *The Journal of World Investment & Trade*, 2005, Vol. 6, No. 2, pp. 204~206.

价应独立于实体评价本身,以及对程序的评价奉行价值多元主义;关于"独立的程序价值",他将其归纳为正当过程、中立性、条件优势和合理化等四个要素。可见,上述价值主要是面向程序而言的。① 齐树洁教授更是直截了当地指出,程序法的独立价值具体表现为,程序法是实现程序正义的重要保障,而在实现实体正义方面,程序法发挥的更多是工具价值。② 因此,绝不能以程序机制的差别推翻制度本身的实体价值。

就双边投资条约的实施机制而言,其表现形态的多样性决定了在考察双边投资条约的目的和宗旨方面,它并不能发挥决定性的作用。从制度缘起看,投资者诉东道国的争端解决机制本身源于殖民时代的治外法权理念,体现了对东道国法律秩序的不信任,③因而,在发达国家之间缔结的双边投资条约中并无类似规定。④ 此外,2010年4月,澳大利亚政府发布了一份题为《通向更多就业机会和更加繁荣的贸易之路》的贸易政策声明。其中,鉴于投资者诉东道国争端解决机制缺乏经济合理性,且使得外国投资者享有超国民待遇,并束缚了国家管制权,吉拉德政府宣布未来的双边投资条约将不再规定类似条款。⑤ 这一政策声明被认为将引发连锁效应。⑥ 如果说此前发达国家在其相互之间的双边投资条约中不规定投资者诉东道国争端解决机制是一种小范围内的习惯性默契,那么,澳大利亚政府的上述声明无疑从一般意义上打破了这种不合理的默契,也表明,投资者诉东道国的国际仲裁机制并非双边投资条约的必备条款。因此,将其作为解释或影响双边投

---

① 参见季卫东:《程序比较论》,载《比较法研究》1993年第1期。

② 参见齐树洁、张冬梅:《试论民事程序法的意义》,载《法学评论》2000年第1期。

③ 参见陈安主编:《国际投资争端仲裁——"解决投资争端国际中心"机制研究》,复旦大学出版社2001年版,第8~12页。

④ 例如,迄今为止,美国没有与任何一个发达国家签订双边投资条约,1989年与加拿大签订的FTA也没有包含投资者诉东道国的争端解决机制,只不过在墨西哥加入并签订NAFTA时才纳入这一机制。

⑤ 参见Australian Government Department of Foreign Affairs and Trade, Gillard Government Trade Policy Statement:Trading our way to more jobs and prosperity, http://www. dfat. gov. au/publications/trade/trading-our-way-to-more-jobs-and-prosperity. html,下载日期:2014年12月20日。

⑥ 参见Luke Eric Peterson, In policy switch, Australia disavows need for investor-state arbitration provisions in trade and investment agreements, http://www. iareporter. com/articles/20110414,下载日期:2014年12月20日。

资条约宗旨的决定性因素是不必要、也是不合逻辑的。

综上,笔者认为,无论是 WTO 还是双边投资条约体制,都是以新自由主义理论的市场逻辑为基础,通过贸易和投资自由化的路径选择,保障私人贸易商和投资者的财产权,以此增进私人、国家和国际社会的财富和福利。尽管就两个机制的手段而言,WTO 机制的私人参与程度比双边投资条约机制要淡薄得多,但就性质和目标而言,WTO 和双边投资条约体制都带有公法色彩,都是国家参与签订的条约机制,旨在维护、增进和实现一国的社会整体福祉,这也是判断二者条约宗旨最具决定的因素。

三、双边投资条约与 WTO 体制实体规范的文本解释

条约文本的趋同是分别以 WTO 和双边投资条约为代表的贸易与投资法制一体化的重要形式。其中,包括国民待遇和最惠国待遇在内的待遇标准是两个体制不约而同的选择。下文将以国民待遇为例,分析该条款在 WTO 与双边投资条约实体规范一体化方面的应然价值和实然处境。

应予说明的是,之所以引入国民待遇条款这一对象来分析 WTO 与双边投资条约实体规范的一体化,是基于如下理由:文本分析表明,国民待遇和最惠国待遇具有共同的基点——类似情形(in like circumstances),[①]因此,将国民待遇作为研究待遇标准的样本是可行的。此外,最惠国待遇的比较系在外国人之间展开,国民待遇则涉及本国人与外国人待遇标准的比较,后者更加实质性地触及一国制度设计的内核,也更容易引发争端——以 WTO 争端解决实践为例,自 WTO 成立到 2007 年底,涉及 GATT1994 第 3 条第 1 至 4 款国民待遇的争端达 21 例,为 GATT 主要条款涉诉数之首。[②] 而双边投资条约中涉及国民待遇的争端虽然出现得较晚,但也逐渐

[①] 例如,美国 2004 年双边投资条约范本关于国民待遇的第 3 条第 1 款规定:"……每一缔约方给予缔约另一方投资者的待遇,不得低于在类似情形下(in like circumstances)其给予本国投资者的待遇。"关于最惠国待遇的第 4 条第 1 款规定:"……每一缔约方给予缔约另一方投资者的待遇,不得低于在类似情形下(in like circumstances)其给予其他缔约方或非缔约方投资者的待遇。"

[②] 参见 World Trade Organization Legal Affairs Division, *WTO Dispute Settlement: One-Page Case Summaries* (1995—December 2007), World Trade Organization, 2008, p.147.

成为晚近国际投资争端的热点之一。① 鉴此,将国民待遇条款作为分析对象更具问题意识和研究价值。

(一)文本对比

国民待遇条款在《WTO协定》中普遍存在,②被认为是WTO的基本原则之一。其中,GATT1994第3条颇具代表性,具体规定如下:

  1.各缔约方认识到,国内税和其他国内费用、影响产品的国内销售、标价出售、购买、运输、分销或使用的法律、法规和规定以及要求产品的混合、加工或使用的特定数量或比例的国内数量法规,不得以为国内生产提供保护的目的对进口产品或国产品适用。

  2.任何缔约方领土的产品进口至任何其他缔约方领土时,不得对其直接或间接征收超过对同类国产品直接或间接征收的任何种类的国内税或其他国内费用。此外,缔约方不得以违反第1款所列原则的方式,对进口产品或国产品实施国内税和其他国内费用。……

同时,GATT1994附件Ⅰ还就第3条第2款作出了注释和补充规定:

  符合第2款第一句要求的国内税,只有在已税产品与未同样征税的直接竞争或替代产品之间存在竞争的情况下,方被视为与第二句的规定不一致。

相对而言,双边投资条约中的国民待遇条款却颇为简洁。以美国2004年双边投资条约范本为例,其第3条第1款规定:

  在投资的设立、收购、扩大、管理、实施、经营及销售,或其他处分方面,缔约一方应给予缔约另一方投资者不低于其在类似情况下给予其本国投资者的待遇。

比较上述文本可见,双边投资条约国民待遇条款的规定较为简单。相比之下,GATT1994第3条的规定不但明确了同类产品的构成条件——存在"直接竞争或替代产品之间存在竞争",还明确了违反国民待遇的一个目的要件——"为国内生产提供保护"。具体而言:

---

  ① 参见 Rudolf Dolzer, National Treatment: New Developments, in CSID, OECD & UNCTAD, Making the Most of International Investment Agreements: A Common Agenda, OECD, 2005, pp.1~4.

  ② 如 GATT1994 第 3 条,GATS 第 17 条,《TRIMs 协定》第 2 条,《TRIPS 协定》第 3 条等。

一方面,GATT1994 第 2 款第 1 句及其附件表明,在衡量是否构成同类产品时,主要标准是看竞争条件是否发生改变。换言之,违反国民待遇义务的情形,不仅指相关措施在国内外竞争者之间造成了差别化的实际后果,还包括相关措施本身损害了公平竞争预期这一可能性。事实上,早在 1987 年"美国 1930 年关税法第 337 节案"中,专家组就指出:"第 4 款中的'待遇不低于'要求影响国内销售、标价出售、购买、运输、分销或使用的法律、法规和规定给予有效的公平机会。"①

另一方面,分析整个第 3 条的文本结构可以看出,第 1 款系本条的总括性"序言",第 2 款则属于国民待遇的具体义务。其中,第 1 条明确提出,国民待遇的目的是反对以使用国内税和国内规章的方式实施保护主义。GATT/WTO 的争端解决实践证明,这一目的的提出对于国民待遇的解释意义重大。正是基于对第 1 款的合理关注和正确解读,1992 年"美国影响酒类饮料措施案"确立了 GATT/WTO 中关于"同类产品"审查的"目的与效果"标准。

在该案中,专家组指出,国内税费和规章的合法性主要应基于其目的和市场效果来判断,即相关措施是否具有善意的规范目标,以及对竞争条件的影响是否创造了有利于国内产品的保护性优势。第 3 条的宗旨并不是要阻止缔约方使用财政的或规章的权力去实现保护主义之外的其他目标,因此,同类产品的确定方式不能对缔约方的国内政策选择权和管理权造成不必要的侵犯。尤其是,第 3 条的宗旨并不是要阻止缔约方依据与保护国内生产无关的政策目标对不同产品进行分类。因此,在确定受到不同待遇的两种产品是否为同类产品时,有必要考虑这种对产品的区别是否出于"为国内生产提供保护的目的"。②

"欧共体石棉案"更是明确肯定了 GATT 第 3 条国民待遇中的正当目的。在本案中,专家组在审查国民待遇时曾拒绝考虑石棉产品的健康风险因素,并认为这么做会使得 GATT 第 20 条(b)项变得毫无意义。但上诉机构纠正了这一做法,并指出,涉及健康风险的证据与评估 GATT 第 3 条第

---

① 参见 United States—Section 337 of the Tariff Act of 1930,Report of the Panel,BISD 36S/345,7 November 1989,para. 5.11.

② 参见 United States—Measures Affecting Alcoholic and Malt Beverages,Report of the Panel,BISD39S/206,19 June 1992,DS23/R,paras. 5.23~5.26.

4 款项下产品的竞争性存在关联关系,对于 GATT 第 20 条(b)项的审查也有意义,因为相同的证据可能发挥不同的作用。① 可见,尽管 GATT1994 关于国民待遇的规定并未直接涉及一般例外,但这一正当目的仍然是成为国民待遇审查应当予以考虑的问题。

相对于此前 GATT 实践中采纳的"客观标准",②"目的与效果"标准的创新之处在于,它避免了简单地基于产品的客观差异而排斥正当的诉求,而是将对产品进行区分的国内措施的主观目的及所产生的贸易效果纳入审查范围,从而将规则的正当性问题和合法性问题提到同一个层面予以考虑。③ 换言之,它允许基于保护主义以外的正当目的,对产品进行差别待遇,从而创设了一种平衡机制。

与 GATT 不同,双边投资条约关于国民待遇的规定并无上述总括性要求,换言之,它并没有这种对保护主义的目的和其他正当目区别对待的平衡机制。对此,于尔根·科兹(Jürgen Kurtz)认为,这种缺失并非偶然,而是真实反映了双边投资条约的缘起:二战后,新兴国家独立运动国有化的浪潮风起云涌,发达国家为保护其岌岌可危的海外投资而大力推行双边投资条约以为其提供强大的保护。在此背景下,充分的保护和安全、禁止征收,以及充分补偿要求被视为重中之重,而国民待遇这样的相对待遇标准自然而

---

① 参见 European Communities—Measures Affecting Asbestos and Asbestos-Containing Products, Report of the Panel, WT/DS135/R, 18 September, 2000, para. 8.130; European Communities—Measures Affecting Asbestos and Asbestos-Containing Products, Report of the Appellate Body, 12 March 2001, e 14, para. 115

② 关于 GATT 此前关于同类产品审查中"客观标准"的实践及其批评,参见 Nicholas Dimascio & Joost Pauwelyn, Nondiscrimination in Trade and Investment Treaties: Worlds Apart or Two Sides of the Same Coin?, *American Journal of International Law*, 2008, Vol. 102, No. 1, pp. 61~66. Henrik Horn & Petros Mavroidis, Still Hazy After All These Years: The Interpretation of National Treatment in the GATT/WTO Case-Law on Tax Discrimination, *European Journal of International Law*, 2004, Vol. 15, No. 1, p. 39.

③ 参见房东:《WTO〈服务贸易总协定〉法律拘束力研究》,北京大学出版社 2006 年版,第 117 页。

然地被边缘化。①

值得进一步追问的问题是,双边投资条约国民待遇条款中缺乏类似 GATT 那样的目的条款,是否意味在双边投资条约项下的国民待遇审查过程中,就不应考虑相关措施目的的正当性?

笔者认为,从条约解释的角度看,尽管其具体条款并未予以规定,但在双边投资条约国民待遇的审查过程中同样应当考察相关措施的目的,即该措施是基于保护国内投资者及其投资的不当目的,还是出于其他正当目的。作为条约解释习惯法规则,②《维也纳条约法公约》第 31 条第 1 款规定:"条约应依其用语按其上下文并参照条约之目的及宗旨所具有之通常意义,善意解释之。"随后,该条第 2 款对"上下文"做了进一步的定义,第 3 款提出了"嗣后协定"、"嗣后惯例"、"有关国际法规则"、"特殊意义"等解释因素。值得注意的是,负责起草工作的联合国国际法委员会特别强调:

> 委员会在该条的标题"解释通则"中使用了单数形式,强调了第 1 段和第 2 段之间以及第 3 段和前两段之间的关系,意图表明该条规定中的各解释方法的适用是一个综合的运作过程……当对该条规定作出整体性解读时,不应被看成在条约解释规范间设定了法律上的等级顺序。该条规定中的解释要素具有一定的先后顺序。但这是逻辑上的考虑,不是有强制力的法律上的等级顺序。③

可见,在审查相关措施是否符合双边投资条约中国民待遇的要求时,考

---

① 参见 Jürgen Kurtz, The Use and Abuse of WTO Law in Investor-State Arbitration: Competition and Its Discontents, *European Journal of International Law*, 2009, Vol. 20, No. 3, p. 755.

② 上诉机构在其受理的第一个案件"美国汽油案"的报告中明确指出,《维也纳条约法公约》第 31 条构成"解释习惯规则"的一部分。在其后受理的"日本酒类税案"中,上诉机构指出《维也纳条约法公约》第 32 条也取得了同样的地位。参见 United States—Standards for Reformulated and Conventional Gasoline Report of the Appellate Body, WT/DS2/AB/R, 29 April 1996, p. 17. Japan—Taxes on Alcoholic Beverages, Report of the Appellate Body, WT/DS8/AB/R, WT/DS10/AB/R, WT/DS11/AB/R, 4 October 1996, p. 10. 从 WTO 争端解决实践来看,这种观点已经得到了普遍一致的遵循。参见 Isabelle Van Damme, *Treaty Interpretation by the WTO Appellate Body*, Oxford University Press, 2009, pp. 22~26.

③ Arthur Watts ed., *The International Law Commission* 1949—1998, Volume Ⅱ, Oxford University Press, 1999, pp. 685~686.

虑措施的目的具有充分的条约法依据。

而如前所述,片面保护外国投资者的经济利益,并非双边投资条约的目的和宗旨。相反,双边投资条约的序言明确表明,通过保护和促进投资这一手段,实现东道国经济社会的可持续发展才是各国缔结双边投资条约的真实动因。相应地,在一项国内措施可能引发本国投资者和外国投资者的差别待遇时,不能仅凭这一点就认定东道国违反了国民待遇,而是应进一步考察相关措施是否具有环境、卫生、公共道德等目的正当性。换言之,基于WTO 与双边投资条约的目的和宗旨的一致性,双边投资条约中的国民待遇审查,完全可以也应当借鉴 WTO 争端解决实践中发展出来的"目的与效果"标准。

综上,WTO 与双边投资条约中有关国民待遇的规定存在差异,WTO 的规定在形式理性方面具有明显优势。但无论从应然价值还是从条约解释的技术层面看,都不应当影响对双边投资条约中国民待遇的审查采取类似 WTO 的合理实践。换言之,一项措施是否对外国投资者造成了比本国投资者更不利的待遇,不但应审查该措施是否改变了投资者之间的竞争条件,还应当考虑该措施是否具有保护主义的目的,只有同时具备上述要件,方可认定为违反了国民待遇。

(二)实践转向

自 GATT 时代以来,GATT/WTO 争端解决实践中涉及国民待遇的争端就屡见不鲜,专家组和(或)上诉机构在此问题上也逐渐发展出一套较为成熟的审查标准和方法——尽管这种实践并非一以贯之,并偶有反复之嫌。[①] 相较而言,双边投资条约中涉及国民待遇的争端出现得较晚,如上述所述,本来完全可以也应当合理借鉴 WTO 争端解决机制在这方面的解释经验,但这似乎是学理层面的一厢情愿。事实上,由于双边投资条约中投资

---

① 参见 Nicholas Dimascio & Joost Pauwelyn, Nondiscrimination in Trade and Investment Treaties: Worlds Apart or Two Sides of the Same Coin?, *American Journal of International Law*, 2008, Vol. 102, No. 1, pp.61~66. 值得庆幸的是,尽管 WTO 上诉机构在 1996 年"日本酒类税"和 1997 年"欧共体香蕉案"中审查 GATT1994 第 3 条时拒绝采纳"目的和效果"这一标准,但其裁决公布后广受批判,被认为在条约解释方面过于保守且不全面。最具代表性批判意见,参见 GATT/WTO Constraints on National Regulation: Requiem for an "Aim and Effects" Test, in Robert E. Hudec, *Essays on the Nature of International Trade Law*, Cameron May Ltd, 1999, pp.364~368.

者诉东道国这一争端解决机制的临时性和非常设性,双边投资条约中国民待遇的审查存在严重的不一致现象。

(1) 早期实践

S. D. Myers v. Canada 案是业已披露的第一个涉及双边投资条约国民待遇条款解释的案件。①

本案案情:S. D. Myers 公司是一家从事高毒性物质 PCB 回收与处理的美国公司。它在加拿大设有子公司,并获得美国环保署的授权,可以在 1995 年 11 月至 1997 年 12 月之间从加拿大进口 PCB。但 1995 年 11 月,加拿大环境部长以 PCB 废物严重损害环境与健康为由签署禁令,禁止向美国出口 PCB。1997 年 2 月,加拿大再次修改禁令,放开 PCB 出口。其间,由于加拿大的政策变动,两国之间有关 PCB 及 PCB 废物出口的边境被关闭了 16 个月。鉴此,S. D. Myers 公司以自己在加拿大的市场份额减少为由,主张加拿大政府违反了 NAFTA 第 11 章的最低待遇标准、业绩要求和征收条款。

在分析"类似情形"这一概念时,由于投资仲裁中对此并无先例可循,仲裁庭直接参考了 GATT/WTO 的判例法,其结论是:仅仅具有"类似性"并非最终结论,还需进一步考察相关差别待遇是否具有正当的公共政策理由并以一种合理的方式实施。换言之,"类似情形"的审查应采取 GATT/WTO 实践中发展出来的"目的和效果"的方法。仲裁庭还进一步指出,这种方法也得到了 1976 年《OECD 国际与多国企业宣言》(OECD Declaration on International and Multinational Enterprises)和 1993 年《OECD 国民待遇指针》(OECD National Treatment Instrument)的支持。②

GATT/WTO 实践中的"目的和效果"方法,在随后的 *Pope & Talbot v. Canada* 案中继续得以沿用。③ 在该案中,加拿大政府主张,如果存在事实上的歧视,只有系争措施对外国投资及其投资者造成"不成比例的不利"时,才可认定违反国民待遇义务。对此,仲裁庭先后援引了 GATT/WTO

---

① 参见 S.D. Myers, Inc. v. Canada, First Partial Award, 13 November 2000, para. 122～123.

② 参见 S. D. Myers, Inc. v. Canada, Partial Award, UNCITRAL, 13 November 2000, para. 244～248.

③ 关于本案案情,参见本节第二目。

专家组和上诉机构在"欧共体香蕉案"(WT/DS27/R/USA22,1997)、"欧共体石棉案"(WT/DS135/R,2000)和"美国酒饮料案"(DS23/R-39S/206,1992)中的判决,驳回了加拿大政府的主张。[1] 在审查"类似情形"时,仲裁庭指出,应首先比较同一商业或经济部门中外国投资与本国投资的待遇,并进一步考察这种待遇差别与政府理性政策之间的联系;如果外国投资与本国投资存在"任何"待遇上的差别,只要证明这种差别待遇与理性政策之间存在合理联系,而不是出于使国内投资比外国投资受惠更多的动机,这种差别待遇也不违反国民待遇义务。[2]

此外,在2002年Feldman v. Mexico案[3]和2003年ADF v. USA案[4]中,仲裁庭关于国民待遇的裁决同样体现了对WTO实践的借鉴。

(2)后来实践

Occidental v. Ecuador案是第一个被披露的拒绝在国民待遇审查中参考WTO实践的案件。

本案案情:美国Occidental公司与厄瓜多尔Petroecuador公司签订石油开发生产合同。根据厄瓜多尔税法的规定,出口商如果在出口活动中采购了本地货物,则有权获得增值税退税。但2001年,厄瓜多尔税务当局以Occidental公司与Petroecuador公司续签的合同中已经约定Occidental公司将按照石油产量一定比例获得款项返还为由,拒绝继续执行增值税退税政策。为此,Occidental公司根据美国—厄瓜多尔双边投资条约提起国民待遇违反之诉,理由是花卉、矿业、海鲜等其他行业的出口商仍然可以享受退税政策,自己的待遇显然更低。

Occidental公司提出,"类似情形"并非专指涉及相同部门营业活动的公司,还包括其他同属出口产业部门的出口商。对此,厄瓜多尔政府表示反对并强调,"类似情形"仅指属于同一部门的公司应得到相同待遇,而不应涵

---

[1] 参见 Pope & Talbot Inc. v. Canada, Award on the Merits of Phase 2, 10 April 2001, UNCITRAL, paras. 44, 46~63.

[2] 参见 Pope & Talbot Inc. v. Canada, Award on the Merits of Phase 2, 10 April 2001, UNCITRAL, paras. 71~72,78~79.

[3] 参见 Marvin Feldman v. Mexico, Award, ICSID Case No. ARB(AF)/99/1, 16 December 2002.

[4] 参见 ADF Group Inc. v. United States of America, Awardm ICSID Case No. ARB(AF)/00/1, 9 January 2003.

盖其他行业,因为增值税退税政策的目的就是为了确保不改变竞争条件,该措施也只有对相同行业才有意义。而就石油行业而言,外国公司与本国公司一样不享有退税待遇,并无任何歧视的意图或行为。①

仲裁庭指出,厄瓜多尔政府对"类似情形"的理解是"狭隘的"(narrowly):"国民待遇的目的是与国内生产商相比较并保护投资者,如果只是排他性地强调特定活动所属的部门,这个目的就无法实现。"尽管仲裁庭注意到了GATT/WTO实践关于"同类产品"的解释,但它认为,WTO法中只有直接竞争或替代的产品才构成"同类产品"的规定同样过于狭隘,在本案中并不可取。其依据是,本案中国民待遇的目的与GATT/WTO是截然相反的——前者是为了避免使出口商因为在原产地支付了间接税而在外国市场处于不利地位,而后者的目的是为了避免使进口商受到目的地国税收和国内规章的影响,从而扭曲与国内同类产品的竞争关系。② 换言之,GATT/WTO 中的国民待遇是为了保护出口商的利益,而双边投资条约中的国民待遇是为了保护进口商的利益,这一点决定了不能对"同类产品"进行一致解释。

可见,为了实现"保护投资者(外国出口商)"的目的,仲裁庭认为,"类似情形"并不局限于直接竞争或替代的产品之间,可以包括具有相同条件的所有出口商。③ 照此推理,所有的出口商都被可以被视为处于类似情形,而无须处于相同或类似行业,也无须与本国的国内出口商相比较。其结果是,国民待遇条款中的"类似情形"一词的范围被极端放大,甚至丧失了任何实质意义。

但在随后的 Methanex v. US 案中,仲裁庭走向了另一个极端,即"类似情形"意味着比较对象之间必须完全一致(identical)——尽管仲裁庭本身并不认为自己作出了这样的解释。

本案案情:美国加利福尼亚州州长发布命令,禁止在无铅汽油中使用一

---

① 参见 Occidental Exploration and Production Company v. Ecuador, Final Award, UNCITRAL, 1 July 2004, paras. 168, 171~182.

② 参见 Occidental Exploration and Production Company v. Ecuador, Final Award, UNCITRAL, 1 July 2004, paras. 173~175.

③ 参见 Occidental Exploration and Production Company v. Ecuador, Final Award, UNCITRAL, 1 July 2004, para. 176.

种名为甲基叔丁基醚(methyl tertiary butyl ether,MTBE)的催化剂,理由是该催化剂氧化后会造成空气污染,进而危害人类健康。加拿大 Methanex 公司是该催化剂主要成分甲醇的主要生产商。该公司认为,加州禁止使用 MTBE,却并未禁止乙醇等其他氧化剂;考虑到甲醇主要由外国投资者生产,乙醇主要由本国人生产,乙醇的继续使用显然对处于"类似情况"下的外国投资者不利。因此,Methanex 公司以上述命令违反 NAFTA 第11章国民待遇义务为由,提起投资仲裁。①

仲裁庭指出,本案的焦点是,在审查类似情形时应如何选取参照物:是 Methanex 公司所主张的乙醇产业,还是美国政府所主张的国内的乙醇生产商？仲裁庭似乎认为二者皆可视为"类似情形",但既然美国国内的乙醇生产商与 Methanex 公司处于"完全一致"的情形,将其作为最佳参照物更为合适。② 鉴于加州的禁令同样伤害了其本国乙醇生产企业47%的市场份额,因此,仲裁庭认定美国并未违反 NAFTA 第1102条国民待遇。③ 可见,仲裁庭的裁决事实上将国民待遇中的"类似情形"巧妙地转化成"一致情形",从而缩小了国民待遇的适用范围,放宽了国民待遇的义务标准。

对此,仲裁庭的解释是:一方面,NAFTA 第1102条甚至整个投资章节都没有采取 GATT 第3条中"同类产品"这样的措辞,这表明,NAFTA 的起草者的意图是创设一个"将贸易与投资相区别的制度"。④ 此外,NAFTA 关于"投资"的定义也将贸易活动排除在外,⑤这也表明二者的实

---

① 参见 Methanex Corporation v. USA, Final Award, UNCITRAL, 3 August 2008, at Pt IV, Chp. B, paras. 3~7.

② 参见 Methanex Corporation v. USA, Final Award, UNCITRAL, 3 August 2008, at Pt IV, Chp. B, paras. 16, 19.

③ 参见 Methanex Corporation v. USA, Final Award, UNCITRAL, 3 August 2008, at Pt IV, Chp. B, paras. 18~19.

④ 参见 Methanex Corporation v. USA, Final Award, UNCITRAL, 3 August 2008, at Pt IV, Chp. B, paras. 29~35.

⑤ NAFTA 第1139条关于投资定义的第(i)和(j)项指出,源于商业合同和与商业有关的信用延伸,以及其他货币请求权,都不属于受 NAFTA 保护的投资。参见 NAFTA 第1139条。

体规范应当相对独立。① 换言之,GATT/WTO 实践中关于 GATT 第 3 条"同类产品"的解释方法,并不适用于 NAFTA 投资章节中"类似情形"的解释。另一方面,仲裁庭认为,GATT 第 3 条关于竞争条件的要求是为了限制进口商和进口国在国民待遇方面的自由裁量权。② 其言下之意是,即便认为 GATT 第 3 条关于"同类产品"的解释可以在本案适用,仲裁庭选取完全一致的美国国内生产商作为"类似情形"的比较对象,这也是正确的。

(三)分析与反思

从上述实践转向可以看出,双边投资条约投资仲裁实践关于国民待遇的认定主要分为两个发展阶段。鉴于此前涉及双边投资条约项下国民待遇的案件并不多见,因此,早期的仲裁庭倾向于认可 GATT/WTO 的分析方法,具体表现为,在分析"类似情形"时采纳了 GATT/WTO 实践发展出来的"目的和效果"方法,要求构成"类似情形"需考虑外国投资者/投资与本国投资者/投资的竞争条件。尤其值得赞赏的是,仲裁庭还注意到了 WTO 与双边投资条约之间的制度性差异,并成功地体现在其对国民待遇的解释过程中。例如,在 Pope & Talbot v. Canada 案中,加拿大政府曾主张,应将加拿大受系争措施影响的本国企业作为一个整体与外国企业进行比较,以此决定外国企业是否遭受了不利待遇。对此,仲裁庭指出,这种方法毫无疑问加重了私人投资者的举证责任,因而并不合理。③ 尽管如此,相关仲裁庭在援引 WTO 关于国民待遇的解释方法时,并没有对其合理性或可行性作出说明,这也为后续不一致裁决的发生埋下了隐患。

随着投资仲裁中相关争端的增多,晚近仲裁庭对国民待遇的理解也日益自信,并表现出试图摆脱 WTO 法规指引或限制的倾向,最常见的理由便是二者的文本规定不同。但笔者以为,以文本差异为出发点拒绝 WTO 法规关于"同类产品"解释的可适用性,有过分迷信文本之嫌。之所以在 GATT 中采用"同类产品"的措辞,而在双边投资条约中代之以"类似情形",这是因为 GATT 和双边投资条约的调整对象是不一致的:前者针对作

---

① 参见 Methanex Corporation v. USA, Final Award, UNCITRAL, 3 August 2008, at Pt IV, Chp. B, paras. 36～37.

② 参见 Methanex Corporation v. USA, Final Award, UNCITRAL, 3 August 2008, at Pt IV, Chp. B, para. 30.

③ 参见 Pope & Talbot Inc. v. Canada, Award on the Merits of Phase 2, 10 April 2001, UNCITRAL, paras. 71～72.

为贸易对象的货物,涉及的是静态的产品;后者则针对作为投资活动的行为,涉及投资活动的一个动态过程。在这样的情况下,要求二者采用相同的措辞显然不合理,以此作为反对二者在解释方法上的可参照性,也缺乏依据。同时,这种过度依赖文本的解读方法,还忽略了双边投资条约在形式理性方面的不足。①

即便以 WTO 与双边投资条约的目的和宗旨不同为由拒绝在考察双边投资条约项下"类似情形"时参考 WTO 法,这也是一种误读。如上文所述,无论是 WTO 还是双边投资条约体制,都是对贸易和投资自由化发展路径的肯定,通过保障私人贸易商和投资者的财产权,增进私人、国家和国际社会的财富和福利。与此宗旨相对,GATT1994 和双边投资条约中的国民待遇应旨在反对贸易和投资保护主义,其核心是确保竞争性条件——只不过 GATT1994 在关于第 3 条的注释中明确提出了这一点,而以简约著称的双边投资条约并未言明罢了。相应的,Occidental v. Ecuador 案和 Methanex v. US 案在此问题上走向了两个极端。

在 Occidental v. Ecuador 案中,仲裁庭以其他部门仍存在退税政策为由,认定石油开采部门撤销退税政策的做法违反了国民待遇。然而,仲裁庭却忽略了这样一个简单的事实,即这两个对比的经济部门之间并不存在任何竞争关系,也就不属于"类似情形";即便认为厄瓜多尔政府撤销石油开采部门的退税政策有所不当并违反了双边投资条约保护投资者这一宽泛的目的,仲裁庭以违反国民待遇为由"施以援手"也显然属于法律适用不当。而在 Methanex v. US 案中,仲裁庭认为,"类似情形"只能在类似的外国投资者与国内生产商之间进行比较,将"类似情形"这一概念"偷梁换柱"为"同一情形",从而肯定了美国政府的抗辩理由,即国民待遇的功能只是禁止基于国籍的歧视。这种对"类似情形"的解释,不但缺乏文本和规范依据,而且可能导致一种严重的可能性,即国民待遇义务将对所谓"事实上的歧视"(de facto discrimination)无能为力。不妨试想这样一种情形:如果美国国内市场上的甲醇都原产于外国厂商或进口占据绝对优势,而本国厂商在乙醇生产上占据绝对优势。显然,美国加州政府禁止生产 MTBE 的禁令会使本国的生产商获得竞争优势,并排挤外国的甲醇生产商(因为 MTBE 是甲醇的

---

① 关于双边投资条约形式理性缺失的分析,详见本书第一章第三节。

主要生产原料）。而此前，无论是 GATT/WTO 时代的专家组，[①]还是 Pope & Talbot v. Canada 案的仲裁庭，[②]都明确肯定，包括国民待遇在内的非歧视待遇不仅反对法律上的歧视（de jure discrimination），也反对事实上的歧视。显然，Methanex v. US 案的仲裁庭对其推理方法和裁判结果的负面效应估计不足，并反证了其对"类似情形"的解释存在误差。

Occidental v. Ecuador 案和 Methanex v. US 案仲裁庭在国民待遇审查问题上之所以偏离了之前 S. D. Myers v. Canada 案等仲裁庭的实践，表现出抗拒和误读 GATT/WTO 解释传统的苗头，一方面可能是由于裁判者不熟悉双边投资条约文本的特征以及 WTO 的法理，[③]另一方面，也反映了双边投资条约和 WTO 这两个体制由来已久的分割历史。[④] 此外，双边投资条约和 WTO 争端解决机制的组织差异也对此起到了推波助澜的作用。尼古拉斯·迪马西奥（Nicholas DiMascio）和约斯特·鲍威林（Joost Pauwelyn）两位学者甚至认为，WTO 专家组和上诉机构的成员往往由深谙国际贸易规则的外交官和专家组成，而投资仲裁庭的成员则隶属于一个新兴共同体，他们对私人投资促进经济发展充满笃信，对传统的 WTO 先例并

[①] 参见 Spain Tariff Treatment of Unroasted Coffee, Report of the Panel, 11 June 1981, BISD 28S/102; European Communities—Regime for the Importation, Sale and Distribution of Bananas, WT/DS27/R/ECU, WT/DS27/R/GTM, WT/DS27/R/HND, WT/DS27/R/MEX, WT/DS27/R/USA, Report of the Panel, 22 May 1997, paras. 7.301~7.303; Canada—Certain Measures Affecting the Automotive Industry, WT/DS139/AB/R, WT/DS142/AB/R, Report of the Appellate Body, 31 May 2000, para. 183.

[②] 参见 Pope & Talbot Inc. vf Canada. Award on the Merits of Phase 2, 10 April 2001, para. 43.

[③] 一个典型的例证是，在 Continental v. Argentina 案中，在审查阿根廷政府的经济应对措施是否是保护其根本安全所必要的措施时，仲裁庭便参考了 WTO 争端解决机构关于 GATT 第 20 条的解释方法，并广受好评。而该案的首席仲裁员乔治·赛斯尔多蒂（Giorgio Sacerdoti）教授刚好是意大利籍 WTO 上诉机构成员（2001—2009）。参见 Continental Casualty Company v. Argentina, ICSID Case No. ARB/03/9, 5 September 2008, para. 192.

[④] 参见 Jürgen Kurtz, The Use and Abuse of WTO Law in Investor—State Arbitration: Competition and Its Discontents, European Journal of International Law, 2009, Vol. 20, No. 3, p.770.

无太高的忠诚度,因而在投资仲裁中往往特立独行。①

第二节 双边投资条约与 WTO 体制程序机制的协调

　　当前,国际法中协调管辖权冲突的方法大多是对国内法协调方式的借鉴。② 这些方法大致分为两类:一类是直接规定管辖权分配的方法,如排他管辖、协议任择管辖等;另一类是协调管辖权冲突的原则,包括未决诉讼(lis pendens)和既判力(res judicata)原则、善意原则、国际礼让原则等。相较而言,前一类方法在明确性和约束力方面更强,而后者则普遍受制于国际争端解决机构的自由裁量,执行效果不佳。本节旨在讨论国际贸易与投资一体化背景下,原本分别专司贸易与投资争端的 WTO 和 ICSID 争端解决机制管辖权的潜在积极冲突问题。

一、协调 ICSID 与 WTO 争端解决机制管辖权的方法

　　就当前 WTO 与 ICSID 争端解决机制关于管辖权的规定看,二者在一定程度上都体现了排他管辖的精神,但并不充分。

　　例如,DSU 第 23 条第 1 款规定:"当成员寻求纠正违反义务情形或寻求纠正其他造成适用协定项下利益丧失或减损的情形,或寻求纠正妨碍适用协定任何目标的实现的情形时,它们应援用并遵守本谅解的规则和程序。"第 2 款还进一步规定,"除非通过依照本谅解的规则和程序援用争端解

---

　　① 参见 Nicholas Dimascio & Joost Pauwelyn, Nondiscrimination in Trade and Investment Treaties: Worlds Apart or Two Sides of the Same Coin?, *American Journal of International Law*, 2008, Vol. 102, No. 1, p.59.
　　② 参见 Leonila Guglya, The Interplay of International Dispute Resolution Mechanisms: the Softwood Lumber Controversy, *Journal of International Dispute Settlement*, 2011, Vol. 2, No.1, p.184.

决",WTO 成员不得通过其他程度或途径对违反义务或利益丧失的情形进行确定。① 对于此处 DSU 使用的"应该"(shall)这一措辞以及禁止使用其他程序的规定,杰克逊教授认为,这表明 WTO 争端解决是一个专有管辖机制,禁止把产生于 GATT/WTO 法律体系的争端提交给外部司法机构。②

然而,这一规定并不足以排除其他争端解决机构的管辖权。③ 首先,DSU 第 23 条第 2 款的用语具有模糊性,它只是规定在违反 WTO 法、利益受损和目标受阻等相关问题上,禁止外部争端解决机制对此问题做出"确定";但如果只是在解决具体问题时需要附带性地解决对 WTO 规则的"解释"问题,其他争端解决机制是否有权自行其是? DSU 并未明确。其次,如果其他条约授予了与 GATT 相同的利益或采用了相同的规定,这些外部条约下设的争端解决机制是否可以独立进行裁决,DSU 同样未予规定。事实上,这也是实践中区域贸易协定与 WTO 争端解决机制管辖权冲突的核心原因。最后,也是最为致命的一点,即便在 WTO 内部,相对于《WTO 协定》中的某些协定而言,DSU 及其争端解决机制并不总是优先或排他适用。例如,《技术性贸易壁垒协定》第 14 条以及附件 2 都对该协定项下任何事项的磋商和争端解决作出了特殊规定,而且享有优先适用的地位。④ 这表明,认为 WTO 争端解决机制具有绝对排他性的观点,至少从逻辑上看并不能自洽。

同样,《华盛顿公约》关于管辖权的规定,也不足以排除 WTO 争端解决

---

① DSU 第 23 条第 2 款规定:"在此种情况下,各成员应:……(a)不对违反义务已发生、利益已丧失或减损或适用协定任何目标的实现已受到妨碍作出确定,除非通过依照本谅解的规则和程序援用争端解决,且应使任何此种确定与争端解决机构通过的专家组或上诉机构报告所包含的调查结果或根据本谅解作出的仲裁裁决相一致。"

② 参见 John H. Jackson, *The World Trading System*, 2nd ed., MIT Press, 1997, p.124.

③ 参见侯幼萍:《WTO 和 ICSID 管辖权冲突研究》,载《国际经济法学刊》2007 年第 2 期。

④ 例如,《技术性贸易壁垒协定》第 14 条(磋商和争端解决)第 1 款规定:"就影响本协定运用的任何事项的磋商和争端解决应在争端解决机构的主持下进行,并应遵循由《争端解决谅解》详述和适用的 GATT 1994 第 22 条和第 23 条的规定,但应在细节上作必要修改。"此外,《实施卫生与植物卫生措施协定》第 11 条(磋商和争端解决)第 3 款也规定:"本协定中的任何内容不得损害各成员在其他国际协定项下的权利,包括援用其他国际组织或根据任何国际协定设立的斡旋或争端解决机制的权利。"

机制对于与贸易有关的投资措施的管辖权。为了使争端脱离外交领域进入法律领域,即实现争端解决的"去政治化",并保护东道国免受多重诉讼的风险,《华盛顿公约》第 27 条第 1 款规定,一旦投资者和东道国同意将争端提交 ICSID 仲裁,就不得"给予外交保护或提出国际要求"。① 这里的"任何国际要求"当然包含投资者母国自己主动或接受本国投资者申请将投资争议提交 WTO 争端解决机构解决的机会和权利;② 如果缔约国违反该规定,在其他国际司法机构提起指控,则该机构理应拒绝行使管辖权。③ 但值得注意的是,《华盛顿公约》的上述规定系针对投资者母国而言的,对私人投资者并无约束力。换言之,如果对于一项有争议的与贸易有关的投资措施,投资者母国已先行将其提交 WTO 争端解决机构解决,《华盛顿公约》第 27 条第 1 款并不能阻止私人投资者将其以违反双边投资条约为由诉诸 ICSID 仲裁程序。④

二、协调 ICSID 与 WTO 争端解决机制管辖权的其他原则

鉴于直接通过管辖权选择条款无法根本性地防止防范 WTO 和 ICSID 管辖权的冲突,因此,只能借助其他传统的规制管辖权冲突的法律原则,如未决诉讼(lis pendens)和既判力(res judicata)原则、善意原则、国际礼让原则等。除了国际礼让原则以外,其他原则最初主要是在国内法框架内发展而来,并在国际司法实践中被不同程度地予以承认。然而,这些原则共同的缺陷在于其解释和适用的弹性很大,均受制于国际争端解决机构本身的自由裁量,而且从实践的角度看,很少有国际争端解决机构会主动放弃自己作

---

① 《华盛顿公约》第 27 条第 1 款规定:"缔约国对于其国民和另一缔约国根据本公约已同意交付或已交付仲裁的争端,不得给予外交保护或提出国际要求,除非该另一缔约国未能遵守和履行对此项争端所作出的裁决。"

② 参见梁开银:《论 ICSID 与 WTO 争端解决机制的冲突及选择——以国家和私人投资争议解决为视角》,载《法学杂志》2009 年第 8 期。

③ 参见侯幼萍:《WTO 和 ICSID 管辖权冲突研究》,载《国际经济法学刊》2007 年第 2 期。

④ 此外,侯幼萍还认为,《华盛顿公约》第 27 条第 1 款规定也不能阻止两国通过缔结一项新的协定,将争端提交给任何非 ICSID 程序,因为这种协定具有事后法或特别法的性质,可以超越第 27 条的一般规则的适用。参见侯幼萍:《WTO 和 ICSID 管辖权冲突研究》,载《国际经济法学刊》2007 年第 2 期。

为裁判者的地位。

例如,在常设国际法院审理的 Chorzow 工厂案中,法院指出:"法院在界定自身管辖权与另一司法机构的管辖权之间的关系时,不应对自身的管辖权作出让步,除非存在一项条款足以明确地可以防止管辖权的消极冲突,以使法院避免陷入拒绝给予司法救济的风险。"结合该案的具体情况,法院认为德国无法从另一法庭中获得足够的救济,因此当事方不可能具有授予仲裁庭排他性管辖权的意图。① 此外,侯幼萍通过分析常设国际法院和国际法院的司法实践进一步指出,不同争端解决机构管辖权冲突的性质差别越大,受案法院越不愿承认当事方具有授予另一机构专有管辖权的隐含意图。②

具体就既判力原则而言,它是指"一个通过司法决定最终解决的问题;一项阻止相同各方就本可以在第一次诉讼中提出但没有提出的相同诉请或相同事实产生的其他诉请提出第二次诉讼的实体抗辩"。③ 该原则不但是各国国内(程序)法广为接受的一项程序原则,也是它是一项获得广泛承认的国际法规则,④其主要目的是防止相同当事人之间就已经作出判决的相同争议事项再次提起诉讼,从而有利于节省司法资源,也预防对立裁决的出现有损司法权威。

然而,无论是从上述关于既判力原则的概念,还是从 WTO 争端解决的既有实践来看,既判力原则似乎都无力从根本上阻止其与 ICSID 管辖权的冲突。这是因为,目前关于既判力的理解都是从传统的管辖权冲突的标准进行界定的,主要考虑三个因素,即(1)相同当事人;(2)同一标的或争议;以

---

① Factory at Chorzów (Germany v. Poland), 1927 PCIJ (Series A), No. 9.
② 参见侯幼萍:《WTO 协定与区域贸易协定的管辖权冲突研究》,厦门大学 2007 年博士学位论文,第 134 页。
③ 参见 Bryan A. Garner ed, *Black's Law Dictionary* (Second Pocket Edition), West Group, 2001, p. 608.
④ 参见 Vaughan Lowe, Res Judicata and the Rule of Law in International Arbitration, *African Journal of International and Comparative Law*, 1996, Vol. 8, No. 1, pp. 38~50.

及(3)相同的诉因。① WTO上诉机构也曾在论述WTO专家组报告时确证了上述三个条件:"我们认为,WTO专家组报告中经争端解决机构通过的未经上诉的裁断应视为对当事方间有关某一指控和被指控措施特定组成部分争端的最终裁断。"② 而如前所述,WTO和ICSID争端解决机构所受理案件的当事人尽管从本质上可能具有一致性,但从表面上看并不完全相同,二者的诉因更是相差甚远——前者是根据《WTO协定》,而后者则是双边投资条约中的实体待遇标准。因此,WTO和ICSID争端解决机构在审理具体案件时,能否确认彼此生效裁决的既判力仍不确定。

再以国际礼让(comity)原则为例,该原则存在于很多国家的冲突法规范中,根据该原则,一国(地区)的法院应对其他国家(地区)的法院表示尊重和某种程度的遵从,包括该国家(地区)内争端解决机构的裁断。实践中,礼让原则通常在重复诉讼的情形下援引,以限制管辖权的行使;此外,为尽可能避免管辖权冲突签发跨境救济时也会援引礼让原则。③ 在ICSID受理的 *Southern Pacific Properties (Middle East) Ltd. v. Egypt* 案中,仲裁庭在受理案件时相关诉讼正在法国上诉法院中未决。鉴此,仲裁庭认为,"当两个相关的独立法庭的管辖权及于同一争端时,出于国际司法秩序的考虑,任何一个仲裁庭都可以自由裁量给予礼让,中止对管辖权的行使",④并据此中止了仲裁程序。然而,在法国上诉法院发布裁断之后,仲裁庭仍然决定继续仲裁程序,其理由是,《华盛顿公约》规定仲裁庭应对自身的管辖权做出最终判断。⑤

---

① 参见 Vaughan Lowe, Res Judicata and the Rule of Law in International Arbitration, *African Journal of International and Comparative Law*, 1996, Vol. 8, No. 1, p.40.

② European Communities—Anti-dumping Duties on Imports of Cotton-type Bed Linen from India, WT/DS141/R, 30 October 2000. 关于WTO争端解决实践对于既判力原则的认可,详见朱榄叶:《一事不再理原则在WTO争端解决机制中的适用问题》,载《国际经济法学刊》2004年第1期。

③ 参见[英]伊恩·布朗利:《国际公法原理》,曾令良、余敏友等译,法律出版社2002年版,第29页。

④ Southern Pacific Properties (Middle East) Ltd. v. Egypt, Case No. ARB/84/3, ICSID Report, Vol. 3, 1988, p.129.

⑤ Southern Pacific Properties (Middle East) Ltd. v. Egypt, Case No. ARB/84/3, ICSID Report, Vol. 3, 1988, p.144.

三、分析与评论

一项政府管制措施的目标是指向贸易还是投资？这个问题在以往国际经济交往及其法律关系相对简单的情况下，似乎不难回答。然而，在经济全球化的背景下，国际贸易与投资之间的一体化程度不断加深，因此，政府管制措施的溢出效应日益明显，并引发识别困境。如果要从根本上避免不同仲裁庭对具有相同事实背景的案件作出对立裁决，最理想的办法当然是由一个统一的国际争端解决机构来处理。然而，这一设想在而在当前国际贸易和国际投资争端解决场所相对分离的当下，其现实可能性要大打折扣。

因此，一个次优的选择便是授予其中的某一个争端解决机构以排他管辖权，NAFTA 便是这一方案的实践者它并没有设置一个统一的常设性的争端解决机构，而是针对不同的争端设立了不同的争端解决方式，其中，缔约国之间的反倾销和反补贴争端根据第 19 章设立的专家组解决，缔约国一方投资者与缔约另一方政府之家的投资争端根据第 11 章设立的仲裁庭解决，涉及分协定（包括《北美环境合作协定》和《北美劳工合作协定》）的争端根据分协定的相关委员会解决，其他主协定的争端则根据第 20 章的一般争端解决机制解决。[①] 换言之，这种多个争端解决机制之间的排他管辖是以对争端的定性和法律依据的不同而设置的。然而，WTO 与 ICSID 争端解决机制管辖权冲突的根源便在于，一项政府措施的性质无法清晰地予以界定。此外，由于在投资争端解决过程中，私人处于能动地位，因此，传统上处理国家间争端管辖权冲突的协调规则在协调 WTO 与 ICSID 争端解决机制管辖权冲突方面可能无法实现预期目标。

鉴此，笔者认为，恰恰是传统上效力最弱的、诸如未决诉讼和既判力原则这样的协调管辖权冲突的原则，反而可能在国际争端解决机构的自由裁量中发挥比较重要的作用。这是因为，这些原则得到了各国国内法的普遍认可，甚至被认为构成了国际法中的一般法律原则。国际争端解决机构在审理具体案件的过程中，完全可以根据自身享有的自裁管辖权（competence-competence），灵活运用未决诉讼和既判力原则、国际礼让原

[①] 参见傅明、张讷：《论〈北美自由贸易协定〉之分散型争端解决机制》，载《国际经济法学刊》2006 年第 2 期。

则等方法,或承认他方管辖权优先,或决定暂时中止程序,等待其他更适宜管辖的机构作出先决裁判后再继续相关程序。在作出此类决定时,可作为考量的因素可包括案件主要争议的性质,国际争端解决机构的专业性,以及其受理案件的先后顺序等。

此外,也是最根本的一个途径是,应当在实体法层面为 WTO 和 ICSID 的国际争端解决机构提供统一的尺度。这主要依赖缔约国在当前正在进行的多边贸易谈判以及双边投资条约谈判中实现承诺水平的一致。尤其是在双边投资条约式的双边谈判中,相对弱势的缔约国更容易受到谈判实力悬殊的负面影响,无法清楚界定自身的利益所在,盲目或被迫接受一些具有 WTO 递增效应的条款。对此,本书在第二章已有相当的论述。在 WTO 和 ICSID 争端解决机制的管辖权冲突不可避免的情况下,如何维持被诉国政府在 WTO 体制下的多边承诺?少数发达国家出于维护自身管制权的考虑,已经在双边投资条约中纳入了一些例外性的规定。例如,美国 2004 年双边投资条约范本第 6 条第 5 款便明确:"本条(指关于征收与补偿的规定——笔者注)不适用于与《TRIPS 协定》相一致的知识产权强制许可的颁发、撤销、限制或创设行为,只要这些颁发、撤销、限制或创设行为与《TRIPS 协定》相一致。"[①]通过这一规定,与《TRIPS 协定》相一致的知识产权强制许可的颁发、撤销、限制或创设行为即便被诉诸 ICSID 仲裁庭,也不会被认定为构成与双边投资条约不符的强制许可行为,从而有利于将双边投资条约关于强制许可的实体待遇维持在与《TRIPS 协定》相一致的水平。以此观之,不妨将此类规定推广至所有可能同时涉及贸易与投资的多边贸易协定,包括《TRIMs 协定》、GATS 以及《TRIPS 协定》等,比如在未来的双边投资条约中设置一个总括性的条款,即"本协定中的任何规定,都不得被理解为使缔约方承担超出其在《TRIMs 协定》/GATS/《TRIPS 协定》项下的义务,也不得被理解为使其在上述协定下的权利受到损害"。

本章小结

随着国际争端解决机构的专门化和扩散化,管辖权冲突成为国际法上

---

① 类似规定,参见加拿大 2004 年双边投资条约范本附件 B.13(1)条。

的一个突出现象。尽管 WTO 和 ICSID 争端解决机制在管辖权的性质、当事人的身份和适用的争端类型方面存在差异,然而,在国际贸易与投资一体化的背景下,与贸易有关的投资措施以及与投资有关的贸易措施都可能引发二者的潜在冲突。鉴于私人在 ICSID 投资争端解决过程中的主动角色和能动作用,这种管辖权冲突要远甚于处理国家间争端的争端解决机构的管辖权冲突,而排他管辖的传统协调方法在这个问题上未必能够奏效。

为此,应当在考虑争端的主要性质、争端解决机构的专业性以及其受理案件的先后顺序等因素的基础上,充分发挥 WTO 和 ICSID 争端解决机制在个案中的自由裁量权,灵活运用未决诉讼和既判力原则、国际礼让原则等方法,或承认他方管辖权优先,或决定暂时中止程序,避免作出对立裁决,这也有利于节省司法资源,遏制当事人(尤其是私人投资者)进行双重诉讼的可能性。此外,还应当在立法层面避免出现双边投资条约的 WTO 递增效应,通过缔约国在 WTO 与双边投资条约中承诺水平的一致性,为 WTO 和 ICSID 的国际争端解决机构提供统一的实体裁判尺度。

结　论

20世纪70年代以来,在经济一体化浪潮的推动下,无论是在微观的企业经营层面,还是在宏观的国家经济战略层面,国际贸易与投资都越来越紧密地联系在一起。与此发展趋势相呼应,分别以GATT/WTO和双边投资条约为代表的国际贸易法制与国际投资法制的一体化也日益明显。这不仅表现为综合涵盖贸易与投资议题的缔约模式越来越受到各国的普遍欢迎,更重要的是,以往平行发展的WTO和双边投资条约纪律在调整对象、条约宗旨和实体规范方面的重合或趋同性增强。

然而,GATT/WTO和双边投资条约两个体制在过去半个多世纪中的发展中形成了根深蒂固的路径依赖。尽管WTO的多边发展路径使得其规范体系相对完整、精细,但当前其继续前进的动力不足;相反,形式理性明显缺失的双边投资条约却得益于其双边演进的路径,继续保持高速发展态势。

双边投资条约所代表的国际投资法制的"单兵突进",其效果是明显的。由于形式理性的缺失和组织法的不完善,在几乎不受实质性控制的国际投资仲裁实践的推波助澜下,双边投资条约义务不但是量的累积,更是质的提升,并导致缔约国"被迫"承担更高的自由化义务。更为甚者,蓬勃发展的双边投资条约可能侵蚀各国在WTO多边框架下服务贸易、知识产权保护等投资议题上的承诺水平。在贸易与投资一体化程度日益加深的背景下,贸易与投资政策本应相互匹配一致,但这种双边投资条约的WTO递增效应却与上述目标南辕北辙,反而加剧了国际贸易与投资法制的制度性失衡。

与此同时,双边投资条约的WTO递增效应还体现于二者各具特色的争端解决机制。尽管WTO争端解决机制的建立是朝向类似于国内正式司法制度迈进的重要一步,并被誉为"国际法治的曙光",但它并没有完全摆脱国家间政治的傲慢色彩,突出地表现为对受损私人利益的救济不够充分,对WTO争端解决机构报告的执行力不佳。相较而言,双边投资条约中普遍采用的 ICSID 争端解决机制打破了国家在国际争端解决中的垄断地位,最大限度地化解跨国经济争端中可能渗透的政治考量。在这种体制下,私人享有启动争端解决程序的主导权,可以通过货币补偿获得充分救济。此外,这种私人以直面国家的争端解决方式还有利于凸显私人相对于国家的弱势姿态,无形中促使 ICSID 仲裁庭采取比 WTO 更为严格的审查标准去检视政府措施的合规性。

在贸易与投资一体化的背景下,一项政府措施很可能既影响贸易,又与投资有关,由此引发相关措施的定性难度和识别冲突。当前,WTO 与双边投资条约的争端解决机制的运作机理截然迥异,无疑将加大 WTO 与双边投资条约规则的协调难度,甚至可能对于同一项政府措施的法律后果作出截然相反的法律认定,亦即引发所谓的管辖权冲突问题。相对于传统上 WTO 与区域贸易协议之间的贸易争端管辖权而言,WTO 与 ICSID 争端解决机制的管辖权具有异质性,因而协调的难度更大。在此问题上,传统的排他管辖这一硬性方法无法完全奏效,而应在综合考虑争端的主要性质、争端解决机构的专业性以及其受理案件的先后顺序等因素的基础上,灵活运用未决诉讼和既判力原则、国际礼让原则等柔性方法予以协调。

应予承认,就国际贸易与投资法制的一体化而言,本书只是从 WTO 和双边投资条约体制的共同实体规范出发,强调将一致性解释作为缓解二者紧张关系的一个突破口。至于在其他实体规则方面的协调,本书着墨不多,但这并不意味这一问题并不重要。相反,无论是针对现阶段 WTO 与双边投资条约体制在争端管辖权冲突方面的缓解,还是着眼于长远阶段国际贸易与投资政策的相辅相成,一个最为有效和根本性的方案都是实现 WTO 和双边投资条约体制在实体法层面的协调一致。然而,鉴于二者由来已久的体制性分立,要提出一个全面消除其制度性分野的实体性框架,殊为不易,亦非短期可为之,也有待于笔者在未来的研究中不断跟进和完善。

就政策影响而言,国际贸易与投资法制的一体化,迫切要求各国在对外缔约实践中警惕和防范双边投资条约体制的 WTO 递增效应。当前,WTO 多边谈判举步维艰,而双边投资条约双边体制却在经济自由化的呼声中独领风骚。在此情况下,各国,尤其是谈判实力和能力稍逊一筹的发展中国家,均应充分重视双边投资条约投资规则对 WTO 的反向影响。否则,在 WTO 这一多边场合的攻防战中来之不易的谈判成果,极有可能在双边投资条约的双边谈判中留下足以溃堤之蚁穴,进而引发国内政策空间不足、发展目标受阻的问题。鉴此,不妨借用美国当代著名法理学家罗纳德·德沃金(Ronald Dworkin)那句振聋发聩的名言"认真对待权利"(taking rights seriously),并稍作改动,以此作为本书的呼吁和后续研究方向——认真对待双边投资条约!

参考文献

一、著作(含译著)

[1][英]艾伦·雷德芬等:《国际商事仲裁法律与实践》,林一飞、宋连斌译,北京大学出版社2005年第四版。

[2][意]安东尼奥·卡塞斯:《国际法》,蔡从燕等译,法律出版社2009年版。

[3][澳]伯纳德·霍克曼、迈克尔·考斯泰基:《世界贸易体制的政治经济学》,刘平等译,法律出版社1999年版。

[4]蔡从燕:《私人结构性参与多边贸易体制》,北京大学出版社2007年版。

[5]曹建明、贺小勇:《世界贸易组织》,法律出版社1999年版。

[6]陈安主编:《国际投资争端仲裁——"解决投资争端国际中心"机制研究》,复旦大学出版社2001年版。

[7]陈安主编:《国际经济法专论》(上篇 总论),高等教育出版社2002年版。

[8]陈安主编:《国际经济法学》,北京大学出版社2007年第四版。

[9]陈安主编:《国际投资条约的新发展和中国双边投资条约的新实践》,复旦大学出版社2007年版。

[10]陈卫东:《WTO例外条款解读》,对外经济贸易大学出版社2002年版。

[11][美]道格拉斯·C. 诺思:《经济史中的结构与变迁》,陈郁、罗华平译,上海三联书店、上海人民出版社1991年版。

[12][法]德尼·西蒙:《欧盟法律体系》,王玉芳等译,北京大学出版社2007年版。

[13]房东:《WTO〈服务贸易总协定〉法律拘束力研究》,北京大学出版

社2006年版。

[14]傅国兴:《WTO决策机制研究》,上海人民出版社2009年版。

[15][英]哈耶克:《法、立法与自由》,邓正来、张守东译,中国大百科全书出版社2003年版。

[16][英]哈特:《法律的概念》,张文显等译,中国大百科全书出版社1996年版。

[17]韩秀丽:《WTO法中的比例原则》,厦门大学出版社2007年版。

[18]纪文华、姜丽勇:《WTO争端解决规则与中国的实践》,北京大学出版社2005年版。

[19]江小涓:《中国的外资经济》,中国人民大学出版社2002年版。

[20][英]劳特派特修订《奥本海国际法》(上卷第二分册,第八版),王铁崖、陈体强译,商务印书馆1971年。

[21]李国安主编:《WTO服务贸易多边规则》,北京大学出版社2006年版。

[22]李浩培:《条约法概论》,法律出版社,2003年年版。

[23]廖益新主编《共和国六十年法学论争实录·国际法卷》,厦门大学出版社2011年版。

[24]林秀芹:《TRIPs体制下的专利强制许可制度研究》,法律出版社2006年版。

[25]刘力:《国际民事诉讼管辖权研究》,中国法制出版社2004年版。

[26]刘笋:《WTO法律规则体系对国际投资法的影响》,中国法制出版社2001年版。

[27][德]马克斯·韦伯《经济与社会》(上卷),林荣远译,商务印书馆1998年版。

[28]单文华:《欧盟对华投资的法律框架:解构与建构》,蔡从燕译,北京大学出版社2007年版。

[29]石慧:《投资条约仲裁机制的批判与重构》,法律出版社2008年版。

[30]谈谭:《国际贸易组织(ITO)的失败——国家与市场》,上海社会科学院出版社2010年版。

[31][希腊]尼古拉斯·波利蒂斯:《国际法的新趋势》,原江译,云南人民出版社2004年版。

[32]王铁崖主编:《国际法》,法律出版社1995年版。

[33]肖永平:《国际私法原理》,法律出版社 2003 年版。

[34][英]亚当·斯密《国民财富的性质和原因的研究》,郭大力、王亚南译,商务印书馆 1972 年版。

[35]杨国华、李咏箑:《WTO 争端解决程序详解》,中国方正出版社 2004 年版。

[36]余敏友等:《WTO 争端解决机制概论》,上海人民出版社 2001 年版。

[37]余劲松主编:《国际经济交往法律问题研究》,人民法院出版社 2002 年版。

[38]余劲松:《跨国公司法律问题专论》,法律出版社 2008 年版。

[39][美]约翰·H. 杰克逊:《世界贸易体制:国际经济关系的法律与政策》,张乃根译,复旦大学出版社 2001 年版。

[40][美]约翰·H. 杰克逊:《国家主权与 WTO——变化中的国际法基础》,赵龙跃、左海聪、盛建明译,社会科学文献出版社 2009 年版。

[41][英]詹宁斯、瓦茨修订:《奥本海国际法》(第一卷第一分册),王铁崖等译,中国大百科全书出版社 1995 年版。

[42]赵维田:《世贸组织(WTO)的法律制度》,吉林人民出版社 2000 年版。

[43]曾华群主编:《国际投资法学》,北京大学出版社 1999 年版。

[44]曾华群主编:《WTO 规则与中国经贸法制的新发展》,厦门大学出版社 2006 年版。

[45]曾令良:《世界贸易组织法》,武汉大学出版社 1996 年版。

[46]张二震、马野青、方勇等:《贸易投资一体化与中国的战略》,人民出版社 2004 年版。

[47]张鹏:《外商直接投资与中国对外贸易关系研究》,经济科学出版社 2008 年版。

[48]周忠海主编:《国际法学述评》,法律出版社 2001 年版。

二、英文著作

[1] Henry Campbell Black, *Black Law's Dictionary*, 6th ed., West Publishing Company, 1990.

[2] Ian Brownlie, *Principles of Public International Law*, 6th ed., Oxford University Press, 2003.

[3] P. E. Comeaux & N. S. Kinsella, *Protecting Foreign Investments under International law: Legal Aspects of Political Risk*, Oceana Publications Inc., 1997.

[4] John Croome, *Reshaping the World Trading System: A History of the Uruguay Round*, World Trade Organization, 1999.

[5] Rudolf Dolzer & Margrete Stevens, *Bilateral Investment Treaties*, Martinus Nijhoff Publisers, 1995.

[6] Benjamin B. Ferencz, *Enforcing International Law: A Way to World Peace—A Documentary History and Analysis*, Oceana Publications, 1983.

[7] Bryan A. Garner ed., *Black's Law Dictionary*, Second Pocket Edition, West Group, 2001.

[8] Gus Van. Harten, *Investment Treaty Arbitration and Public Law*, Oxford University Press, 2007.

[9] Bernard Hoekman & Michael Kostecki, *The Political Economy of the World Trading System: The WTO and Beyond*, Oxford University Press, 1995.

[10] ICSID, *ICSID Reports*, Vol. 1, Cambridge University Press, 1993.

[11] ICSID, *The ICSID Caseload: Statistics (Issue 2010－2)*, ICSID, 2010.

[12] IISD, *Private Rights, Public Problems: A Guide to NAFTA's Controversial Chapter on Investor Rights*, International Institute for Sustainable Development, 2001.

[13] John H, Jackson, *The World Trading System*, 2nd ed., Massachusetts Institute of Technology Press, 1997.

[14] Philippe Kahn & Thomas W. Wäldeeds, *New Aspects of Inter-

national Investment Law, Martinus Nijhoff, 2007.

［15］Elihu Lauterpacht, *Aspects of the Administration of International Justice*, Grotious Publications Limited, 1991.

［16］Yong-Shik Lee, *Reclaiming Development in the World Trading System*, Cambridge University Press, 2006.

［17］Campbell Mclachlan, Laurence Shore & Matthew Weiniger, *International Investment Arbitration: Substantive Principles*, Oxford University Press, 2007.

［18］Cándido Tomás García Molyneux, *Domestic Structures and International Trade: The Unfair Trade Instruments of the United States and the European Union*, Hart Publishing, 2001.

［19］OECD, *The Multilateral Agreement on Investment: Commentary to the Consolidated Text*, OECD, 1998.

［20］OECD, *International Investment Law: A Changing Landscape* (A Companion Volume to International Investment Perspectives, OECD Publications, 2005.

［21］S. Ladas Patents, *Trademarks and Related Rights: National and International Protection*, Harvard University Press, 1975.

［22］Wolfgang Peter, *Arbitration and Renegotiation of International Investment Agreements*, 2nd ed., Kluwer Law International, 1995.

［23］Maurice Schiff & L. Alan Winters, *Regional Integration and Development*, World Bank and Oxford University Press, 2003.

［24］Ibrahim F. I. Shihata, *Complementary Reform: Essays on Legal, Judicial and Other Institutional Reforms Supported by the World Bank*, Kluwer Law International, 1997.

［25］Yuval Shany, *The Competing Jurisdictions of International Courts and Tribunals*, Oxford University Press, 2003.

［26］M. Sornarajah, *The International Law on Foreign Investment*, 2nd ed., Cambridge University Press, 2004.

［27］Peter Sutherland et al., *The Future of the WTO: Addressing Institutional Challenges in the New Millennium*, World Trade Organization, 2004.

[28]Annie Tayor & Caroline Thomas ed., *Global Trade and Global Social Issues*, Rutledge, 1992.

[29]UNCTAD, *World Investment Report 1993: Transnational Corporations and Integrated International Production*, United Nations, 1993.

[30]UNCTAD, *World Investment Report 1996: Investment, Trade and International Policy Arrangements*, United Nations, 1996.

[31] UNCTAD, *Investment-Related Trade Measures*, United Nations, 1999.

[32]UNCTAD, *Scope and Definition*, United Nations, 1999.

[33] UNCTAD, *International Investment Agreements: Flexibility for Development*, United Nations, 2000.

[34]UNCTAD, *Bilateral Investment Treaties 1959—1999*, United Nations, 2000.

[35]UNCTAD, *Taking of Property*, United Nations, 2000.

[36]UNCTAD, *World Investment Report 2004: The Shift towards Services*, United Nations, 2004.

[37] UNCTAD, *World Investment Report 2006: FDI from Developing and Transition Economies: Implications for Development*, United Nations, 2006.

[38]UNCTAD, *World Investment Report 2007: Transnational Corporations, Extractive Industries and Development*, United Nations, 2007.

[39] UNCTAD, *Intellectual Property Provisions in International Investment Arrangements*, United Nations, 2007.

[40] UNCTAD, *International Investment Rule-making: Stocktaking, Challenges and the Way Forward*, United Nations, 2008.

[41]UNCTAD, *World Investment Report 2010: Investing in a Low-Carbon Economy*, United Nations, 2010.

[42]UNCTAD, *Bilateral Investment Treaties 1995—2006: Trends in Investment Rulemaking*, United Nations, 2007.

[43]UNCTAD, *Latest Developments in Investor - State Dispute*

Settlement [IIA ISSUES NOTE No. 1 (2010)], United Nations, 2010.

[44] Isabelle Van Damme, *Treaty Interpretation by the WTO Appellate Body*, Oxford University Press, 2009.

[45] Kenneth J. Vandevelde, *United States Investment Treaties: Policy and Practice*, Kluwer Law and Taxation, 1992.

[46] Francisco Orrego Vicuña, *International Dispute Settlement in an Evolving Global Society*, Cambridge University Press, 2004.

[47] Jeff Waincymer, *WTO Litigation: Procedural Aspects of Formal Dispute Settlement*, Cameron May International Law & Politics, 2002.

[48] Arthur Watts ed., *The International Law Commission 1949—1998, Volume II: The Treaties*, Oxford University Press, 1999.

[49] World Bank. *World Development Report 2005: A Better Investment Climate for Everyone*, World Bank and Oxford University Press, 2004.

[50] WTO, *International Trade Statistics 2005*, World Trade Organization, 2005.

[51] WTO Legal Affairs Division, *WTO Dispute Settlement: One-Page Case Summaries (1995—December 2007)*, World Trade Organization, 2008.

三、论文
(一)中文论文(包括译文)

[1][德]阿克塞尔·伯杰:《中国的双边投资协定新纲领:实体内容,合理性及其对国际投资法创制的影响》,载《国际经济法学刊》2010年第4期。

[2]蔡从燕:《国际法的财产权逻辑》,载《法律科学》2001年第1期。

[3]蔡从燕:《国际法语境中的宪政问题研究:WTO宪政之意蕴》,载《法商研究》2006年第2期。

[4]蔡从燕:《不甚放权,如潮官司——阿根廷轻率对待投资争端管辖权的惨痛教训》,载《国际经济法学刊》2006年第1期。

[5]蔡从燕:《效果标准与目的标准之争:间接征收认定的新发展》,载《西南政法大学学报》2006年第6期。

[6]蔡从燕:《外国投资者利用国际投资仲裁机制新发展反思——国际法实施机制与南北矛盾的双重视角》,载《法学家》2007年第3期。

[7]常景龙:《WTO争端解决机构报告执行制度的实施现状与实质缺陷》,载《厦门大学法律评论》2008年第1辑。

[8]常景龙:《WTO争端解决机构报告执行制度——理念与变革》,载曾华群主编:《国际经济新秩序与国际经济法新发展(陈安教授八十华诞祝贺文集)》,法律出版社2009年版。

[9]陈安:《中外双边投资协定中的四大"安全阀"不宜贸然拆除——美、加型双边投资条约谈判范本关键性"争端解决"条款剖析》,载《国际经济法学刊》2006年第1期。

[10]陈安:《论中国在建立国际经济新秩序中的战略定位——兼评"新自由主义经济秩序"论、"WTO宪政秩序"论、"经济民族主义扰乱全球化秩序"论》,载《现代法学》2009年第2期。

[11]陈大刚、魏群:《国有化及其赔偿法律与实践的发展》,《中国国际法年刊》1989年卷。

[12]陈辉萍:《美国投资者与东道国争端解决机制的晚近发展及其对发展中国家的启示》,载《国际经济法学刊》2007年第3期。

[13]陈辉萍:《ICSID仲裁裁决承认与执行机制的实践检视及其对中国的启示》,载《国际经济法学刊》2011年第2期。

[14]陈辉萍:《ICSID仲裁庭扩大管辖权之实践剖析——简评"谢业深案"》,载《国际经济法学刊》2010年第3期。

[15]陈儒丹:《"非WTO协议"在WTO争端解决中的适用》,载《法学》2009年第2期。

[16]车丕照:《"市场准入"、"市场准出"与贸易权利》,载《清华大学学报》(哲学社会科学版)2004年第4期。

[17]丁伟:《〈与贸易有关的投资措施协议〉评述》,载《华东政法学院学报》1999年第2期。

[18]傅明、张讷:《论〈北美自由贸易协定〉之分散型争端解决机制》,载《国际经济法学刊》2006年第2期。

[19]龚柏华、费秀丽:《涉及中国争端解决案中GATT第20条"一般例外"的援引述评》,龚柏华 主编:《WTO争端解决与中国》2010年第2卷。

[20]龚宇:《从ICSID到WTO——多边投资争端解决机制之演进与比

较》,载《商业经济与管理》2003年第3期。

[21]龚宇:《从欧美"开放天空"实践看国际航空运输服务自由化之路径选择》,载《国际经济法学刊》2008年第1期。

[22]侯幼萍:《WTO和ICSID管辖权冲突研究》,载《国际经济法学刊》2007年第2期。

[23]纪文华、黄萃:《WTO与FTA争端解决管辖权的竞合与协调》,载《法学》2006年第7期。

[24]纪文华、张侃.:《2009年WTO争端解决活动及中国参与情况述评》,载《国际经济法学刊》2010年第3期。

[25]季烨:《国际投资条约中投资定义的扩张及其限度》,载《北大法律评论》2011年第1期。

[26]季烨:《中国双边投资条约政策与定位的实证分析》,载《国际经济法学刊》2009年第3期。

[27]季烨:《双边投资条约对发展权的负面影响及对策》,《武大国际法评论》2009年第9卷。

[28]季烨:《双边投资条约范本意识的局限性与差别化实践刍议》,载《国际经济法学刊》2013年第4期。

[29]季卫东:《程序比较论》,载《比较法研究》1993年第1期。

[30]江小涓、杜玲:《国外跨国公司投资理论研究的最新进》,载《世界经济》2001年第6期。

[31]江小涓:《中国出口增长与结构变化:外商投资企业的贡献》,载《南开经济研究》2002年第2期。

[32]李凤琴:《双边投资协定中的TRIPS-plus标准研究》,载《世界贸易组织动态与研究》2009年第3期。

[33]梁开银:《论ICSID与WTO争端解决机制的冲突及选择——以国家和私人投资争议解决为视角》,载《法学杂志》2009年第8期。

[34]刘笋:《跨国投资国际法制的晚近发展》,载《法学研究》2001年第5期。

[35]刘笋:《贸易与投资——WTO法和国际投资法的共同挑战》,载《法学评论》2004年第1期。

[36]刘笋:《国际投资仲裁引发的若干危机及应对之策述评》,载《法学研究》2008年第6期。

[37]梁志成:《论国际贸易与国际投资的新型关系——对芒德尔贸易与投资替代模型的重新思考》,载《经济评论》2001年第2期。

[38][美]罗伯特·阿克塞尔罗德、罗伯特·基欧汉:《无政府状态下的战略和制度合作》,载大卫·A.鲍德温主编:《新现实主义与新自由主义》,肖容欢译,浙江人民出版社2001年版。

[39]莫世健:《市场准入原则与中国入世的法律对策》,《国际经济法论丛》2001年第4卷。

[40]齐树洁、张冬梅:《试论民事程序法的意义》,载《法学评论》2000年第1期。

[41]秦娅:《"超WTO"义务及其对WTO法律制度的影响》,李辉译,《国际法研究》2006年第1卷。

[42]单文华:《世界贸易组织中的投资规范评析》,载《法学研究》1996年第2期。

[43]王传丽:《WTO:一个自给自足的法律体系——兼论一国四地经贸法律新发展》,《国际经济法学刊》2004年第11卷。

[44]王贵国:《从服务贸易总协定看经济一体化的法律渗透》,《国际经济法论丛》1998年第1卷。

[45]王海浪:《"落后"还是"超前"?——论中国队ICSID管辖权的同意》,载《国际经济法学刊》2006年第1期。

[46]王俭、李雪松:《外商直接投资与中国出口关系的面板数据分析》,载《北京交通大学学报》(社会科学版)2005年第1期。

[47]王铁崖:《国际法当今的动向》,载邓正来主编:《王铁崖文选》,中国政法大学出版社2003年版。

[48]魏艳茹:《双边投资协定中的知识产权条款研究》,载《国际经济法学刊》2007年第2期。

[49]奚君阳、刘卫江:《外商直接投资的贸易效应实证分析》,载《上海财经大学学报》2002年第6期。

[50]冼国明、严兵,张岸元:《中国出口与外商在华直接投资——1983~2000年数据的计量研究》,载《南开经济研究》2003年第1期。

[51]奚君阳、刘卫江:《外商直接投资的贸易效应实证分析》,载《上海财经大学学报》2002年第6期。

[52]徐崇利:《从南北纷争焦点的转移看国际投资法的晚近发展》,载

《比较法研究》1997 年第 1 期。

[53]徐崇利:《经济全球化与国际经济条约谈判方式的创新》,载《比较法研究》2001 年第 3 期。

[54]徐崇利:《经济一体化与国际经济法的发展》,载《法律科学》2002 年第 5 期。

[55]徐崇利:《外资征收中的补偿额估算》,载《国际经济法学刊》2006 年第 1 期。

[56]徐崇利:《国际投资条约中的"岔路口条款":选择"当地救济"与"国际仲裁"权利之限度》,载《国际经济法学刊》2007 年第 3 期。

[57]徐崇利:《经济一体化与国际经济法律体制的构建》,《国际经济法学刊》2008 年第 8 卷。

[58]徐崇利:《公平与公正待遇标准:何去何从?》,载曾华群主编:《国际经济新秩序与国际经济法新发展(陈安教授八十华诞祝贺文集)》,法律出版社 2009 年版。

[59]徐崇利:《"政治性国际贸易争端"的裁判解决》,载《法商研究》2009 年第 3 期。

[60]姚梅镇:《国际投资的法律保护》,《中国国际法年刊》1982 年卷。

[61]余劲松:《外资的公平与公正待遇问题研究——由 NAFTA 的实践产生的几点思考》,载《法商研究》2005 年第 6 期。

[62]余劲松:《论"与投资有关的贸易措施"》,载《中国法学》2001 年第 6 期。

[63]余劲松:《区域性安排中的投资自由化问题研究》,载王贵国主编:《区域安排法律问题研究》,北京大学出版社 2004 年版。

[64]余劲松:《〈TRIMs 协议〉研究》,载《法学评论》2001 年第 2 期。

[65][美]约瑟夫·M. 格里科:《无政府状态和合作的限度:对最近自由制度主义的现实主义评论》,载大卫·A. 鲍德温:《新现实主义与新自由主义》,肖容欢译,浙江人民出版社 2001 年版。

[66]曾华群:《外资征收及其补偿标准:历史的分野与现实的挑战》,载《国际经济法学刊》2006 年第 1 期。

[67]曾华群:《变革期双边投资条约实践述评》,载《国际经济法学刊》2007 年第 3 期。

[68]曾华群:《论 WTO 体制与国际投资法的关系》,载《厦门大学学报》

(哲学社会科学版)2007年第6期。

[69]曾华群:《论双边投资条约实践的"失衡"与革新》,载《江西社会科学》2010年第6期。

[70]曾华群:《多边投资协定谈判前瞻》,载《国际经济法学刊》2010年第3期。

[71]曾令良:《WTO:一种自成体系的国际法治模式》,载《国际经济法学刊》2010年第4期。

[72]张晓斌:《双边投资条约引资效果的经验分析》,载《国际经济法学刊》2003年第1期。

[73]赵维田:《迈进"世界贸易法"的新里程——从GATT到WTO》,载《国际贸易问题》1995年第2期。

[74]赵维田:《WTO司法机制的主要特征》,载《北大国际法与比较法评论》2002年第1卷。

[75]朱榄叶:《一事不再理原则在WTO争端解决机制中的适用问题》,载《国际经济法学刊》2004年第11卷。

[76]朱榄叶:《常设还是临时?——WTO争端解决专家组构成问题分析》,载《当代国际法论丛》2012年第11卷。

[77]朱文奇:《中国是否应加入国际刑事法院(上)》,载《湖北社会科学》2007年第10期。

(二)英文论文

[1]Arwel Davies, Scoping the Boundary Between the Trade Law and Investment Law Regimes: When Does A Measure Relate to Investment?, *Journal of International Economic Law*, 2012, Vol. 15.

[2]Tania Voon & Andrew Mitchell, Time to Quit? Assessing International Investment Claims against Plain Tobacco Packaging in Australia, *Journal of International Economic Law*, 2011, Vol. 14, No. 3.

[3]K. W. Abbott et al., The Concept of Legalization, *International Organization*, 2000, Vol. 54, No. 3.

[4]Rudolf Adlung, Services Trade Liberalization from Developed and Developing Country Perspective, in Pierre Sauvé & Robert M. Stein ed., *GATS 2000: New Directions in Services Trade Liberalization*, Brookings

Institution Press, 2000.

[5] Rudolf Adlung, The Contribution of Services Liberalization to Poverty Reduction: What Role for the GATS?, *Journal of World Investment & Trade*, 2007, Vol. 8.

[6] Rudolf Adlung & Molinuevo Martín, Bilateralism In Services Trade: Is There Fire Behind The (BIT-) Smoke?, *Journal of International Economic Law*, 2008, Vol. 11, No. 3.

[7] Deborah Akoth Osiro, GATT/WTO Necessity Analysis: Evolutionary Interpretation and its Impact on the Autonomy of Domestic Regulation, *Legal Issues of Economic Integration*, 2002, Vol. 29, No. 2.

[8] José E. Alvarez, Foreword: Symposium: The Boundaries of the WTO, *American Journal of International Law*, 2002, Vol. 96, No. 1.

[9] Kym Anderson, Peculiarities of Retaliation in WTO Dispute Settlement, *World Trade Review*, 2002, Vol. 1, No. 2.

[10] Joel C. Beauvais, Regulatory Expropriations under NAFTA: Emerging Principles & Lingering Doubts, *New York University Environmental Law Journal*, 2002, Vol. 10.

[11] Hoee Akman Bernard & Petros Mavroidis, WTO Dispute Settlement, Transparency and Surveillance, *The World Economy*, 2000, Vol. 23, No. 4.

[12] Jagdish Bhagwati, U. S. Trade Policy: The Infatuation with Free Trade Areas, in Jagdish Bhagwati & Anne O. Krueger ed., *The Dangerous Drift to Preferential Trade Agreements*, The AEI Press, 1995.

[13] Andrea K. Bjorklund, Private Rights and Public International Law: Why Competition among International Economic Law Tribunals Is Not Working?, *Hastings Law Journal*, 2007, Vol. 59.

[14] Jon Bohanes & Nickolas Lockhart, Standard of Review in WTO Law, in Daniel Bethleham ed., *The Oxford Handbook of International Trade Law*, 2009.

[15] Tillmann Rudolf Braun & Pascal Schonard, The New Germany-

china Bilateral Investment Treaty: A Commentary and Evaluation in Light of the Development of Investment Protection under Public International Law, *ICSID Review—Foreign Investment Law Journal*, 2007, Vol. 22, No. 2.

[16] Aron Broches, Awards Rendered Awards Rendered Pursuant to the ICSID Convention: Binding Force, Finality, Recognition, Enforcement, Execution, *ICSID Review—Foreign Investment Law Journal*, 1987, Vol. 2.

[17] Marco Bronckers & Naboth Van Den. Broek, Financial Compensation in the WTO: Improving the Remedies of WTO Dispute Settlement, *Journal of International Economic Law*, 2005, Vol. 8, No. 1.

[18] William Bruke-White W. & Andreas Von Staden, Investment Protection in Extraordinary Times: The implication and Application of Non-Preclude Measures Provisions in Bilateral Investment Treaties, *Virginia Journal of International Law*, 2008, Vol. 48, No. 2.

[19] William Bruke-White W. & Andreas Von Staden, Private Litigation in a Public Law Sphere: The Standard of Review in Investor-State Arbitrations, Pennsylvania Law School. 2009.

[20] Congyan Cai, Change of the Structure of International Investment and the Development of Developing Countries' BIT Practice: Towards A Third Way of BIT Practice, *The Journal of World Investment & Trade*, 2007, Vol. 8, No. 6.

[21] Congyan Cai, China-US BIT Negotiations and the Future of Investment Treaty Regime: A Grand Bilateral Bargain with Multilateral Implications, *Journal of International Economic Law*, 2009, Vol. 12, No. 2.

[22] Chi Carmody, Remedies and Conformity under the WTO Agreement, *Journal of International Economic Law*, 2002, Vol. 5, No. 2.

[23] Carsten Fink & Martín Molinuevo, East Asian Free Trade Agreements in Services: Key Architectural Elements, *Journal of*

International Economic Law, 2008, Vol. 11, No. 2.

[24]Efraim Chalamish, The Future of Bilateral Investment Treaties: A De Facto Multilateral Agreement?, *Brooklyn Journal of International Law*, 2009, Vol. 34.

[25] Seung Wha Chang, Taming Unilateralism under the Trading System: Unfinished Job in the WTO Panel Ruling on United States Sections 301~310 of the Trade Act of 1974, *Law and Policy in International Business*, 2000, Vol. 31, No. 4.

[26]Steve Charnovitz, Rethinking WTO Trade Sanctions, *American Journal of International Law*, 2001, Vol. 95.

[27] Jonathan I. Charney, Is International Law Threatened by Multiple International Tribunals?, *Recueil des Cours*, Vol. 271, Martinus Nijhoff, 1998.

[28]An Chen, The Three Big Rounds of U. S. Unilateralism Versus WTO Multilateralism During The Last Decade: A Combined Analysis of The Great 1994 Sovereignty Debate Section 301 Disputes (1998—200) and Section 201 Disputes (2002—2003), South Centre Working Papers 22, 2004.

Carlos Correa, *Integrating Public Health Concerns into Patent Legislation in Developing Countries*, South Centre, 2000.

Carlos Correa, Investment Protection in Bilateral and Free Trade Agreements: Implications for the Granting of Compulsory Licenses, *Michigan Journal of International Law*, 2004, Vol. 26.

[31] Steven P. Croley & John H. Jackson, WTO Dispute Procedures, Standard of Review, and Deference to National Governments, *American Journal of International Law*, 1996, Vol. 90.

[32] Roberto Dañino, Opening Remarks, in ICSID, OECD & UNCTAD, *Making the Most of International Investment Agreements: A Common Agenda*, OECD, 2005.

[33]Arwel Davies, Reviewing Dispute Settlement at the World Trade Organization: a Time to Reconsider the Roles of Compensation?, *World Trade Review*, 2006, Vol. 5, No. 1.

[34] William J. Davey, The WTO Dispute Settlement System: The First Ten Years, *Journal of International Economic Law*, 2005, Vol. 8, No. 1.

[35] William J. Davey, Dispute-settlement in GATT, *Fordham International Law Journal*, 1987, Vol. 11.

[36] PanagiotisDelimatsis, Determining the Necessity of Domestic Regulations in Services: The Best Is Yet to Come, *European Journal of International Law*, 2008, Vol. 19, No. 2.

[37] William Jr. Diebold, From the ITO to GATT — And Back?, in Kirshner Orin & Edward M. Bernstein ed., *The Bretton Woods-GATT System: Retrospect and Prospect after Fifty Years*, M. E. Sharpe, 1996.

[38] Nicholas Dimascio & Joost Pauwelyn, Nondiscrimination in Trade and Investment Treaties: Worlds Apart or Two Sides of the Same Coin?, *American Journal of International Law*, 2008, Vol. 102, No. 1.

[39] Rudolf Dolzer, National Treatment: New Developments, in ICSID, OECD & UNCTAD ed., *Making the Most of International Investment Agreements: A Common Agenda*, OECD, 2005.

[40] Jeffrey L. Dunoff, The Death of the Trade Regime, *European Journal of International Law*, 1999, Vol. 10, No. 4.

[41] Jeffrey L. Dunoff, Constitutional Conceits: The WTO's "Constitution" and the Discipline of International Law, *European Journal of International Law*, 2006, Vol. 17.

[42] Bill Dymond & Michael Hart, The Doha Investment Negotiations: Whither or Wither, *Journal of World Investment & Trade*, 2004, Vol. 5.

[43] Ole Kristian Fauchald, The Legal Reasoning of ICSID Tribunals: An Empirical Analysis, *European Journal of International Law*, 2008, Vol. 19.

[44] Raquel Fernandez & Jonathan Portes, Return to Regionalism: An Evaluation of Non-Traditional Gains from Regional Trade Agreements, *World Bank Economic Review*, 1998, Vol. 8, No. 2.

[45] Carsten Fink & Martín Molinuevo, East Asian Free Trade A-

greements in Services: Key Architectural Elements, *Journal of International Economic Law*, 2008, Vol. 11, No. 2.

[46]David P. Fidler, The Globalization of Public Health: Emerging Infectious Diseases and International Relations, *Indiana Journal of Global Legal Studies*. 1997, Vol. 5.

[47] Susan D. Franck, The Legitimacy Crisis in Investment Arbitrations: Privatizing Public International Law through Inconsistent Decisions, *Fordham Law Review*, 2005, Vol. 73.

[48] Yuka Fukunage, Securing Compliance through the WTO Dispute Settlement System: Implementation of DSB Recommendations, *Journal of International Economic Law*, 2006, Vol. 9, No. 2.

[49]Frank J. Garcia, The Trade Linkage Phenomenon: Pointing the Way to the Trade Law and Global Social Policy of the 21st Century, *University of Pennsylvania Journal of International Economic Law*, 1998, Vol. 19, No. 2.

[50] Patricio Grane, Remedies under WTO Law, *Journal of International Economic Law*, 2001, Vol. 4, No. 4.

[51]Gilbert Guillaume, The Proliferation of International Judicial Bodies: The Outlook for the International Legal Order, New York, 2000.

[52]Andrew T. Guzman, Why LDCs Sign Treaties that Hurt Them: Explaining the Popularity of Bilateral Investment Treaties, *Virginia Journal of International Law*, 1998, Vol. 38.

[53] Gus Van Harten & Martin Loughlin, Investment Treaty Arbitration as a Species of Global Administrative Law, *European Journal of International Law*, 2006, Vol. 17, No. 1.

[54] Mohamed R. Hassanien, Bilateral WTO-Plus Free Trade Agreements in the Middle East: A Case Study of FTA in the Post-TRIPs Era, *Wake Forest Intellectual Property Law Journal*, 2008, Vol. 8.

[55]Monika C. E. Heymann, International Law and the Settlement of Investment Disputes Relating to China, *Journal of International Economic Law*. 2008, Vol. 11, No. 3.

[56]Hoekman & Mavroidis, WTO Dispute Settlement, Transparency

and Surveillance, *The World Economy*, 2000, Vol. 23, No. 4.

[57] Gary Horlick, WTO Dispute Settlement and the Dole Commission, *Journal of World Trade*, 1995, Vol. 29, No. 6.

[58] Henrik Horn & Petros Mavroidis, Still Hazy After All These Years: The Interpretation of National Treatment in the GATT/WTO Case-Law on Tax Discrimination, *European Journal of International Law*, 2004, Vol. 15, No. 1.

[59] James Hosking & Markus Perkams, The Protection of Intellectual Property Rights through International Investment Agreements: Only a romance or true love?, *Transnational Dispute Resolution*, 2009, Vol. 6, No. 2.

[60] Marie-France Houde & Akshay Kolse-Patil, The Interaction between Investment and Services Chapters in Selected Regional Trade Agreements, in OECD ed., *International Investment Law: A Changing Landscape (A Companion Volume to International Investment Perspectives)*, OECD Publications, 2005.

[61] Robert E. Hudec, GATT/WTO Constraints on National Regulation: Requiem for an "Aim and Effects" Test, in Robert E. Hudec, *Essays on the Nature of International Trade Law*, Cameron May Ltd, 1999.

[62] David Hummels, Rapoport Dana & Yi Kei-Mu, Vertical Specialization and the Changing Nature of World Trade, *Federal Reserve Bank of New York Economy Policy Review*, 2001, Vol. 4.

[63] Seidl-Hohenveldern Ignaz, The Abs-Shawcross Draft Convention to Protect Private Foreign Investment: Comments on the Round Table, *Journal of Public Law*, 1961, Vol. 10.

[64] John H. Afterword Jackson, The Linkage Problem—Comments on Five Texts, *American Journal of International Law*, 2002, Vol. 96.

[65] John H. Jackson, Sovereignty—Modern: A New Approach to an Outdated Concept, *American Journal of International Law*, 2003, Vol. 97.

[66] John H. Jackson, Editorial Comment: International Law States

of WTO Dispute Settlement Reports: Obligation to Comply or Option to "Buy-Out", *American Journal of International Law*, 2004, Vol. 98.

[67]C. Wilfred Jenks, The Conflict of Law-Making Treaties, *British Yearbook of International Law*, 1953, Vol. 30.

[68]YEJI, Voluntary "Westernization" of the Expropriation Rules in Chinese BIT s and Its Implication: An Empirical Study, *Journal of World Investment & Trade*, 2011, Vol. 12, No. 1.

[69]Louis Kaplow, Rules versus Standards: An Economic Analysis, *Duke Law Journal*, 1992, Vol. 43.

[70]C. p. Kindleberger, America in the World Economy, Foreign Policy Association, 1977.

[71] Benedict Kingsbury, Foreword: Is the Proliferation of International Courts and Tribunals a Systemic Problem?, *NYU Journal of International Law and Politics*, 1999, Vol. 31, No. 4.

[72]K. Kwak & G. Marceau, Overlap and Conflicts of Jurisdiction between the World Trade Organization and Regional Trade Agreements, *The Canadian Yearbook of International Law*, 2003. XLI.

[73]Jürgen Kurtz, The Use and Abuse of WTO Law in Investor—State Arbitration: Competition and Its Discontents, *European Journal of International Law*, 2009, Vol. 20, No. 3.

[74] Ian A. Laird, NAFTA Chapter11: Bedrail, Shock and Outrage—Recent Developments in NAFTA Article 1105, *Asper Review of International Business and Trade Law*, 2003, Vol. 3.

[75]Rachel A. Lavery, Coverage of Intellectual Property Rights in International Investment Agreements: An Empirical Analysis of Definitions in a Sample of Bilateral Investment Treaties and Free Trade Agreements, *Transnational Dispute Resolution*, 2009, Vol. 6, No. 2.

[76]Yong-Shik Lee, Facilitating Development in the World Trade Organization: A Proposal for the Council for Trade and Development and the Agreement on Development Facilitation (ADF), *Asper Review of International Business and Trade Law*, 2006, Vol. 6.

[77]Guglya Leonila The Interplay of International Dispute Resolution

Mechanisms-the Softwood Lumber Controversy, ournal of International Dispute Settlement, 2011, Vol. 2, No. 1.

[78] Lahra Liberti, Intellectual Property Rights in International Investment Agreements: An Overview, *Transnational Dispute Resolution*, 2009, Vol. 6, No. 2.

[79] Tsai-Yu Lin, Compulsory Licenses For Access To Medicines, Expropriation And Investor-State Arbitration Under Bilateral Investment Agreements—Are There Issues Beyond The Trips Agreement?, *International Review of Intellectual Property and Competition Law*, 2009, Vol. 40, No. 2.

[80] Laura J. Loppacher & William A. Kerr, Investment Rules—The U. S. Agenda in Bilateral Trade Agreements, *Journal of World Investment & Trade*, 2006, Vol. 7, No. 1.

[81] Vaughan Lowe, Res Judicata and the Rule of Law in International Arbitration, *African Journal of International and Comparative Law*, 1996, Vol. 8, No. 1.

[82] Aditya Mattoo, National Treatment in the GATS: Corner-stone or Pandora's Box?, *Journal of World Trade*, 1997, Vol. 31, No. 1.

[83] P. C. Mavroidis, Remedies in the WTO Legal System: between a Rock and a Hard Place, *European Journal of International Law*, 2000, Vol. 11, No. 4.

[84] Donald Mcrae, Measuring the Effectiveness of the WTO Dispute Settlement System, Asian *Journal of WTO & International Health Law and Policy*, 2008, Vol. 3, No. 1.

[85] Mohamed R. Hassanien, Bilateral WTO-Plus Free Trade Agreements in the Middle East: A Case Study of FTA in the Post-Trips Era, *Wake Forest Intellectual Property Law Journal*, 2008, Vol. 8.

[86] Martín Molinuevo, Can Foreign Investors in Services Benefit from WTO Dispute Settlement? Legal Standing and Remedies in WTO and International Arbitration, National Centres of Competence in Research (Working Paper No. 2006/17).

[87] Julian Davis Mortenson, The Meaning of "Investment": ICSID's

Travaux and the Domain of International Investment Law, *Harvard International Law Journal*, 2010, Vol. 51, No. 1.

[88]Richard M. Mosk, Role of Party-Appointed Arbitrators in International Arbitration: The Experience of the Iran-United States Claims Tribunal, *Transnational Law*, 1988, Vol. 1.

[89]Robert A. Mundell, International Trade and Factor Mobility, *American Economic Review*, 1957, Vol. 47.

[90] Andrew Newcombe, The Boundaries of Regulatory Expropriation in International Law, *ICSID Review—Foreign Investment Law Journal*, 2005, Vol. 20, No. 1.

[91]Andrew Newcombe, Sustainable Development and Investment Treaty Law, *Journal of World Investment & Trade*, 2007, Vol. 8, No. 3.

[92]Philip M. Nichols, Participation of Nongovernmental Parties in the World Trade Organization: Extension of Standing in World Trade Organization Dispute, *University of Pennsylvania Journal of International Economic Law*, 1996, Vol. 17.

[93]Sharyn O'Halloran, U. S. Implementation of WTO Decisions, in WTO at 10: Governance, Dispute Settlement and Developing Countries, Columbia University, 2006.

[94] Joost Pauwelyn, Enforcement and Countermeasures in the WTO: Rules are Rules—Towards a More Collective Approach, *The American Journal of International Law*, 2000, Vol. 94, No. 2.

[95]Joost Pauwelyn, The Dog that Barked but Didn't Bite: 15 Years of Intellectual Property Disputes at the WTO, *Journal of International Dispute Settlement*, 2010, Vol. 1, No. 2.

[96]Joost Pauwelyn, Adding Sweeteners to Softwood Lumber: The WTO-NAFTA "Spaghetti Bowl" is Cooking, *Journal of International Economic Law*, 2006, Vol. 9, No. 1.

[97]Ernst-Ulrich Petersmann, How to Promote the International Rule of Law?: Contributions by the World Trade Organization Appellate Review System, *Journal of International Economic Law*, 1998, Vol. 1,

No. 1.

[98] Michael W. Reisman & Robert D. Sloane, Indirect Expropriation and Its Valuation in the BIT Generation, *The British Year Book of International Law*, 2003.

[99] Cesare p. Romano, The Proliferation of International Judicial Bodies: the Pieces of the Puzzle, *New York University Journal of International Law and Politics*, 1999, Vol. 31.

[100] Cesare p. R. Romano, The Shift from the Consensual to the Compulsory Paradigm in the Adjudication: Elements for a Theory of Consent, *New York University Journal of International Law and Politics*, 2007, Vol. 39.

[101] S. N. Guha Roy, Is the Law of Responsibility of States for Injuries to Aliens a Part of Universal International Law?, *American Journal of International Law*, 1961, Vol. 44.

[102] Christopher M. Ryan, Meeting Expectations: Assessing the Long-Term Legitimacy and Stability of International Investment Law, *University of Pennsylvania Journal of International Law*, 2008, Vol. 29.

[103] Pierre Sauvé, Qs And As on Trade, Investment and the WTO, *Journal of World Trade*, 1997, Vol. 31, No. 8.

[104] Pierre Sauvé, Developing Countries and the GATS 2000 Round, *Journal of World Trade*, 2000, Vol. 34, No. 2.

[105] Pierre Sauvé, Scaling Back Ambitions on Investment Rule-Making at the WTO, *Journal of World Trade & Investment*, 2001, Vol. 2, No. 3.

[106] F. M. Scherer & Jayashree Watal, Post-TRIPS Options for Access to Patented Medicines in Developing Nations, *Journal of International Economic Law*, 2002, Vol. 5, No. 4.

[107] Andrew Schmitz & Peter Helmberger, Factor Mobility and International Trade: the Caw of Complementarity, *American Economic Review*, 1970, Vol. 60.

[108] Wenhua Shan, Is Calvo Dead?, *American Journal of Comparative Law*, 2007, Vol. 55, No. 1.

[109]Ibrahim F. I. Shihata, towards a Greater Depoliticization of Investment Disputes: The Role of ICSID and MIGA, *ICSID Review—Foreign Investment Law Journal*, 1986, Vol. 1.

[110]Ibrahim F. I. Shihata, The Settlement of Disputes Regarding Foreign Investment: The Role of the World Bank, with Particular Reference to ICSID and MIGA, *American Journal of International Law*, 1986, Vol. 11.

[111] Scott Sinclair & Jim Grieshaber-Otto, Facing the Facts: A Guide to the GATS Debate, Canadian Centre for Policy Alternatives, 2002.

[112] Alan O. Sykes, Public versus Private Enforcement of International Economic Law: Standing and Remedy, *Journal of Legal Studies*, 2005, Vol. 34.

[113] Ryan Suda, The Effect of Bilateral Investment Treaties on Human Rights Enforcement and Realization, Global Law Working Paper No. 1/2005, 2005.

[114] O'Neal C. Taylor, The U. S. Approach to Regionalism: Recent Past and Future, *LSA Journal of International and Comparative Law*, 2009, Vol. 15, No. 1.

[115] Joel. p. Trachtman, The International Economic Law Revolution, University of *Pennsylvania Journal of International Economic Law*, 1996, Vol. 17.

[116]Joel. p. Trachtman, The Domain of WTO Dispute Resolution, *Harvard International Law Journal*, 1999, Vol. 40.

[117] Joel. p. Trachtman, Institutional Linkage: Transcending "Trade and…", *American Journal of International Law*, 2002, Vol. 96, No. 1.

[118] Kenneth J. Vandevelde, The Bilateral Investment Treaty Program of the United State, *Cornell International Law Journal*, 1988, Vol. 21, No. 1.

[119]Kenneth J. Vandevelde, U. S. Bilateral Investment Treaties: The Second Wave, *Michigan Journal of International Law*, 1993,

Vol. 14.

[120] Kenneth J. Vandevelde, Sustainable Liberalism and the International Investment Regime, *Michigan Journal of International Law*, 1998, Vol. 19.

[121] Kenneth J. Vandevelde, Investment Liberalization and Economic Development: The Role of Bilateral Investment Treaties, *Columbia Journal of Transnational Law*, 1998, Vol. 36.

[122] Kenneth J. Vandevelde, The Political Economy of BITs, *American Journal of International Law*, 1998, Vol. 92, No. 4.

[123] Gaetan Verhoosel, The Use of Investor-State Arbitration under Bilateral Investment Treaties to Seek Relief for Breaches of WTO Law, *Journal of International Economic Law*, 2003, Vol. 6.

[124] Francisco Orrego Vicuña & Christopher Pinto, The Peaceful Settlement of Disputes: Prospects for the Twenty-first Century, Final Report for the Centennial Commemoration of the First Peace Conference, in Frits Kalshoven, *The Centennial of the First International Peace Conference: Reports & Conclusions*, Kluwer Law International, 2000.

[125] Annamaria Viterbo, Dispute Settlement over Exchange Measures Affecting Trade and Investments: The Overlapping Jurisdictions of the IMF, WTO, and the ICSID, The Society of International Economic Law Inaugural Conference, 2008.

[126] Thomas W. Wälde, The "Umbrella" Clause in Investment Arbitration: A Comment on Original Intentions and Recent Cases, *The Journal of World Investment & Trade*, 2005, Vol. 6, No. 2.

四、资料

[1]陈安、刘智中主编:《国际经济法资料选编》,法律出版社 1991 年版。

[2]世界贸易组织编:《世界贸易组织乌拉圭回合多边贸易谈判结果法律文本》,对外经济贸易与合作部国际经贸关系司译,法律出版社 2000 年版。

[3]王铁崖、田如萱编:《国际法资料选编》,法律出版社 1986 年版。

五、网站

http://www.icj-cij.org/（国际法院）

http://www.un.org/law/ilc/（联合国国际法委员会）

http://www.wto.org/（世界贸易组织）

http://icsid.worldbank.org/（解决投资争端国际中心）

http://www.nafta-sec-alena.org/（《北美自由贸易协定》秘书处）

后　记

　　本书是在我博士论文的基础上修改而成的。感谢厦门大学出版社以及甘世恒编辑的大力支持，本书得以面世。但不太应景的是，作为作者的我并没有太大的成就感，反而不由得忆起撰写博士论文过程中的种种煎熬。这种心境对于走过这段路的人来说或许是"你懂的"，但我仍决定在这里简要记下一些片段，作为对自己的提醒。

　　不能免俗却倍加真诚地，我要感谢导师廖益新教授。鉴于对您在大三教授《国际税法学》课程时不苟言笑的严肃印象，我至今还记得，在请求您考虑接纳我入师门的那个晚上，我在您办公室门口来回踱步、几经纠结，而您爽快地应允不但顿时化解了我的忐忑，也让我事先在心里演练了好几遍的说辞变得毫无用武之地。多年来，您以一贯低调的作风，默默地关心着我的学习、生活和工作。您严谨而务实的研究理念，不但直接影响了我论文的选题和思路，也时刻警醒我在为人处世方面的应有态度。

　　同样的感谢要献给厦门大学法学院及国际经济法研究所的各位老师，尤其是曾华群教授在本科二年级时开设的《国际经济法学》课程引领我走进了国际法研究的殿堂。尽管风格各异，但你们恪守学术道德、淡泊名利、严谨治学的共同品格，给我留下了难以磨灭的厦大印记。感谢余劲松教授、刘笋教授以及五位匿名评审专家对论文提出了中肯而宝贵的意见，使我受益匪浅。我时常为自己十三年前不经意的选择而暗自庆幸。很难想象，如果不是在这里，如果不是因为你们，一个普通得不能再普通的我竟然能够如此顺利地完成九年的专业教育，能够得到你们令我汗颜的肯定和提携。这也是我决意继续在学术道路上走下去的动力之一。

　　真诚感谢厦门大学台湾研究院的刘国深教授、彭莉教授等诸位师长。你们的接纳，使我有机会继续蜗居在厦门这个充满人情味的城市，并成为一名自己儿时以来便梦寐以求的教书匠。正是在你们的宽容之下，我才有机会"不务正业"并继续从事国际经济法研究,这也是本书得以完成的重要保障。也正是在你们的引领下,我才更加安然地沉浸于台湾问题和两岸关系法学研究。

对于父母,我始终心存愧疚。本应早早地接过生活重担的我,正是在你们的纵容下,才有幸奢侈地享受二十三载的求学时光。你们始终视我为骄傲,但我知道,给你们的这种精神鸦片是多么卑微而不足道。同样,我要感谢岳父岳母。在我仍身处校园,无论是前途还是"钱"途均不可预知的时候,你们就放心地把一个聪慧而善解人意的女孩交到我的手中。这种决断和魄力,不但让我感受到了莫大的信任和期许,也足以粉碎当前"敌对势力"关于岳母之世俗的一切谣言。希望那些有志于学术的男同胞们,也能拥有像你们这样的贴心人!

在厦门大学九年,我有幸结识了一群令我终生难忘的同学、朋友。芙蓉餐厅、海边排档、路边烧烤……肩负着"仰望星空"之使命的我们竭尽所能地在低廉的消费中,享受着丰足的同窗之情、知音之谊,难以忘怀。

最后,希望我的妻子曹筱雯女士能够原谅,无论何时何事,你总是我最后一个感谢的对象。但相信你能够理解,这并不意味着你在我心目中的分量。在我仍然在所谓的象牙塔里享受自由散漫的风景时,你已经独自身处异乡为我们的家庭贡献着远大于我的心力。你始终用天真无邪且流淌着崇拜的眼神注视着我和我电脑中的文字,这种化腐朽为神奇的力量,极大地延续并放大我的学术热情,并让我感到,哪怕自己所从事的工作再不济,也能有一个倾听和诉说的对象。人生至此,夫复何求!

季 烨

2015 年 4 月 6 日于厦门五缘湾

图书在版编目(CIP)数据

双边投资条约对多边贸易体制的影响研究/季烨著.—厦门:厦门大学出版社,2015.6
(厦门大学国际经济法文库/陈安主编)
ISBN 978-7-5615-5534-7

Ⅰ.①双… Ⅱ.①季… Ⅲ.①国际投资-国际经济法-影响-多边贸易-贸易体制-研究 Ⅳ.①D996.4②F740.4

中国版本图书馆 CIP 数据核字(2015)第 105303 号

官方合作网络销售商:

厦门大学出版社出版发行

(地址:厦门市软件园二期望海路 39 号　邮编:361008)
总 编 办 电 话:0592-2182177　传真:0592-2181253
营销中心电话:0592-2184458　传真:0592-2181365
网址:http://www.xmupress.com
邮箱:xmup@xmupress.com

厦门集大印刷厂印刷

2015 年 6 月第 1 版　2015 年 6 月第 1 次印刷
开本:720×970　1/16　印张:14.5　插页:2
字数:242 千字
定价:40.00 元

本书如有印装质量问题请直接寄承印厂调换